Coleção
LEIS ESPECIAIS
para **concursos**
Dicas para realização de provas com questões de concursos e jurisprudência do STF e STJ inseridas artigo por artigo

Coordenação:
LEONARDO GARCIA

2

ESTATUTO DA CRIANÇA E DO ADOLESCENTE

Lei 8.069/1990

Coleção

LEIS ESPECIAIS para concursos

Dicas para realização de provas com questões de concursos e jurisprudência do STF e STJ inseridas artigo por artigo

Coordenação:
LEONARDO GARCIA

2

Guilherme Freire de Melo Barros

ESTATUTO DA CRIANÇA E DO ADOLESCENTE

Lei 8.069/1990

16ª Edição | revista atualizada ampliada

2022

EDITORA JusPODIVM

www.editorajuspodivm.com.br

EDITORA *Jus*PODIVM
www.editorajuspodivm.com.br

Rua Canuto Saraiva, 131 – Mooca – CEP: 03113-010 – São Paulo – São Paulo
Tel: (11) 3582.5757
• Contato: https://www.editorajuspodivm.com.br/sac

Copyright: Edições *Jus*PODIVM

Diagramação: Edições *Jus*PODIVM

Capa: Ana Caquetti

ISBN: 978-85-442-3694-9

Dedicatória

Dedico este livro à minha família, que já é grande e continua a crescer: aos meus pais, Juarez e Iara; aos meus irmãos, Leonora, Claudia, Juarezinho, Mariangela, Ana Claudia e Fernanda; aos meus sobrinhos, Juan, Carolina, Paula, Pedro, Marina, Rafael, Beatriz, Sofia, Maria Clara, Maria Fernanda, Gabriel, Luca; aos meus sobrinhos-netos Maria Eduarda, Arthur e Théo; aos meus cunhados Luiz Antonio, Elizangela, Alex e Eduardo.

Dedico também ao meu grande amor, aquela que me acompanha sempre, Marcelle, e à sua família, que também já é minha: Antonio, Daisy, Charles e Gabi.

Por fim, dedico às pessoas mais especiais do mundo, Helena e Maria Alice.

Que as próximas edições deste livro tenham de ser atualizadas também na dedicatória!

Homenagem

Faço deste livro uma homenagem e um agradecimento à Defensoria Pública do Estado do Espírito Santo, que me acolheu e me iniciou profissionalmente, bem como aos seus defensores públicos, que, apesar de tantas dificuldades e obstáculos, persistem na luta diária da tutela dos necessitados. A marca que em mim ficou pelos dois anos de trabalho nesta nobre Instituição é indelével.

Proposta da Coleção
Leis Especiais para Concursos

A Coleção *Leis Especiais para Concursos* tem como objetivo preparar os candidatos para os principais certames do país.

Pela experiência adquirida ao longo dos anos, dando aulas nos principais cursos preparatórios do país, percebi que a grande maioria dos candidatos lê apenas as leis especiais, deixando os manuais para as matérias mais cobradas, como constitucional, administrativo, processo civil, civil etc. Isso ocorre pela falta de tempo do candidato ou porque faltam no mercado livros específicos (para concursos) em relação a tais leis.

Nesse sentido, a Coleção *Leis Especiais para Concursos* tem a intenção de suprir uma lacuna no mercado, preparando os candidatos para questões relacionadas às leis específicas, que vêm sendo cada vez mais contempladas nos editais.

Em vez de somente ler a lei seca, o candidato terá dicas específicas de concursos em cada artigo (ou capítulo ou título da lei), questões de concursos mostrando o que os examinadores estão exigindo sobre cada tema e, sobretudo, os posicionamentos do STF, STJ e TST (principalmente aqueles publicados nos informativos de jurisprudência). As instituições que organizam os principais concursos utilizam os informativos e as notícias (publicados na página virtual de cada tribunal) para elaborar as questões de concursos. Por isso, a necessidade de se conhecer (e bem!) a jurisprudência dos tribunais superiores.

Assim, o que se pretende com a presente coleção é preparar o leitor, de modo rápido, prático e objetivo, para enfrentar as questões de prova envolvendo as leis específicas.

Boa sorte!

Leonardo Garcia
Coordenador da coleção

Nota do autor à 16ª edição

Apresentamos ao leitor a mais nova edição de nossos comentários ao Estatuto da Criança e do Adolescente. Esta nova edição segue o trabalho constante que mantemos ao longo de todos esses anos, o de apresentar conteúdo direto, simples e atualizado sobre a Lei n. 8.069/90.

Para isso, passamos em revista novamente toda a jurisprudência do STJ e do STF. Além disso, acrescentamos questões novas de concurso e descartamos algumas antigas.

Uma novidade para esta edição é justamente a forma de apresentação dos entendimentos jurisprudenciais. Para tornar a leitura do livro mais dinâmica e rápida, substituímos a transcrição da ementa pela informação direta e clara ao leitor, com a indicação do julgado entre parênteses. Esperamos que essa mudança seja bem-recebida pelo público leitor.

Esperamos que a acolhida seja tão boa quanto as anteriores.

Curitiba, março de 2022.

Guilherme Freire de Melo Barros
barrosguilherme@yahoo.com.br

Apresentação

Este livro apresenta o Estatuto da Criança e do Adolescente de forma simples, clara e direta, como forma de auxiliar o estudante, o concursando e aquele que milita na área a compreender sua sistemática, forma de aplicação e relação com os demais diplomas legais do ordenamento jurídico.

Para isso, faço os seguintes esclarecimentos.

A análise não é feita artigo por artigo, mas sim em blocos de artigos, referentes ao mesmo assunto – assim, por exemplo, para analisar o instituto da adoção, transcrevi todos os seus dispositivos e, em seguida, fiz os comentários pertinentes. Dessa forma, o texto fica menos repetitivo e a análise do instituto, mais sistemática.

Especificamente em relação ao conteúdo, tive sempre a preocupação de analisar o Estatuto à luz da Constituição da República, de modo que ao longo do livro inúmeros dispositivos são abordados do ponto de vista dos princípios, regras, direitos e garantias constitucionais. Com isso, pretendo incorporar à interpretação do Estatuto uma visão condizente com o constitucionalismo moderno, que tem na Constituição o pilar fundamental de todo o ordenamento jurídico.

Além disso, o estudo apresenta sempre a jurisprudência do Supremo Tribunal Federal e, principalmente, do Superior Tribunal de Justiça, que é o responsável pela interpretação final da legislação infraconstitucional. Não me utilizei de julgados dos Tribunais de Justiça estaduais, pois as diferenças de entendimento são muitas. Ao optar pela análise do entendimento do Superior Tribunal de Justiça, acredito fazer do livro um instrumento de consulta jurisprudencial mais útil, aplicável a todo o território nacional.

Por fim, como a obra é dirigida fundamentalmente a concursandos, inseri questões de concursos públicos ao final de cada matéria analisada, bem como quadros esquemáticos com as principais informações.

Em relação à linguagem adotada na obra, um esclarecimento. O Estatuto da Criança e do Adolescente, Lei 8.069/90, substituiu o antigo diploma legislativo que regulava os direitos das crianças e adolescente, o "Código de Menores" (Lei 6.697/79). Ao iniciar os estudos para o livro, percebi o constante uso do termo *menor* acompanhado sempre de uma carga negativa, com adjetivações como menor infrator, de menor, menor delinquente, menor em conflito com a lei – principalmente nas abordagens do tema ato infracional.

Em contrapartida, o trabalho diário no Juizado da Infância e Juventude da Serra (ES) sempre me trouxe muito mais esperança de dias melhores para nossas crianças e adolescentes do que desilusão, descrença. Acredito que o Estatuto da Criança e do Adolescente apresenta diretrizes capazes de garantir um futuro melhor a toda a sociedade, desde que o apliquemos com fidelidade e lutemos pelos direitos ali garantidos.

Por isso, ao invés de utilizar o termo *menor*, optei por *jovem*, que me remete à ideia de alguém que tem todo o futuro pela frente – na linguagem comum, é um termo muito mais ligado a adjetivações positivas, como jovem promissor, jovem brilhante, jovem cheio de vida. Não é uma opção de cunho teórico, doutrinário ou filosófico. Tampouco tenho a pretensão de criar um novo conceito jurídico, um novo *nomen iuris*. É, a meu ver, apenas uma expressão mais feliz e esperançosa de nomear aqueles que estão abrangidos pela Lei 8.069/90.

Em suma, o Estatuto da Criança e do Adolescente existe para auxiliar na formação de jovens com grandes sonhos e esperanças, e não simplesmente regular menores infratores.

Guilherme Freire de Melo Barros
barrosguilherme@yahoo.com.br

Sumário

ANEXO

Abreviaturas

CC	–	Código Civil
CC/16	–	Código Civil de 1916
CC/2002	–	Código Civil de 2002
CLT	–	Consolidação das Leis do Trabalho
CP	–	Código Penal
CPC	–	Código de Processo Civil
CPP	–	Código de Processo Penal
CRFB	–	Constituição da República Federal do Brasil
DP	–	Defensoria Pública
MP	–	Ministério Público
STF	–	Supremo Tribunal Federal
STJ	–	Superior Tribunal de Justiça
TJ	–	Tribunal de Justiça

Como a Lei 8.069/90 (ECA) é cobrada nos Concursos?

A Lei 8069/90 – Estatuto da Criança e do Adolescente – é cobrada em diversos concursos jurídicos, dentre eles: magistratura estadual, Ministérios Públicos estaduais e Defensorias Públicas.

Há dois grandes temas do Estatuto que são cobrados com maior frequência: (i) convivência familiar e família substituta (arts. 19 a 52-D); e (ii) medidas de proteção, prática de ato infracional, medidas socioeducativas e remissão (arts. 98 a 128).

Naturalmente, isso não significa que o estudante deve deixar de ler as outras partes do Estatuto. É interessante notar o tipo de concurso que o estudante tem como foco. Concursos na área criminal, como delegado e investigador, tem maior foco na parte de crimes e infrações administrativas.

Em todas as bancas prevalece em larga medida a cobrança da letra da lei. É preciso ler os dispositivos legais. Algumas bancas formulam questões de forma mais inteligente, por meio de narrativas de situações para o candidato buscar a resposta certa. É o que faz a FGV, que a nosso sentir elabora as questões que mais exigem raciocínio do candidato. Ainda assim, a resposta está invariavelmente na letra do Estatuto.

Já o Cespe exige conhecimento de jurisprudência para concursos como magistratura e Ministério Público.

Portanto, é preciso conhecer a banca e treinar por meio de provas anteriores da instituição – ainda que se outras carreiras.

Alguns artigos merecem uma boa lida antes da prova como **revisão e estão destacados em pontilhado nos boxes cinza, como no exemplo abaixo:**

Art. 2º Considera-se **criança**, para os efeitos desta Lei, a pessoa **até doze anos** de idade incompletos, e **adolescente** aquela **entre doze e dezoito anos** de idade.

Parágrafo único. Nos casos expressos em lei, **aplica-se excepcionalmente** este Estatuto às **pessoas entre dezoito e vinte e um anos** de idade.

Bons estudos!

LEI Nº 8.069, DE 13 DE JULHO DE 1990

Dispõe sobre o Estatuto da Criança e do Adolescente e dá outras providências.

O PRESIDENTE DA REPÚBLICA: Faço saber que o Congresso Nacional decreta e eu sanciono a seguinte Lei:

Livro I – Parte Geral

Título I
Das Disposições Preliminares

Art. 1º Esta Lei dispõe sobre a **proteção integral** à criança e ao adolescente.

1. **Doutrina da proteção integral:** é fundamental a compreensão do caráter principiológico adotado pelo Estatuto da Criança e do Adolescente. A Lei tem o objetivo de tutelar a criança e o adolescente de forma ampla, não se limitando apenas a tratar de medidas repressivas contra seus atos infracionais. Pelo contrário, o Estatuto dispõe sobre direitos infanto-juvenis, formas de auxiliar sua família, tipificação de crimes praticados contra crianças e adolescentes, infrações administrativas, tutela coletiva etc. Enfim, por **proteção integral** deve-se compreender um **conjunto amplo de mecanismos jurídicos voltados à tutela da criança e do adolescente**.

   O art. 1º está afinado com a vontade emanada da Constituição da República, cujo art. 227 determina que "é dever da família, da sociedade e do Estado assegurar à criança, ao adolescente e ao jovem, com absoluta prioridade, o direito à vida, à saúde, à alimentação, à educação, ao lazer, à profissionalização, à cultura, à dignidade, ao respeito, à liberdade e à convivência familiar e comunitária, além de colocá-los a salvo de toda forma de negligência, discriminação, exploração, violência, crueldade e opressão."

   Guarda ligação com a doutrina da proteção integral o **princípio do melhor interesse da criança ou do adolescente**. Esse postulado traduz a ideia de que, na análise do caso concreto, o aplicador do direito – leia-se advogado, defensor público, promotor de justiça e juiz – deve buscar a solução que proporcione o maior benefício possível para a criança ou adolescente, que dê maior concretude aos seus direitos fundamentais. No estudo da colocação da criança ou do adolescente em família substituta, o princípio do melhor interesse se faz presente de forma marcante.

Art. 2º Considera-se **criança**, para os efeitos desta Lei, a pessoa **até doze anos** de idade incompletos, e **adolescente** aquela **entre doze e dezoito anos** de idade.

Parágrafo único. Nos casos expressos em lei, **aplica-se excepcionalmente** este Estatuto às **pessoas entre dezoito e vinte e um anos** de idade.

1. **Conceito de criança e de adolescente:** o Estatuto estabelece no art. 2º uma importante divisão conceitual, com implicações práticas relevantes. Considera-se **criança** a pessoa com 12 (doze) anos **incompletos**, ou seja, aquela que ainda não completou seus doze anos. Por sua vez, **adolescente** é aquele que conta **12 (doze) anos completos e 18 anos incompletos**. Ao completar 18 anos, a pessoa deixa de ser considerada adolescente e alcança a maioridade civil (art. 5º do Código Civil). O critério adotado pelo legislador é puramente cronológico, sem adentrar em distinções biológicas ou psicológicas acerca do alcance da puberdade ou do amadurecimento da pessoa.

   A distinção entre criança e adolescente tem importância, por exemplo, no que tange às medidas aplicáveis à prática de ato infracional. À criança somente pode ser aplicada medida de proteção (art. 105), e não medida socioeducativa – estas aplicáveis aos adolescentes.

Idade	*Nomen Iuris*
De 0 a 12 anos incompletos	Criança
De 12 completos e 18 anos incompletos	Adolescente
A partir de 18 anos completos	Maior plenamente capaz

Aplicação em concurso

- **(Promotor de Justiça – MP-MT – 2019 – FCC)** A Lei nº 8.069/1990 aplica-se

  A) às crianças até 12 anos de idade incompletos e adolescentes entre 12 e 18 anos de idade, podendo ser aplicada excepcionalmente às pessoas entre 18 e 21 anos de idade.

B) exclusivamente às crianças até 11 anos completos e adolescentes entre 12 e 18 anos, podendo ser aplicada, excepcionalmente, às pessoas entre 18 e 21 anos de idade.

C) exclusivamente às crianças até 12 anos completos e adolescentes entre 12 e 18 anos de idade.

D) indistintamente aos indivíduos até 18 anos de idade.

E) indistintamente aos indivíduos entre 18 e 21 anos de idade.

Gabarito: letra A.

2. **Subsistência do parágrafo único do art. 2º no ordenamento jurídico – posição do STJ:** dispõe o parágrafo único do art. 2º que o Estatuto é aplicável excepcionalmente às pessoas entre 18 e 21 anos de idade. Quando da promulgação do Estatuto da Criança e do Adolescente, estava em vigor o Código Civil de 1916, cuja disciplina acerca da capacidade civil determinava que a maioridade fosse alcançada aos 21 anos (art. 9º, CC/16). Com o advento do Código Civil de 2002, foi reduzida a maioridade para 18 anos (art. 5º, CC/2002), o que leva alguns a afirmar que o parágrafo único foi tacitamente revogado.

   Não é isso que nos parece, porém. Na verdade, **o parágrafo único continua em vigor** e é plenamente válido. Na apuração de ato infracional, por exemplo, ainda que o adolescente tenha alcançado a maioridade, o processo judicial se desenvolve no âmbito da Justiça da Infância e Juventude. Vale dizer, aquele que já completou 18 anos ainda está sujeito à imposição de medidas socioeducativas e de proteção. A aplicação do Estatuto somente cessa quando a pessoa completa 21 anos (art. 121, § 5º). No âmbito cível, verifica-se que a adoção pode ser pleiteada no âmbito da Justiça da Infância e Juventude, mesmo que o adotando já tenha completado 18 anos, nos casos em que já se encontre sob a guarda ou a tutela dos adotantes (art. 40).

   Portanto, deve ficar claro que o Estatuto fixa os conceitos de criança e adolescente e tem por objetivo tutelá-los, mas é possível sua aplicação em situações na quais o adolescente já tenha atingido a maioridade civil.

Art. 3º A criança e o adolescente gozam de todos os direitos fundamentais inerentes à pessoa humana, sem prejuízo da proteção integral de que trata esta Lei, assegurando-se-lhes, por lei ou por outros meios, todas as oportunidades e facilidades, a fim de lhes facultar o **desenvolvimento** físico, mental, moral, espiritual e social, em condições de liberdade e de dignidade.

Parágrafo único. Os direitos enunciados nesta Lei aplicam-se a todas as crianças e adolescentes, **sem discriminação** de nascimento, situação familiar, idade, sexo, raça, etnia ou cor, religião ou crença, deficiência, condição pessoal de desenvolvimento e aprendizagem, condição econômica, ambiente social, região e local de moradia ou outra condição que diferencie as pessoas, as famílias ou a comunidade em que vivem. (incluído pela Lei nº 13.257, de 2016)

1. **Dignidade da pessoa humana no Estatuto da Criança e do Adolescente:** através da proteção integral, o Estatuto procura prever e disciplinar uma gama de instrumentos jurídicos de tutela da criança e do adolescente. O art. 3º, ao mencionar *"sem prejuízo da proteção integral"*, busca demonstrar que a proteção do Ordenamento Jurídico pátrio a crianças e adolescentes não se esgota no Estatuto; qualquer diploma legislativo ou ato normativo que trata de criança e adolescente deve garantir-lhes oportunidades de pleno desenvolvimento. Esse artigo guarda ligação com o princípio da dignidade da pessoa, previsto no art. 1º, inciso III, da Constituição da República.

   O parágrafo único do artigo 3º foi introduzido pela Lei n. 13.257/2016, mas não se pode dizer que o conteúdo realmente inova na ordem jurídica ou no sistema jurídico infanto-juvenil. O texto legal afirma que o Estatuto se aplica a todas as crianças e adolescentes sem discriminação de qualquer natureza, o que é uma decorrência lógica do *caput* do artigo 5º da Constituição da República, que pontifica o princípio da igualdade.

Art. 4º É dever da família, da comunidade, da sociedade em geral e do poder público assegurar, **com absoluta prioridade**, a efetivação dos direitos referentes à vida, à saúde, à alimentação, à educação, ao esporte, ao lazer, à profissionalização, à cultura, à dignidade, ao respeito, à liberdade e à convivência familiar e comunitária.

Parágrafo único. A garantia de prioridade compreende:

a) primazia de receber proteção e socorro em quaisquer circunstâncias;

b) precedência de atendimento nos serviços públicos ou de relevância pública;

c) preferência na formulação e na execução das políticas sociais públicas;

d) destinação privilegiada de recursos públicos nas áreas relacionadas com a proteção à infância e à juventude.

1. **Absoluta prioridade da tutela da criança e do adolescente:** o *caput* do art. 4º é cópia da primeira parte do art. 227, da Constituição da República. Tanto lá, como aqui, são enumerados alguns dos direitos que cabem a crianças e adolescentes. A expressão-chave desse dispositivo

é a **absoluta prioridade**. Trata-se de **dever** que recai sobre **a família e o poder público** de priorizar o atendimento aos direitos infanto-juvenis.

No parágrafo único, destrincha-se o **conteúdo da prioridade** que deve ser dada a crianças e adolescentes. Em relação ao atendimento pelo Poder Público dessas prioridades – mormente quanto à formulação e execução de políticas públicas ("c") e destinação de recursos públicos ("d") –, comumente se diz que a fiscalização deve ser exercida pelo Ministério Público (art. 129, II). No entanto, parece-nos que essa função compete também à Defensoria Pública, pois as políticas públicas são dirigidas principalmente ao atendimento da população de baixa renda. Atualmente a Defensoria Pública tem plena legitimidade para propositura de Ação Civil Pública para buscar a tutela coletiva dos necessitados (art. 5º, Lei 7.347/85), poderoso instrumento de correção de desvios na atuação do Poder Público. Além disso, o Poder Legislativo também exerce importante função fiscalizadora, na medida em que é responsável pela aprovação de orçamentos e leis de diretrizes orçamentárias. Por fim, a sociedade civil – ONG´s, entidades filantrópicas, associações, imprensa etc. – não deve deixar de cobrar dos governantes uma atuação efetiva na proteção da criança e do adolescente.

Art. 5º Nenhuma criança ou adolescente será objeto de qualquer forma de negligência, discriminação, exploração, violência, crueldade e opressão, punido na forma da lei qualquer atentado, por ação ou omissão, aos seus direitos fundamentais.

1. **Criança e adolescente como sujeitos de direito:** o art. 5º se refere à parte final do art. 227 da Constituição da República. Tais comportamentos proibidos **não se referem apenas aos pais**, mas a quaisquer pessoas que tenham contato com a criança ou adolescente. A conduta negligente, por exemplo, pode ser exercida por um guardião, alguém que tenha uma criança ou adolescente sob seus cuidados em determinada situação. A discriminação pode ter por alvo motivos de cor, religião, origem etc. Enfim, mais uma vez, buscou-se enumerar de forma ampla qualquer conduta que possa violar os direitos da criança e do adolescente. O Estatuto prevê sanções de natureza civil, como a suspensão e a perda do poder familiar, penal e administrativa – o Título VII, do Livro II dispõe sobre crimes e infrações administrativas relacionadas a crianças e adolescentes.

   À luz do antigo regramento, o Código de Menores, crianças e adolescentes eram vistos como objeto de proteção. A doutrina moderna dá outra conotação para a questão e passa a se referir à criança e ao adolescente como sujeito de direito. O objetivo é realmente deixar claro que eles têm direitos e que toda a sociedade – pais, responsáveis e Poder Público – deve observá-los.

Aplicação em concurso

- **(Assistente Social – Município de Paulistana-PI – 2019 – Crescer Consultorias)** O Estatuto da Criança e do Adolescente, Lei Nº 8.069, de 13 de julho de 1990, em seu artigo 5º estabelece que:

  A) Nenhuma criança ou adolescente será objeto de qualquer forma de negligência, discriminação, exploração, violência, crueldade e opressão, punido na forma da lei qualquer atentado, por ação ou omissão, aos seus direitos fundamentais

  B) A criança e o adolescente têm direito a proteção à vida e à saúde, mediante a efetivação de políticas sociais públicas que permitam o nascimento e o desenvolvimento sadio e harmonioso, em condições dignas de existência

  C) É dever da família, da comunidade, da sociedade em geral e do poder público assegurar, com absoluta prioridade, a efetivação dos direitos referentes à vida, à saúde, à alimentação, à educação, ao esporte, ao lazer, à profissionalização, à cultura, à dignidade, ao respeito, à liberdade e à convivência familiar e comunitária

  D) É assegurado acesso integral às linhas de cuidado voltadas à saúde da criança e do adolescente, por intermédio do Sistema Único de Saúde, observado o princípio da equidade no acesso a ações e serviços para promoção, proteção e recuperação da saúde.

  Gabarito: letra A.

Art. 6º Na interpretação desta Lei levar-se-ão em conta os fins sociais a que ela se dirige, as exigências do bem comum, os direitos e deveres individuais e coletivos, e a condição peculiar da criança e do adolescente como **pessoas em desenvolvimento**.

1. **Interpretação teleológica:** o artigo 6º traz disposição acerca da forma de interpretar o Estatuto da Criança e do Adolescente. A parte inicial do dispositivo possui redação semelhante ao do art. 5º da Lei de Introdução às Normas do Direito Brasileiro ao Código Civil: *"Na aplicação da Lei, o juiz atenderá aos fins sociais a que ela se dirige."* Através da interpretação teleológica, o aplicador do direito deve buscar extrair da norma a finalidade a que ela se destina. No caso do Estatuto, a finalidade é a de proteger de forma ampla e o mais abrangente possível a criança e

o adolescente. É sempre com base nesse objetivo de proteção que o intérprete deve examinar os dispositivos legais.

2. **Competência legislativa:** em relação à proteção à infância e juventude, a competência legislativa é concorrente e recai sobre a União, os estados e o Distrito Federal, conforme determina o art. 24, inciso XV, da Constituição da República.

Título II
Dos Direitos Fundamentais

Capítulo I
Do Direito à Vida e à Saúde

Art. 7º A criança e o adolescente têm direito a **proteção à vida e à saúde**, mediante a efetivação de políticas sociais públicas que permitam o **nascimento e o desenvolvimento sadio e harmonioso**, em condições dignas de existência.

1. **Políticas públicas:** as políticas públicas competem precipuamente ao Poder Executivo. Governos federal, estadual e municipal devem agir de forma harmônica e coordenada para atender às necessidades da população, mormente à criança e ao adolescente, objeto de tutela do Estatuto. Conforme frisado anteriormente, em comentários ao Título anterior, a formatação e execução dos projetos de atendimento da criança e do adolescente competem ao Executivo – que muitas vezes se vale do auxílio de entes paraestatais, membros do terceiro setor –, mas a fiscalização compete ao Ministério Público, à Defensoria Pública, ao Poder Legislativo e à sociedade civil organizada. Para alcançar o objetivo final do Estatuto, que é tutelar de forma ampla nossas crianças e adolescentes, o esforço deve partir de todas as instituições sociais. Nesse contexto, o Estatuto dá destaque ao **desenvolvimento sadio e harmonioso** do recém-nascido (art. 7º).

Art. 8º É assegurado a todas as mulheres o acesso aos programas e às políticas de saúde da mulher e de planejamento reprodutivo e, às gestantes, nutrição adequada, atenção humanizada à gravidez, ao parto e ao puerpério e atendimento pré-natal, perinatal e pós-natal integral no âmbito do Sistema Único de Saúde. (Redação dada pela Lei nº 13.257, de 2016)

§ 1º O atendimento pré-natal será realizado por profissionais da atenção primária. (Redação dada pela Lei nº 13.257, de 2016)

§ 2º Os profissionais de saúde de referência da gestante garantirão sua vinculação, no último trimestre da gestação, ao estabelecimento em que será realizado o parto, garantido o direito de opção da mulher. (Redação dada pela Lei nº 13.257, de 2016)

§ 3º Os serviços de saúde onde o parto for realizado assegurarão às mulheres e aos seus filhos recém-nascidos alta hospitalar responsável e contrarreferência na atenção primária, bem como o acesso a outros serviços e a grupos de apoio à amamentação. (Redação dada pela Lei nº 13.257, de 2016)

§ 4º Incumbe ao poder público proporcionar **assistência psicológica** à gestante e à mãe, no período pré e pós-natal, inclusive como forma de **prevenir ou minorar** as consequências do **estado puerperal**. (Incluído pela Lei nº 12.010, de 2009)

§ 5º A assistência referida no § 4º deste artigo deverá ser prestada também a gestantes e mães que manifestem interesse em entregar seus filhos para adoção, bem como a gestantes e mães que se encontrem em situação de privação de liberdade. (Redação dada pela Lei nº 13.257, de 2016)

§ 6º A gestante e a parturiente têm direito a **1 (um) acompanhante de sua preferência** durante o período do pré-natal, do trabalho de parto e do pós-parto imediato. (Incluído pela Lei nº 13.257, de 2016)

§ 7º A gestante deverá receber orientação sobre aleitamento materno, alimentação complementar saudável e crescimento e desenvolvimento infantil, bem como sobre formas de favorecer a criação de vínculos afetivos e de estimular o desenvolvimento integral da criança. (Incluído pela Lei nº 13.257, de 2016)

§ 8º A gestante tem direito a acompanhamento saudável durante toda a gestação e a parto natural cuidadoso, estabelecendo-se a aplicação de cesariana e outras intervenções cirúrgicas por motivos médicos. (Incluído pela Lei nº 13.257, de 2016)

§ 9º A **atenção primária** à saúde fará a busca ativa da gestante que não iniciar ou que abandonar as consultas de pré-natal, bem como da puérpera que não comparecer às consultas pós-parto. (Incluído pela Lei nº 13.257, de 2016)

§ 10. **Incumbe ao poder público** garantir, à gestante e à mulher com filho na primeira infância que se encontrem sob custódia em unidade de privação de liberdade, ambiência que atenda às normas sanitárias e assistenciais do Sistema Único de Saúde para o acolhimento do filho, em articulação com o sistema de ensino competente, visando ao desenvolvimento integral da criança. (Incluído pela Lei nº 13.257, de 2016)

1. **Direitos da gestante:** o artigo 8º faz referência ao direito de a gestante receber tratamento adequado durante o período de gestação. A Lei n. 13.257/2016 modificou e ampliou o conteúdo do artigo 8º para dar tratamento mais minucioso à matéria. Ao disciplinar o direito da gestante, o Estatuto protege também a criança que virá à luz. A importância de se proteger a gestante é clara: uma gestação adequada previne doenças e permite o desenvolvimento sadio do feto, de maneira que o recém-nascido terá condições de vida melhores. Daí a menção do artigo a atendimento **pré, peri e pós-natal** e ao apoio alimentar à gestante. O atendimento pré-natal deve ser realizado por profissionais da atenção primária (§ 1º). A atenção primária é aquela realizada de forma precoce para potencializar o atendimento e evitar o surgimento de doenças.

   No trimestre final de gestação, a gestante deve ser encaminhada para o estabelecimento onde será realizado o parto, de modo que se crie proximidade, vínculo com a equipe profissional e, dentro do possível, a sensação de que aquele local não é inteiramente estranho à gestante, que meses depois dará à luz seu filho naquele estabelecimento (§ 2º).

   Durante os atendimentos pré-natais, o trabalho de parto e o pós-parto, a gestante/parturiente tem direito a ser acompanhada por alguém de sua preferência (§ 6º), seja marido, companheiro, familiar, amigo etc.

   O parágrafo 4º prevê o dever de prestar assistência psicológica durante a gestação e após o parto, com os olhos voltados à **prevenção do estado puerperal.**

   O § 8º do artigo 8º tenta combater algo que se disseminou fortemente nos países ocidentais, que é incremento das cesarianas em detrimento do parto natural. Nos termos desse dispositivo, a cesárea e outras intervenções cirúrgicas são cabíveis apenas por motivos médicos.

   Por fim, o § 9º destaca a necessidade de se realizar busca ativa da gestante que não iniciar ou que abandonar as consultas de pré-natal, sempre com foco no desenvolvimento sadio da gestação.

2. **Preocupação com a entrega da criança à adoção:** é comum verificarmos casos de mães que, já durante o período de gestação, estão dispostas a entregar seus filhos à adoção. A diretriz principiológica do Estatuto é a da preservação da família natural. Dentro desse contexto, o parágrafo 5º do artigo 8º estabeleceu a **necessidade do acompanhamento psicológico** à mãe que externa seu desejo de entregar seu filho à adoção. O objetivo deve ser o de informar a gestante/mãe sobre a importância do vínculo familiar, da preservação da família, da alegria

e da responsabilidade proporcionadas pela maternidade. É possível o encaminhamento da gestante/mãe para atendimento especializado na rede pública de saúde ou via assistente social. Se ainda assim a gestante/mãe não quiser criar seu filho, faz-se o encaminhamento para adoção. A Lei n. 13.509/2017 introduziu o artigo 19-A para disciplinar o procedimento a ser adotado pelo Juizado da Infância e da Juventude nesses casos.

Esse atendimento psicológico deve ser prestado também a gestantes e mães que se encontrem privadas de sua liberdade, seja por medida socioeducativa ou por pena privativa.

De igual modo, o § 1º do artigo 13 – que não guarda relação com o *caput* – estabeleceu a necessidade de encaminhamento da mãe ou gestante à Justiça da Infância e da Juventude, sem constrangimento, para que seja devidamente orientada e auxiliada. É comum que gestante ou mãe demonstre vontade de entregar seu filho para adoção por acreditar não ter condições de criá-lo. Nesses casos, é imprescindível o trabalho da Justiça da Infância e da Juventude, bem como dos órgãos públicos. O ente público pode auxiliar aquela mulher – normalmente muito jovem – com oportunidades de estudo e trabalho, de modo que a criança possa permanecer no seio da família natural.

O Estatuto prevê, inclusive, a infração administrativa para o médico, enfermeiro ou dirigente de estabelecimento de saúde que deixar de encaminhar a mulher à autoridade judiciária (art. 258-B).

3. **Prisão domiciliar para mãe de criança – posição do STJ:** a Corte examinou caso em que a paciente, presa por participação em organização criminosa, pleiteou a substituição da prisão preventiva por prisão domiciliar, ao argumento de que tinha filho menor de 12 anos, ou seja, criança. Na instância de origem, o *Habeas Corpus* fora negado ao argumento de que a criança não precisava dos cuidados maternos. O STJ reformou a decisão por entender que a manutenção da prisão exigiria fundamentação concreta (RHC 103.051/MG, 6ª Turma, julgado em 27/11/2018).

   Para manutenção da prisão cautelar em detrimento da prisão domiciliar é preciso fundamentação específica do juízo: RHC 101.367/SP, 6ª Turma, julgado em 06/11/2018.

   A esse respeito, em 2021, o Conselho Nacional de Justiça editou a Resolução n. 369/2021, a fim de estabelecer procedimentos e diretrizes para substituição de medidas de privação de liberdade de gestantes, mães, pais e responsáveis por crianças e pessoas com deficiência.

A normativa do CNJ é decorrência do julgamento de dois HCs no STF (143.641-SP; 165.704-DF), que concederam ordens coletivas para substituir prisão preventiva e cautelar por domiciliar com regra geral - excetuando-se apenas casos pontuais.

Na linha dos julgados já transcritos, há uma preocupação significativa com o direito à vida, em razão da pandemia por que estamos passando. Assim, apenas hipóteses absolutamente excepcionais devem levar à manutenção da privação de liberdade - seja por prisão ou por apreensão.

Art. 8º-A. Fica instituída a **Semana Nacional de Prevenção da Gravidez na Adolescência**, a ser realizada anualmente na semana que incluir o dia 1º de fevereiro, com o objetivo de disseminar informações sobre medidas preventivas e educativas que contribuam para a redução da incidência da gravidez na adolescência. (Incluído pela Lei nº 13.798, de 2019)

Parágrafo único. As ações destinadas a efetivar o disposto no *caput* deste artigo ficarão a cargo do poder público, em conjunto com organizações da sociedade civil, e serão dirigidas prioritariamente ao público adolescente. (Incluído pela Lei nº 13.798, de 2019)

1. **Conscientização:** o Estatuto foi modificado no início de 2019 pela Lei n. 13.798, que acrescentou o artigo 8º-A. O dispositivo em questão cria a Semana Nacional de Prevenção da Gravidez na Adolescência, a ser realizada na semana em que cair o dia 1º de fevereiro. O objetivo é informar adolescentes acerca das dificuldades inerentes a uma gravidez ainda na adolescência, período que deve ser voltado aos estudos e à profissionalização. A nosso sentir, as políticas públicas ligadas a essa Semana devem alcançar adolescentes de ambos os sexos, rapazes e moças. Embora a gestação seja da adolescente, o namorado é igualmente responsável, é pai, deve atender aos deveres inerentes ao poder familiar. Não acho que seria necessária uma Lei para estabelecer tal política de conscientização, porque essa pode ser uma pauta política do Poder Executivo; de qualquer forma, promover informação é sempre válido.

Art. 9º O poder público, as instituições e os empregadores propiciarão condições adequadas ao **aleitamento materno**, inclusive aos filhos de **mães submetidas a medida privativa de liberdade**.

§ 1º Os profissionais das unidades primárias de saúde desenvolverão ações sistemáticas, individuais ou coletivas, visando ao planejamento, à implementação e à avaliação de ações de promoção, proteção e apoio ao aleitamento materno e à alimentação complementar saudável, de forma contínua. (Incluído pela Lei nº 13.257, de 2016)

§ 2º Os serviços de unidades de terapia intensiva neonatal deverão dispor de banco de leite humano ou unidade de coleta de leite humano. (Incluído pela Lei nº 13.257, de 2016)

1. **Aleitamento materno:** o artigo 9º está em consonância com outros dispositivos do ordenamento jurídico e com o direito à saúde de crianças e adolescentes no Estatuto, que é a preocupação com o aleitamento materno. É dever do Poder Público garantir condições adequadas ao aleitamento materno. Nos termos do § 1º, impõe-se aos profissionais de saúde de atendimento primário o desenvolvimento de ações para promoção, proteção e apoio do aleitamento materno e à alimentação saudável. Além disso, a preocupação com o aleitamento materno aparece também com a necessidade de se criarem bancos de leite e unidades de coleta em unidades de terapia intensiva neonatal (§ 2º).

   Na Constituição da República, verifica-se que o direito à amamentação é fundamental, conforme art. 5º, inciso L: *"às presidiárias serão asseguradas condições para que possam permanecer com seus filhos durante o período de amamentação"*. A Constituição faz menção a presidiárias. As adolescentes sujeitas a medida de internação não recebem essa denominação jurídica, mas sua situação é semelhante, pois ambas – mulheres maiores que cumprem pena privativa de liberdade e adolescentes que receberam medida socioeducativa de internação – estão temporariamente com suas liberdades cerceadas, sendo necessário assegurar-lhes o direito à amamentação de seus filhos recém-nascidos. Assim, ainda que o Estatuto não contivesse a disposição expressa do art. 9º, seria possível extrair esse direito ao aleitamento materno diretamente da Constituição.

   A rigor, muito mais do que um direito da gestante, a previsão em análise deve ser vista como direito do recém-nascido. Afinal, é ele quem tem direito à proteção integral e ao desenvolvimento sadio, o que inclui, na fase inicial da vida, o aleitamento materno.

   A diretriz quanto à importância do aleitamento materno aparece também com a previsão do Estatuto para que a gestante receba orientação adequada sobre o aleitamento e a alimentação complementar saudável para o desenvolvimento infantil, inclusive sob o ponto de vista da criação de vínculos afetivos entre mãe e filho (art. 8º, § 7º).

No âmbito do direito do trabalho, a Consolidação das Leis do Trabalho (CLT) também prevê o direito de aleitamento da empregada, em seu art. 396: *"Para amamentar seu filho, inclusive se advindo de adoção, até que este complete 6 (seis) meses de idade, a mulher terá direito, durante a jornada de trabalho, a 2 (dois) descansos especiais de meia hora cada um."*

Como se vê, os diferentes dispositivos caminham na mesma direção, que é a de **garantir o adequado desenvolvimento do recém-nascido** durante os primeiros meses de vida. Inclusive, o direito se estende também à hipótese de adoção.

Aplicação em concurso

- **(Assistente social – Município de Jaru-RO – 2019 – Ibade)** Segundo o Estatuto da Criança e do Adolescente – Lei nº8.069/90 – o poder público, as instituições e os empregadores propiciarão condições adequadas ao aleitamento materno, inclusive:

  A) as mães afetadas por doença grave.

  B) aos filhos portadores de necessidades especiais.

  C) aos filhos atendidos pelo Sistema Único de Saúde.

  D) aos filhos de mães submetidas a medida privativa de liberdade.

  E) as famílias que tenham dificuldade de locomoção e acesso aos transportes.

  Gabarito: letra D.

Art. 10. Os hospitais e demais estabelecimentos de atenção à saúde de gestantes, públicos e particulares, são obrigados a:

I – manter registro das atividades desenvolvidas, através de **prontuários individuais**, pelo prazo de **dezoito anos**;

II – identificar o recém-nascido mediante o registro de sua impressão plantar e digital e da impressão digital da mãe, sem prejuízo de outras formas normatizadas pela autoridade administrativa competente;

III – proceder a exames visando ao diagnóstico e terapêutica de anormalidades no metabolismo do recém-nascido, bem como prestar orientação aos pais;

IV – fornecer **declaração de nascimento** onde constem necessariamente as intercorrências do parto e do desenvolvimento do neonato;

V – manter **alojamento conjunto**, possibilitando ao neonato a permanência **junto à mãe**.

VI – acompanhar a prática do **processo de amamentação**, prestando orientações quanto à técnica adequada, enquanto a mãe permanecer na unidade hospitalar, utilizando o corpo técnico já existente. (Incluído pela Lei n. 13.436, de 2017)

§ 1º Os testes para o rastreamento de doenças no recém-nascido serão disponibilizados pelo Sistema Único de Saúde, no âmbito do Programa Nacional de Triagem Neonatal (PNTN), na forma da regulamentação elaborada pelo Ministério da Saúde, com implementação de forma escalonada, de acordo com a seguinte ordem de progressão: (Incluído pela Lei nº 14.154, de 2021)

I – etapa 1:

a) fenilcetonúria e outras hiperfenilalaninemias;

b) hipotireoidismo congênito;

c) doença falciforme e outras hemoglobinopatias;

d) fibrose cística;

e) hiperplasia adrenal congênita;

f) deficiência de biotinidase;

g) toxoplasmose congênita;

II – etapa 2:

a) galactosemias;

b) aminoacidopatias;

c) distúrbios do ciclo da ureia;

d) distúrbios da betaoxidação dos ácidos graxos;

III – etapa 3: doenças lisossômicas;

IV – etapa 4: imunodeficiências primárias;

V – etapa 5: atrofia muscular espinhal.

§ 2º A delimitação de doenças a serem rastreadas pelo teste do pezinho, no âmbito do PNTN, será revisada periodicamente, com base em evidências científicas, considerados os benefícios do rastreamento, do diagnóstico e do tratamento precoce, priorizando as doenças com maior prevalência no País, com protocolo de tratamento aprovado e com tratamento incorporado no Sistema Único de Saúde. (Incluído pela Lei nº 14.154, de 2021)

§ 3º O rol de doenças constante do § 1º deste artigo poderá ser expandido pelo poder público com base nos critérios estabelecidos no § 2º deste artigo. (Incluído pela Lei nº 14.154, de 2021)

§ 4º Durante os atendimentos de pré-natal e de puerpério imediato, os profissionais de saúde devem informar a gestante e os acompanhantes sobre a importância do teste do pezinho e sobre as eventuais diferenças existentes entre as modalidades oferecidas no Sistema Único de Saúde e na rede privada de saúde. (Incluído pela Lei nº 14.154, de 2021)

1. **Adequada identificação de recém-nascidos:** através do art. 10, busca-se garantir a **adequada identificação dos recém-nascidos** e de suas genitoras, a fim de evitar a troca de identidades. Inclusive, os artigos 228 e 229 do Estatuto preveem como delito as condutas omissivas daqueles deixam de cumprir este dispositivo.

   Vale destacar que os prontuários das atividades desenvolvidas devem ser individuais, bem como mantidos pelo prazo de 18 anos (art. 10, I).

   O inciso IV faz referência a *declaração de nascimento*. Trata-se de documento de extrema importância – conhecido na prática como *DNV* ou *declaração de nascido vivo* –, pois é o que possibilita à genitora registrar o recém-nascido no registro civil de pessoas naturais. Além disso, é documento de que sempre se vale o Judiciário no procedimento de regularização de registro civil (art. 102).

2. **Amamentação adequada:** o artigo 10 foi acrescido do inciso VI pela Lei n. 13.436/2017 para destacar um trabalho importante a ser realizado nos hospitais e estabelecimentos de saúde, as orientações acerca da amamentação. O dispositivo estabelece o dever de acompanhar a prática do processo de amamentação e de prestar orientações quanto à técnica adequada. Não há dúvidas quanto à importância do aleitamento materno tanto para a saúde do bebê e seu desenvolvimento sadio, quanto para a criação de laços mais estreitos de afeto entre mãe e filho. Entretanto, as primeiras amamentações não são tão simples, nem sempre o bebê consegue uma 'pega' adequada para sucção. Não se trata aqui de impossibilidade de amamentar pela mãe, mas tão somente de identificar a forma correta de fazê-lo, conhecimento este que os profissionais desses estabelecimentos de saúde dominam amplamente. Daí a importância do dispositivo legal para tornar obrigatório o acompanhamento e as instruções pertinentes.

3. **Programa Nacional de Triagem Neonatal:** a saúde de crianças e adolescente é tema de constante debate e aperfeiçoamento. Nesse contexto, foi editada em 2021 a Lei n. 14.154, que modifica o Programa Nacional de Triagem Neonatal (PNTN). No Estatuto, o novo regramento foi inserido como parágrafos do artigo 10. O objetivo da nova Lei foi estabelecer um rol mais amplo de doenças a serem rastreadas pelo 'teste do pezinho' realizado por meio do Sistema Único de Saúde (SUS). A implementação é gradativa, porque essa ampliação demanda um esforço grande de gestão pública – não apenas financeiro, mas também administrativo. A Lei prevê

5 etapas para ampliação do rol de doenças a serem rastreadas pelo teste. Confira-se:

- Etapa 1: a) fenilcetonúria e outras hiperfenilalaninemias; b) hipotireoidismo congênito; c) doença falciforme e outras hemoglobinopatias; d) fibrose cística; e) hiperplasia adrenal congênita; f) deficiência de biotinidase; g) toxoplasmose congênita;
- Etapa 2: a) galactosemias; b) aminoacidopatias; c) distúrbios do ciclo da ureia; d) distúrbios da betaoxidação dos ácidos graxos;
- Etapa 3: doenças lisossômicas;
- Etapa 4: imunodeficiências primárias;
- Etapa 5: atrofia muscular espinhal.

Além dessa ampliação significativa do teste, a Lei prevê ainda que devem ser realizadas revisões periódicas acerca do Programa, a fim de identificar benefícios do rastreamento, diagnóstico e tratamento precoce, de modo a tornar a política pública realmente eficiente. O § 2º do artigo 10 deixa claro que devem ser priorizadas as doenças de maior prevalência no País e que a revisão do PNTN deve ser feita com evidências científicas. Não deixa de ser curioso que a Lei precise indicar expressamente que a política pública de saúde deve ser formatada com base na ciência – é o sinal dos tempos que vivemos.

Fixada a premissa da ciência e a diretriz voltada para prevalência de doenças no País, o § 3º permite que o rol de doenças rastreáveis possa ser ampliado.

Por fim, o § 4º determina que a gestante e seus acompanhantes sejam informados sobre a importância do teste do pezinho e as diferenças entre o exame realizado pelo SUS e o das redes privadas de saúde.

A Lei n. 14.154/2021 foi publicada em 27 de maio de 2021 e sua entrada em vigor se dará em 365 dias, ou seja, em maio de 2022.

Art. 11. É assegurado acesso integral às linhas de cuidado voltadas à saúde da criança e do adolescente, por intermédio do Sistema Único de Saúde, observado o princípio da equidade no acesso a ações e serviços para promoção, proteção e recuperação da saúde. (Redação dada pela Lei nº 13.257, de 2016)

§ 1º A criança e o adolescente com deficiência serão atendidos, sem discriminação ou segregação, em suas necessidades gerais de saúde e específicas de habilitação e reabilitação. (Redação dada pela Lei nº 13.257, de 2016)

§ 2º Incumbe ao poder público **fornecer gratuitamente**, àqueles que necessitarem, medicamentos, órteses, próteses e outras tecnologias assistivas relativas ao tratamento, habilitação ou reabilitação para crianças e adolescentes, de acordo com as linhas de cuidado voltadas às suas necessidades específicas. (Redação dada pela Lei nº 13.257, de 2016)

§ 3º Os profissionais que atuam no cuidado diário ou frequente de crianças na primeira infância receberão formação específica e permanente para a detecção de sinais de risco para o desenvolvimento psíquico, bem como para o acompanhamento que se fizer necessário. (Incluído pela Lei nº 13.257, de 2016)

Art. 12. Os estabelecimentos de atendimento à saúde, inclusive as unidades neonatais, de terapia intensiva e de cuidados intermediários, deverão proporcionar **condições para a permanência** em tempo integral de um dos pais ou responsável, nos casos de internação de criança ou adolescente. (Redação dada pela Lei nº 13.257, de 2016)

1. **Sistema Único de Saúde:** a expressão utilizada pelo Estatuto é a de *atendimento integral*. Busca-se deixar claro que o atendimento à criança e ao adolescente não se resume ao atendimento de médicos. Para prestar-lhes ampla proteção, podem ser necessários psicólogos, fisioterapeutas e outros profissionais ligados à área da saúde. Sejam quais forem as suas necessidades, o Sistema Único de Saúde deve garantir-lhe o tratamento.

Em relação ao fornecimento de medicamentos, próteses e outros recursos, vale destacar a atuação da Defensoria Pública na tutela do direito individual de crianças e adolescentes necessitados. A esfera de atuação do Ministério Público é molecular, macro, ou seja, compete-lhe fiscalizar, por exemplo, a alocação de recursos e o fornecimento de medicamentos de forma ampla. Tal papel também pode vir a ser exercido pela Defensoria Pública, na medida em que é legitimada para propositura de Ação Civil Pública (art. 5º, Lei nº 7.347/85), conforme já mencionado anteriormente.

Ocorre que a proteção individual do necessitado, através da propositura de demandas pelo particular em face do Poder Público, é função institucional da Defensoria Pública. Daí a importância da Instituição na consecução dos objetivos de proteção integral do Estatuto da Criança e do Adolescente.

Portanto, se no caso concreto se verifica que uma criança ou adolescente hipossuficiente necessita de um medicamento, cabe à Defensoria Pública patrocinar a ação competente em face do Poder Público com o objetivo de assegurar-lhe seu direito integral à saúde. Essa construção é a que se harmoniza com os papéis institucionais desenhados na Constituição. A jurisprudência tem admitido, porém, o elastecimento da legitimidade do Ministério Público para demandas individuais, conforme veremos em comentários à disciplina dessa Instituição (arts. 200 a 205).

O Estatuto, no parágrafo 3º do artigo 11, demonstra preocupação especial com o treinamento dos profissionais que atuam com a primeira infância (até 6 anos completos ou 72 meses – Lei n. 13.257/2016, art. 2º).

Ainda do ponto de vista dos cuidados à saúde da criança ou adolescente, o artigo 12 tem por objetivo garantir-lhe o amparo de pessoas a ele afetivamente ligadas durante o período de sua internação para tratamento médico. Incluem-se no **conceito de responsável** aqueles que possuem vínculo legal com a criança ou adolescente – por exemplo, tutor e curador –, bem como os que possuem vínculo ainda não-jurídico, como aquele que exerce a guarda de fato ou que cria a criança ou adolescente como se filho fosse, embora ainda não tenha proposto ação de adoção. De fato, o apoio de parentes e pessoas próximas durante períodos de internação médico-hospitalar serve de estímulo psicológico importante para sua pronta recuperação.

Aplicação em concurso

- **(Cespe – Promotor de Justiça – MPE – AP/2021)** Para efeitos do Estatuto da Primeira Infância (Lei n.° 13.257/2016), considera-se primeira infância o período que abrange os primeiros

  A) cinco anos completos ou sessenta meses de vida da criança.

  B) dez anos completos ou cento e vinte meses de vida da criança.

  C) sete anos completos ou oitenta e quatro meses de vida da criança.

  D) doze anos completos ou cento e quarenta e quatro meses de vida da criança.

  E) seis anos completos ou setenta e dois meses de vida da criança.

  Gabarito: letra E.

Art. 13. Os casos de suspeita ou confirmação de castigo físico, de tratamento cruel ou degradante e de **maus-tratos** contra criança ou adolescente serão obrigatoriamente comunicados ao Conselho Tutelar da respectiva localidade, sem prejuízo de outras providências legais. (Redação dada pela Lei nº 13.010, de 2014)

§ 1º As gestantes ou mães que manifestem interesse em **entregar seus filhos para adoção** serão obrigatoriamente encaminhadas, sem constrangimento, à Justiça da Infância e da Juventude. (Incluído pela Lei nº 13.257, de 2016)

§ 2º Os serviços de saúde em suas diferentes portas de entrada, os serviços de assistência social em seu componente especializado, o Centro de Referência Especializado de Assistência Social (Creas) e os demais órgãos do Sistema de Garantia de Direitos da Criança e do Adolescente deverão conferir máxima prioridade ao atendimento das crianças na faixa etária da primeira infância com suspeita ou confirmação de violência de qualquer natureza, formulando projeto terapêutico singular que inclua intervenção em rede e, se necessário, acompanhamento domiciliar. (Incluído pela Lei nº 13.257, de 2016)

1. **Maus-tratos, castigo físico e tratamento cruel ou degradante– comunicação ao Conselho Tutelar:** a violência contra a criança e o adolescente pode tomar diversas formas. O Estatuto regula a matéria com a previsão de que a criança e o adolescente devem ser protegidos contra casos de suspeita ou confirmação de castigo físico, tratamento cruel ou degradante e maus-tratos (art. 13). Comumente tais formas de violência surgem no âmbito familiar, praticados lamentavelmente por aqueles que exercem o poder familiar – pai, mãe, padrasto e madrasta. Podem ocorrer também em locais frequentados pela criança ou adolescente, como creche, escola, projeto beneficente, paróquia religiosa, local de trabalho etc. Qualquer que seja o local ou o agressor, é necessária a comunicação ao Conselho Tutelar para adoção de providências (art. 13). Inclusive, o Estatuto define como infração administrativa a não-comunicação de suspeita ou confirmação de maus-tratos contra criança ou adolescente (art. 245).

   Em complemento ao *caput* do artigo 13, o § 2º estabelece que é preciso conferir prioridade de atendimento a crianças da primeira infância com suspeita ou confirmação de violência.

   A disciplina acerca do Conselho Tutelar se encontra nos arts. 131 a 137 do Estatuto.

2. **Entrega do filho à adoção:** o § 1º trata da entrega da criança à adoção, tema que não guarda relação com o *caput* do artigo 13. Vide, a esse respeito, os comentários aos artigos 8º e 19-A.

Art. 14. O Sistema Único de Saúde promoverá programas de assistência médica e odontológica para a prevenção das enfermidades que ordinariamente afetam a população infantil, e campanhas de educação sanitária para pais, educadores e alunos.

§ 1º É **obrigatória a vacinação** das crianças nos casos recomendados pelas autoridades sanitárias. (Renumerado do parágrafo único pela Lei nº 13.257, de 2016)

§ 2º O Sistema Único de Saúde promoverá a atenção à saúde bucal das crianças e das gestantes, de forma transversal, integral e intersetorial com as demais linhas de cuidado direcionadas à mulher e à criança. (Incluído pela Lei nº 13.257, de 2016)

§ 3º A **atenção odontológica** à criança terá função educativa protetiva e será prestada, inicialmente, antes de o bebê nascer, por meio de aconselhamento pré-natal, e, posteriormente, no sexto e no décimo segundo anos de vida, com orientações sobre saúde bucal. (Incluído pela Lei nº 13.257, de 2016)

§ 4º A criança com necessidade de cuidados odontológicos especiais será atendida pelo Sistema Único de Saúde. (Incluído pela Lei nº 13.257, de 2016)

§ 5º É obrigatória a aplicação a todas as crianças, nos seus primeiros dezoito meses de vida, de protocolo ou outro instrumento construído com a finalidade de facilitar a detecção, em consulta pediátrica de acompanhamento da criança, de risco para o seu desenvolvimento psíquico. (Incluído pela Lei nº 13.438, de 2017)

1. **Cuidados com a saúde:** o artigo 14 trata da assistência médica e odontológica, a ser prestada pelo SUS com foco específico em doenças e enfermidades que afetam a população mais jovem. A atuação é notadamente preventiva, tanto que o § 1º prevê a vacinação como obrigatória. Os parágrafos 2º e 3º se ocupam da atenção odontológica, para prever um amplo cuidado bucal.
2. **Avaliação psicológica da criança:** o § 5º foi inserido pela Lei nº 13.438/2017 com foco na detecção prematura de possíveis riscos ao desenvolvimento psíquico da criança. O objetivo da norma é trabalhar com precaução para identificar possíveis problemas e estabelecer parâmetros de atuação que minimizem riscos ou, ainda, que sejam desenvolvidos trabalhos específicos para superação de problemas futuros.

Capítulo II
Do Direito à Liberdade, ao Respeito e à Dignidade

Art. 15. A criança e o adolescente têm direito à liberdade, ao respeito e à dignidade como pessoas humanas em processo de desenvolvimento e como sujeitos de direitos civis, humanos e sociais garantidos na Constituição e nas leis.

Art. 16. O direito à liberdade compreende os seguintes aspectos:

I – ir, vir e estar nos logradouros públicos e espaços comunitários, ressalvadas as restrições legais;

II – **opinião e expressão**;

III – **crença e culto religioso**;

IV – brincar, praticar esportes e divertir-se;

V – participar da vida familiar e comunitária, sem discriminação;

VI – participar da **vida política**, na forma da lei;

VII – buscar refúgio, auxílio e orientação.

Art. 17. O direito ao respeito consiste na **inviolabilidade da integridade física, psíquica e moral** da criança e do adolescente, abrangendo a **preservação da imagem**, da identidade, da autonomia, dos valores, ideias e crenças, dos espaços e objetos pessoais.

Art. 18. É dever de todos velar pela dignidade da criança e do adolescente, pondo-os a salvo de qualquer tratamento desumano, violento, aterrorizante, vexatório ou constrangedor.

1. **Comentários:** os dispositivos deste capítulo estão em consonância com as garantias fundamentais previstas na Constituição (art. 1º, inc. III e art. 5º, *caput*). Os artigos 16, 17 e 18 abordam separadamente cada um dos direitos enumerados no art. 15. Liberdade, respeito e dignidade da pessoa humana são valores sociais que permeiam todo o sistema jurídico, da Constituição a atos normativos de menor hierarquia. Por ser a Lei n. 8.069/90 um diploma voltado à proteção da criança e do adolescente, com maior razão devem-se destacar tais direitos de forma expressa.

   Naturalmente, o **direito à liberdade não é absoluto** – como não o é nenhum direito –, razão por que no âmbito do Estatuto também há a previsão de privação da liberdade do adolescente. É o que se verifica do art. 106, em que se prevê a privação de liberdade em caso de flagrante de ato infracional ou ordem escrita e fundamentada da autoridade judiciária. Exemplo de ordem escrita da autoridade judiciária é a imposição de medida de internação (art. 121).

   Se por um lado há dispositivo que legitima a privação de liberdade do adolescente, de outro o Estatuto previu no art. 230 como crime a apreensão de criança ou adolescente em desrespeito às hipóteses legais do art. 106.

   Em relação ao rol trazido pelo art. 16, não há dúvidas em afirmar que o elenco é meramente exemplificativo, pois as manifestações do direito à liberdade podem assumir formas não previstas pelo legislador. Crianças e adolescentes são livres para se manifestar e se expressar da forma que melhor lhes convier, bem como participar da **vida política** de sua sociedade.

   O artigo 17 procura materializar o conteúdo do que vem a ser o direito ao respeito. Segundo o referido dispositivo, estão incluídos a garantia da **integridade física, psíquica e moral**, preservação da imagem, identidade etc. Diante desse rol, percebe-se que o direito ao respeito de que trata o

Estatuto guarda relação com os direitos da personalidade. Em relação ao direito de imagem, a disciplina do Estatuto é bastante ampla, há dispositivos que tipificam como crime e infração administrativa condutas que violam o direito de imagem da criança e do adolescente, além de previsões acerca de aparições em shows, filmes, desfiles e eventos festivos.

Por fim, o art. 18 toca à dignidade da pessoa humana. Mais do que um princípio – que pode ser objeto de ponderação e de redução ou ampliação de sua aplicação em confronto com outro princípio –, a dignidade da pessoa humana é um postulado normativo que deve ser respeitado em qualquer situação, um valor que deve ser perseguido por toda a sociedade, base de construção de uma sociedade mais justa e solidária. Por sua importância no ordenamento jurídico e na vida em sociedade, está mais uma vez expresso no Estatuto, que buscou traçar-lhe o conteúdo ao dispor que se deve pôr a criança e o adolescente a salvo de tratamento desumano, violento, aterrorizante vexatório ou constrangedor. O Estatuto da Criança e do Adolescente prevê hipóteses de crimes e infrações administrativas relacionadas à dignidade da pessoa humana, a fim de garantir a efetivação desse direito.

Aplicação em concurso

- **(Conselheiro Tutelar – Município de São José do Rio Preto-SP – 2019 – Vunesp)** LFS, oito anos, é uma criança saudável e frequenta o 3° ano do ensino fundamental de uma escola pública. Está acima do peso e gosta de levar em sua mochila um carrinho com o qual brinca desde pequeno, por isso é alvo de bullying pelos colegas e de entrega compulsória do seu brinquedo à professora, sem devolução. Tais práticas ferem a um dos direitos fundamentais definido pelo art. 17 do ECA que garante a inviolabilidade da integridade física, psíquica e moral da criança e do adolescente, abrangendo a preservação da imagem, da identidade, da autonomia, dos valores, das ideias e crenças, dos espaços e objetos pessoais. Trata-se do direito fundamental

  A) à tolerância.

  B) ao protagonismo.

  C) ao respeito.

  D) à generosidade.

  E) à privacidade.

  Gabarito: letra C.

2. **Preservação da imagem e veiculação jornalística de imagens – posição do STJ:** o Superior Tribunal de Justiça teve a oportunidade de se manifestar a respeito da ponderação entre os princípios do direito à informação e da

liberdade de imprensa em cotejo com os princípios ligados à dignidade da criança e do adolescente. No entender da Corte, estes últimos prevalecem, de modo a impedir a divulgação de imagens vexatórias de crianças e adolescentes (REsp 509.968-SP, julgado em 6/12/2012).

Art. 18-A. A criança e o adolescente têm o **direito de ser educados** e cuidados **sem** o uso de **castigo físico** ou de tratamento cruel ou degradante, como formas de correção, disciplina, educação ou qualquer outro pretexto, pelos pais, pelos integrantes da família ampliada, pelos responsáveis, pelos agentes públicos executores de medidas socioeducativas ou por qualquer pessoa encarregada de cuidar deles, tratá-los, educá-los ou protegê-los. (Incluído pela Lei nº 13.010, de 2014)

Parágrafo único. Para os fins desta Lei, considera-se: (Incluído pela Lei nº 13.010, de 2014)

I – castigo físico: ação de natureza disciplinar ou punitiva aplicada com o **uso da força física** sobre a criança ou o adolescente que resulte em: (Incluído pela Lei nº 13.010, de 2014)

a) sofrimento físico; ou (Incluído pela Lei nº 13.010, de 2014)

b) lesão; (Incluído pela Lei nº 13.010, de 2014)

II – tratamento cruel ou degradante: conduta ou **forma cruel de tratamento** em relação à criança ou ao adolescente que: (Incluído pela Lei nº 13.010, de 2014)

a) humilhe; ou (Incluído pela Lei nº 13.010, de 2014)

b) ameace gravemente; ou (Incluído pela Lei nº 13.010, de 2014)

c) ridicularize. (Incluído pela Lei nº 13.010, de 2014)

Art. 18-B. Os pais, os integrantes da família ampliada, os responsáveis, os agentes públicos executores de medidas socioeducativas ou qualquer pessoa encarregada de cuidar de crianças e de adolescentes, tratá-los, educá-los ou protegê-los que utilizarem castigo físico ou tratamento cruel ou degradante como formas de correção, disciplina, educação ou qualquer outro pretexto estarão sujeitos, sem prejuízo de outras sanções cabíveis, às seguintes medidas, que serão aplicadas de acordo com a gravidade do caso: (Incluído pela Lei nº 13.010, de 2014)

I – encaminhamento a programa oficial ou comunitário de proteção à família; (Incluído pela Lei nº 13.010, de 2014)

II – encaminhamento a tratamento psicológico ou psiquiátrico; (Incluído pela Lei nº 13.010, de 2014)

III – encaminhamento a cursos ou programas de orientação; (Incluído pela Lei nº 13.010, de 2014)

IV – obrigação de encaminhar a criança a tratamento especializado; (Incluído pela Lei nº 13.010, de 2014)

V – advertência. (Incluído pela Lei nº 13.010, de 2014)

Parágrafo único. As medidas previstas neste artigo serão aplicadas pelo Conselho Tutelar, sem prejuízo de outras providências legais. (Incluído pela Lei nº 13.010, de 2014)

1. **Direito à educação sem castigo físico, tratamento cruel ou degradante:** em junho de 2014, foi promulgada a Lei n. 13.010, fruto de um projeto de lei que ficou conhecido como *Lei da Palmada*. Após muita discussão sobre os limites da autoridade parental na educação e correção dos filhos, a lei foi aprovada com o objetivo de dar maior efetividade a essa busca pela dignidade de crianças e adolescentes.

   O artigo 18-A estabelece que criança e o adolescente devem ser colocadas a salvo de castigo físico, cruel ou degradante em sua educação e criação. O dispositivo traz um rol de agentes significativo, pois engloba não apenas pais e responsável, mas também membros de família ampliada e agentes públicos responsáveis por medidas socioeducativas. Há ainda uma abertura legal para incidência desse dispositivo a qualquer pessoa encarregada de cuidar, tratar, educar ou proteger crianças e adolescentes.

   Como medidas para evitar tais formas de violência, o artigo 18-B prevê a possibilidade de aplicação das seguintes medidas: **(i)** encaminhamento a programa oficial ou comunitário de proteção à família; **(ii)** encaminhamento a tratamento psicológico ou psiquiátrico; **(iii)** encaminhamento a cursos ou programas de orientação; **(iv)** obrigação de encaminhar a criança a tratamento especializado; **(v)** advertência. Tais medidas são **aplicadas pelo Conselho Tutelar.**

   Logicamente, essa disciplina não encerra em si todas as formas de proteção dos direitos infanto-juvenis, pois o agente pode ser responsabilizado ainda com base em outros dispositivos do Estatuto, como os que tratam de crimes.

Aplicação em concurso

- **(Conselheiro Tutelar – Município de São José do Rio Preto-SP – 2019 – Vunesp)** Dentre os tipos de violência, os maus-tratos praticados contra crianças e adolescentes pelos próprios pais ou responsáveis são extremamente comuns. Na dinâmica familiar, muitas vezes a violência ou a negligência é considerada natural, ou mesmo como uma forma de resolução de conflitos. Contrário a essa prática, o ECA determina em seu art. 18-A que a criança e o adolescente têm o direito de ser educados e cuidados sem o uso de castigo físico ou de tratamento cruel ou degradante, definido como conduta ou forma cruel de tratamento em relação à criança ou ao adolescente que o humilhe ou o ameace gravemente ou o

A) corrija.

B) ridicularize.

C) culpabilize.

D) eduque.

E) valorize.

Gabarito: letra B.

Capítulo III
Do Direito à Convivência Familiar e Comunitária

Seção I
Disposições Gerais

Art. 19. É direito da criança e do adolescente ser criado e educado no seio de sua **família** e, excepcionalmente, em família substituta, assegurada a **convivência familiar** e comunitária, em ambiente que garanta seu desenvolvimento integral. (Redação dada pela Lei nº 13.257, de 2016)

1. **Preferência legal da família natural:** o artigo 19 determina que a criança ou adolescente deve, **preferencialmente**, ser criada por aqueles com quem tem laços de sangue, sua **família natural**. Entretanto, se essa convivência for perniciosa, prejudicial à criança ou adolescente, é possível sua colocação em família substituta, através de guarda, tutela ou adoção. O **critério fundamental** para verificação dessa questão é o do **melhor interesse da criança ou do adolescente**, ou seja, deve-se analisar no caso concreto qual família, a natural ou a substituta, tem condições de proporcionar um ambiente mais adequado para o desenvolvimento sadio e completo do ser humano. A prioridade legal é da família natural, pois a criança tem oportunidade de conviver com seus genitores, irmãos e avós. Por isso, antes de se optar por uma família substituta, é preciso esgotar as possibilidades de manutenção da criança em sua família natural. Daí se falar na prática forense na necessidade de *trabalhar a família*, através de apoio psicológico, médico e profissional aos familiares naturais da criança ou do adolescente. A parte final do dispositivo se refere exatamente a essa situação.

Por exemplo, a criança pode estar em ambiente familiar adequado, com boa convivência entre genitores, irmãos e avós, mas pontualmente um membro da família está começando a apresentar problemas de drogas ou álcool. Ao invés da solução drástica de colocação em família substituta, deve-se buscar o apoio àquele familiar. Inclusive, o art. 130 do Estatuto prevê a possibilidade de afastamento cautelar do pai ou responsável por maus-tratos, opressão ou abuso sexual da moradia comum, com a preservação da convivência entre a criança e os demais membros da família. Dessa forma, preserva-se o vínculo natural e a harmonia de familiar. Isso é concretizar o princípio vetor do Estatuto, que é o da proteção integral.

Conforme será destacado na análise do artigo 23, o **critério** de aferição do melhor interesse da criança **não é puramente econômico**. Quer dizer, não é por que há família substituta com melhores condições financeiras que a criança ou adolescente deve ser afastada da família natural.

§ 1º Toda criança ou adolescente que estiver inserido em programa de acolhimento familiar ou institucional terá sua **situação reavaliada**, no máximo, a cada **3 (três) meses**, devendo a autoridade judiciária competente, com base em relatório elaborado por equipe interprofissional ou multidisciplinar, decidir de forma fundamentada pela possibilidade de reintegração familiar ou colocação em família substituta, em quaisquer das modalidades previstas no art. 28 desta Lei. (Redação dada pela Lei nº 13.509, de 2017)

§ 2º A permanência da criança e do adolescente em programa de acolhimento institucional **não** se prolongará por **mais de 18 (dezoito meses),** salvo comprovada necessidade que atenda ao seu **superior interesse,** devidamente fundamentada pela autoridade judiciária. (Redação dada pela Lei nº 13.509, de 2017)

§ 3º A manutenção ou a **reintegração** de criança ou adolescente à sua **família** terá **preferência** em relação a qualquer outra providência, caso em que será esta incluída em serviços e programas de proteção, apoio e promoção, nos termos do § 1º do art. 23, dos incisos I e IV do *caput* do art. 101 e dos incisos I a IV do *caput* do art. 129 desta Lei. (Redação dada pela Lei nº 13.257, de 2016)

1. **Permanência da criança ou adolescente fora do convívio familiar – limites:** o artigo 19 possui seis parágrafos que não guardam relação direta com o *caput*. Tratam da permanência fora do convívio de sua família, em programa de acolhimento ou institucional. O objetivo dessa normativa é não prolongar indefinidamente o afastamento da criança ou do adolescente de sua família.

De acordo com o parágrafo primeiro, a situação da **criança** ou adolescente **afastada** do convívio familiar deve ser **reavaliada, no máximo, a cada três meses**. Observe que o prazo anterior era de reavaliação a cada 6 meses. A redução para 3 meses decorre da Lei n. 13.509/2017.

Essa é uma obrigação que compete aos dirigentes dos programas de acolhimento institucional ou familiar, fixada no artigo 92, § 2º. Nada impede que a criança ou adolescente seja reavaliada em menor período de tempo. Importante é que a Justiça da Infância e da Juventude esteja sempre atenta à situação daqueles que estão afastados de sua família natural. Durante o período de afastamento, se o foco de problema está na estrutura familiar, compete ao Poder Público, através de seus órgãos e parceiros (terceiro setor), *trabalhar a família* – termo que já utilizamos na obra para nos referirmos ao apoio psicológico, médico e profissional aos familiares naturais da criança ou do adolescente.

Por sua vez, o parágrafo segundo estabelece um **prazo limite de 18 meses** para permanência de criança ou adolescente em programa de acolhimento – somente **dilatável** em caráter excepcional, no seu **interesse exclusivo**. Importante observar que esse prazo foi reduzido de 2 anos para os atuais 18 meses pela Lei n. 13.509/2017.

O parágrafo terceiro se refere, de fato, à norma contida no *caput* do artigo 19. Na cabeça do dispositivo, afirma-se que a criança ou adolescente deve permanecer em sua família natural e, excepcionalmente, em família substituta. O parágrafo 3º é mais enfático, pois determina expressamente que a **manutenção ou reintegração** da criança ou adolescente em sua família deve ser o **primeiro objetivo** perseguido pelos profissionais envolvidos com a situação – magistrados, promotores públicos, defensores públicos, membros do Conselho Tutelar etc.

Aplicação em concurso

- **(Promotor de Justiça – MP-SC – 2019)** [julgue o item]

  Segundo a redação do Estatuto da Criança e do Adolescente, a permanência da criança e do adolescente em programa de acolhimento institucional não se prolongará por mais de 18 (dezoito) meses, salvo comprovada necessidade que atenda ao seu superior interesse, devidamente fundamentada pela autoridade judiciária.

  Gabarito: o item está certo.

§ 4º Será **garantida a convivência** da criança e do adolescente com a mãe ou o **pai privado de liberdade**, por meio de visitas periódicas promovidas pelo responsável ou, nas hipóteses de acolhimento institucional, pela entidade responsável, **independentemente de autorização judicial**. (Incluído pela Lei nº 12.962, de 2014)

§ 5º Será garantida a convivência integral da criança com a mãe adolescente que estiver em acolhimento institucional. (Incluído pela Lei nº 13.509, de 2017)

§ 6º A mãe adolescente será assistida por equipe especializada multidisciplinar. (Incluído pela Lei nº 13.509, de 2017)

1. **Convivência familiar de pais privados de liberdade:** a prioridade pela família natural não cessa nem nas hipóteses em que os pais estejam privados de sua liberdade em razão de crime. Essa prevalência da família natural está expressa no § 4º do artigo 19. O dispositivo prevê que a criança ou o adolescente cujo genitor esteja privado de liberdade tem o direito de visitá-lo, independentemente de autorização judicial.

Se o homem ou a mulher pratica crime, deve ser punida por isso nos termos da lei penal e tem direito a se ressocializar e retornar ao regular convívio social. Nesse processo, a família desempenha papel importante, daí a previsão legal do Estatuto de convívio entre filhos e pais privados de liberdade. O § 5º segue a mesma lógica do § 4º, que trata de genitores privados de liberdade. O § 5º explicita a garantia da convivência familiar à mãe adolescente que esteja em acolhimento institucional. Com isso, o círculo do sistema se fecha. O artigo 19 e seus parágrafos contemplam um valor no direito infanto-juvenil, a convivência familiar. Por fim, o § 6º não tem maior relevância para esse sistema; afirma-se apenas que a mãe adolescente tem direito à assistência de equipe multidisciplinar.

Art. 19-A. A gestante ou mãe que manifeste **interesse em entregar seu filho para adoção**, antes ou logo após o nascimento, será encaminhada à Justiça da Infância e da Juventude. (Incluído pela Lei nº 13.509, de 2017)

§ 1º A gestante ou mãe será ouvida pela equipe interprofissional da Justiça da Infância e da Juventude, que apresentará relatório à autoridade judiciária, considerando inclusive os eventuais efeitos do estado gestacional e puerperal. (Incluído pela Lei nº 13.509, de 2017)

§ 2º De posse do relatório, a autoridade judiciária poderá determinar o encaminhamento da gestante ou mãe, mediante sua expressa concordância, à rede pública de saúde e assistência social para **atendimento especializado**. (Incluído pela Lei nº 13.509, de 2017)

§ 3º A busca à família extensa, conforme definida nos termos do parágrafo único do art. 25 desta Lei, respeitará o **prazo máximo de 90** (noventa) **dias, prorrogável** por igual período. (Incluído pela Lei nº 13.509, de 2017)

§ 4º Na hipótese de **não haver** a indicação do genitor e de não existir outro representante da família extensa apto a receber a guarda, a autoridade judiciária competente deverá **decretar a extinção do poder familiar** e determinar a colocação da criança sob a guarda provisória de quem estiver habilitado a adotá-la ou de entidade que desenvolva programa de acolhimento familiar ou institucional. (Incluído pela Lei nº 13.509, de 2017)

§ 5º Após o nascimento da criança, a vontade da mãe ou de ambos os genitores, se houver pai registral ou pai indicado, deve ser manifestada na audiência a que se refere o § 1º do art. 166 desta Lei, garantido o sigilo sobre a entrega. (Incluído pela Lei nº 13.509, de 2017)

§ 6º Na hipótese de não comparecerem à audiência nem o genitor nem representante da família extensa para confirmar a intenção de exercer o poder familiar ou a guarda, a autoridade judiciária suspenderá o poder familiar da mãe, e a criança será colocada sob a guarda provisória de quem esteja habilitado a adotá-la. (Incluído pela Lei nº 13.509, de 2017)

§ 7º Os **detentores da guarda** possuem o prazo de 15 (quinze) dias para propor a **ação de adoção**, contado do dia seguinte à data do término do estágio de convivência. (Incluído pela Lei nº 13.509, de 2017)

§ 8º Na hipótese de desistência pelos genitores - manifestada em audiência ou perante a equipe interprofissional - da entrega da criança após o nascimento, a criança será mantida com os genitores, e será determinado pela Justiça da Infância e da Juventude o acompanhamento familiar pelo prazo de 180 (cento e oitenta) dias. (Incluído pela Lei nº 13.509, de 2017)

§ 9º É garantido à mãe o **direito ao sigilo** sobre o nascimento, respeitado o disposto no art. 48 desta Lei. (Incluído pela Lei nº 13.509, de 2017)

§ 10. Serão cadastrados para adoção recém-nascidos e crianças acolhidas não procuradas por suas famílias no prazo de 30 (trinta) dias, contado a partir do dia do acolhimento. (Incluído pela Lei nº 13.509, de 2017)

1. **Procedimento de entrega da criança para adoção:** o artigo 19-A foi introduzido pela Lei n. 13.509/2017. O Estatuto já possuía algumas regras que indicavam a necessidade de encaminhar à Justiça da Infância e da Juventude mães e gestantes que manifestassem interesse em entregar seu filho a adoção (art. 8º, § 5º e 13, § 1º). Não havia, porém, maior detalhamento do procedimento a ser adotado nesses casos. A maior parte do artigo 19-A trata do encaminhamento para adoção. No entanto, é necessário interpretá-lo à luz dos demais dispositivos do Estatuto, notadamente do artigo 19, que estabelece o direito fundamental da criança e do adolescente de ser criado no seio de sua família natural.

A exceção é a colocação em família substituta, e a leitura apressada do artigo 19-A não deve levar a conclusão em contrário.

Os dois primeiros parágrafos do artigo 19-A tratam justamente da preservação da família natural. A gestante/mãe será ouvida pela equipe interprofissional para traçar um diagnóstico sobre o caso. Essa análise, conforme prescreve a parte final do § 1º, deve levar em conta os efeitos decorrentes do estado gestacional e do estado puerperal. É dizer, a gestante/mãe pode estar em momento de fragilidade, abalada emocionalmente. A rejeição à criança pode decorrer de uma gestação difícil ou não programada ou de um parto longo e doloroso.

Conforme prevê o § 2º, o juízo recebe o relatório da equipe interprofissional e pode encaminhar a gestante/mãe à rede pública de saúde e assistência social. O atendimento de saúde é voluntário, não compulsório, ou seja, a gestante/mãe não é obrigada a se submeter ao atendimento especializado.

Sendo **efetivamente** o **desejo** da gestante ou mãe a entrega para adoção, segue-se o quanto previsto nos parágrafos 3º a 9º. A procura por família substituta começa pela família extensa. No prazo de até 180 dias (90 dias prorrogáveis por igual período), parentes próximos devem ser procurados para verificar a viabilidade de assumir a guarda da criança (§ 3º).

Segundo prevê o § 4º, se não houver indicação de genitor e nem de membros da família extensa, o juízo decreta a extinção do poder familiar e encaminha para guarda provisória de quem estiver na lista de habilitados à adoção; alternativamente, encaminha-se a entidade de acolhimento institucional ou familiar.

O dispositivo é de constitucionalidade duvidosa na parte que permite a decretação imediata de extinção do poder familiar. No afã de agilizar processos de adoção, § 4º estabelece a extinção do poder familiar sem a propositura de uma ação judicial por ente legitimado, como o Ministério Público ou o adotante; tampouco prevê contraditório, pois a prolação de decisão parte de atividade iniciada no próprio Judiciário – o que parece violar também a inércia da Jurisdição.

Além disso, o § 4º é inconsistente com outros dispositivos do próprio artigo 19-A, como o § 5º, que prevê a necessidade de colher o consentimento dos genitores em audiência, na forma do artigo 166, § 1º. De igual modo, o § 8º também prevê a possibilidade de desistência quanto à entrega da criança para adoção. De duas uma:

– se o poder familiar já foi extinto (§ 4º), não é necessário colher consentimento posterior em audiência;

– se há necessidade de colher consentimento em audiência, então o poder familiar ainda existe.

Como se vê, a previsão de extinção do poder familiar no § 4º não dialoga com o sistema do Estatuto. Assim, a melhor interpretação do artigo 19-A é a que afasta a decretação de extinção do poder familiar prevista no § 4º. Identificada a vontade de entregar a criança para adoção, faz-se o encaminhamento para guarda provisória de quem esteja na lista de habilitados à adoção para que este adotante proponha ação de adoção no prazo de 15 dias após o término do estágio de convivência (§ 7º). O pedido de adoção segue o procedimento da destituição do poder familiar, que é seu pressuposto lógico, conforme prevê o artigo 169.

Por sua vez, o § 9º estabelece o direito da mãe ao sigilo sobre o nascimento, direito este que a ampara frente a terceiro, mas que cede diante do direito à origem biológica do filho, previsto no artigo 48.

Aplicação em concurso

- **(Analista ministerial – serviço social – MP-CE – Cespe – 2020)** Flávia, com vinte e três anos de idade, deu entrada no hospital estadual de sua cidade em trabalho de parto, acompanhada de uma amiga à qual comunicou sua decisão de entregar o filho para adoção logo após o nascimento. Do início ao final do parto, a jovem falou ao médico sobre sua decisão, mas nada foi feito pelo profissional em questão. Flávia está desempregada, encontra-se em situação de extrema pobreza e alega que, além disso, não conta com o apoio de familiares. Segundo ela, o pai da criança, seu ex-companheiro, está envolvido com tráfico de drogas e não reúne condições psicossociais para criar a criança, uma vez que é agressivo e apresenta atitudes com as quais Flávia não concorda, como, por exemplo, entregar com frequência sua arma de fogo, como se fosse um brinquedo, para um sobrinho de oito anos de idade que mora com ele. Considerando essa situação hipotética, julgue o item que se segue, à luz do Estatuto da Criança e do Adolescente.

  Flávia deverá ser obrigatoriamente encaminhada à justiça da infância e da juventude, devido ao interesse por ela manifestado.

  Gabarito: o item está certo.

2. **Derrubada do veto ao § 6º do art. 19-A:** o dispositivo havia sido vetado por ocasião da promulgação da Lei n. 13.509/2017. Nas justificativas do veto, consta o seguinte: *"O dispositivo apresenta incongruência com o proposto § 4º do mesmo artigo, que determina a extinção, e não a suspensão, do poder familiar. Além disso, para a colocação da criança para adoção, seria necessário alcançar-se também o poder familiar do pai, não prevista pelo dispositivo, que só aborda o poder familiar da*

mãe." O veto foi derrubado posteriormente. A nosso ver, o § 6º faz mais sentido com o ordenamento jurídico do que o § 4º. Como destacamos anteriormente, a regra do § 4º é inconstitucional, por violação ao devido processo legal e à inércia da jurisdição. O § 6º não padece das mesmas incompatibilidades com a Constituição.

Primeiro, porque a suspensão do poder familiar aqui pode ser fruto de decisão liminar, a ser posteriormente mantida ou revogada em cognição exauriente. O sistema jurídico convive com decisões provisórias e temporárias sem maiores problemas. Ao contrário do que parecem indicar as razões de veto, a guarda provisória não demanda suspensão ou extinção do poder familiar. Em segundo lugar, conforme o leitor poderá examinar à frente, a guarda prevista nos artigos 33 a 35 objetiva dar verniz jurídico a uma situação de fato. A guarda é temporária e sequer impede, como regra geral, o direito de visitação dos pais biológicos. Portanto, a derrubada do veto é harmônica com o sistema do artigo 19-A – embora reitere a crítica quanto à forma como o assunto foi tratado no Estatuto.

No entanto, vale sempre o destaque de que provas de múltipla escolha estão sempre mais focadas em letra da lei. É possível ver que o conhecimento do § 4º é cobrado em concursos.

Aplicação em concurso

- **(Analista ministerial – serviço social – MP-CE – Cespe – 2020)** Flávia, com vinte e três anos de idade, deu entrada no hospital estadual de sua cidade em trabalho de parto, acompanhada de uma amiga à qual comunicou sua decisão de entregar o filho para adoção logo após o nascimento. Do início ao final do parto, a jovem falou ao médico sobre sua decisão, mas nada foi feito pelo profissional em questão. Flávia está desempregada, encontra-se em situação de extrema pobreza e alega que, além disso, não conta com o apoio de familiares. Segundo ela, o pai da criança, seu ex-companheiro, está envolvido com tráfico de drogas e não reúne condições psicossociais para criar a criança, uma vez que é agressivo e apresenta atitudes com as quais Flávia não concorda, como, por exemplo, entregar com frequência sua arma de fogo, como se fosse um brinquedo, para um sobrinho de oito anos de idade que mora com ele. Considerando essa situação hipotética, julgue o item que se segue, à luz do Estatuto da Criança e do Adolescente. Caso não haja indicação do ex-companheiro de Flávia e não exista outro representante da família extensa apto a receber a guarda do recém-nascido, a autoridade judiciária competente deverá decretar a extinção do poder familiar.

  Gabarito: o item está certo.

3. **Cadastro para adoção de recém-nascidos não procurados:** a redação do § 10 havia inicialmente sido vetada pela Presidência da República por ocasião da promulgação da Lei n. 13.509/2017. O dispositivo prevê que serão cadastrados para adoção os recém-nascidos e crianças que não forem procurados por suas famílias em 30 dias, contados do acolhimento. As razões do veto eram as seguintes: *"O prazo previsto no dispositivo é exíguo, e mostra-se incompatível com a sistemática do Estatuto e com o prazo de busca à família extensa, conforme disposto no § 3º do mesmo artigo. Além disso, é insuficiente para se resguardar que a mãe não tenha agido sob influência do estado puerperal e que, assim, possa ainda reivindicar a criança."*

As razões de veto nos parecem extremamente sensatas, pois o prazo é realmente curto e o próprio dispositivo estabelece prazos maiores para busca da família extensa.

Há ainda outro ponto a considerar. O dispositivo não esclarece o que se entende por 'criança não procurada'. Obviamente não se poderá interpretar que o prazo é para a criança ser encontrada. Os limites interpretativos estão nas palavras utilizadas pela Lei. Procurar não é sinônimo de encontrar. Se a família vai à autoridade policial, ao Juizado da Infância e da Juventude; se publica em redes sociais (de enorme alcance para buscar informações!), a nosso ver está atendido o requisito para que a criança não seja incluída na lista de adoção. A informatização e a gestão da informação ainda são muito precárias no Estado brasileiro. Veja-se um exemplo absolutamente ordinário: a gestante ainda jovem foge de casa grávida por vergonha e afirma que dará o filho para adoção, os avós procuram a criança, mas não encontram, porque a jovem se mudou para cidade desconhecida em estado-membro vizinho. Os membros da família extensa estão efetivamente buscando o neto para criá-lo. O recém-nascido será colocado para adoção em apenas 30 dias e será encaminhado muito provavelmente para alguma família de habilitados à adoção. A celeuma está instaurada. O bebê não poderia ter sido encaminhado ao cadastro em prazo tão curto, porque a família extensa o estava procurando – esse fato apenas não era de conhecimento do juízo da infância e da juventude onde a jovem deu à luz.

Em suma, mais uma vez, voltamos à crítica original: no afã de acelerar processos de adoção, a Lei n. 13.509/2017 acabou por criar situações problemáticas com as quais famílias e Justiça terão de conviver.

Art. 19-B. A criança e o adolescente em programa de acolhimento institucional ou familiar poderão participar de programa de apadrinhamento. (Incluído pela Lei nº 13.509, de 2017)

§ 1º O apadrinhamento consiste em estabelecer e proporcionar à criança e ao adolescente vínculos externos à instituição para fins de convivência familiar e comunitária e colaboração com o seu desenvolvimento nos aspectos social, moral, físico, cognitivo, educacional e financeiro. (Incluído pela Lei nº 13.509, de 2017)

§ 2º Podem ser padrinhos ou madrinhas pessoas maiores de 18 (dezoito) anos não inscritas nos cadastros de adoção, desde que cumpram os requisitos exigidos pelo programa de apadrinhamento de que fazem parte. (Incluído pela Lei nº 13.509, de 2017)

§ 3º Pessoas jurídicas podem apadrinhar criança ou adolescente a fim de colaborar para o seu desenvolvimento. (Incluído pela Lei nº 13.509, de 2017)

§ 4º O perfil da criança ou do adolescente a ser apadrinhado será definido no âmbito de cada programa de apadrinhamento, com prioridade para crianças ou adolescentes com remota possibilidade de reinserção familiar ou colocação em família adotiva. (Incluído pela Lei nº 13.509, de 2017)

§ 5º Os programas ou serviços de apadrinhamento apoiados pela Justiça da Infância e da Juventude poderão ser executados por órgãos públicos ou por organizações da sociedade civil. (Incluído pela Lei nº 13.509, de 2017)

§ 6º Se ocorrer violação das regras de apadrinhamento, os responsáveis pelo programa e pelos serviços de acolhimento deverão imediatamente notificar a autoridade judiciária competente. (Incluído pela Lei nº 13.509, de 2017)

1. **Apadrinhamento:** o artigo 19-B traz para dentro do Estatuto prática que ganhou corpo nos últimos anos no País, o apadrinhamento. Trata-se de criar laços de convivência entre crianças e adolescentes em programas de acolhimento institucional e pessoas da comunidade local. Diante das limitações das instituições de acolhimento, o apadrinhamento surge como uma ferramenta importante para engajar a sociedade nos cuidados com crianças e adolescentes. Os padrinhos têm a responsabilidade de auxiliar e contribuir para a promoção da criança ou adolescente. Isso se dá pelo convívio, pelo tempo que a criança ou adolescente passa com o padrinho, em finais de semana ou com visitas regulares à entidade de acolhimento. A criança ou adolescente apadrinhado recebe apoio moral, físico, cognitivo, educacional ou financeiro (§ 1º).

   O § 3º autoriza que pessoas jurídicas também possam apadrinhar. Nesse ponto, o apadrinhamento mais se assemelha a um patrocínio, pois a pessoa jurídica não dá carinho, afeto nem apoio moral. Isso não diminui, porém, a importância dessa forma de auxílio. O apoio financeiro de uma pessoa jurídica pode proporcionar melhorias importantes nas condições de vida das crianças e adolescentes apadrinhados.

A prioridade do programa de apadrinhamento é a criança ou adolescente com menores chances de colocação em família substituta. Em geral, os adotantes têm preferência por criança mais novas, de modo que o programa de apadrinhamento deve-se voltar precipuamente para crianças mais velhas e adolescentes (§ 4º).

O programa de apadrinhamento pode ser realizado como política pública de Estado – via Executivo estadual, por exemplo – ou por meio da sociedade civil. Em rápida pesquisa na internet, encontram-se com facilidade organizações não governamentais que desenvolvem programas de apadrinhamento.

2. **Requisito para ser padrinho – não ser postulante a adoção:** o § 2º do artigo 19-B foi inicialmente vetado pela Presidência da República. As razões para veto foram as seguintes: *"A manutenção do dispositivo implicaria em prejuízo a crianças e adolescentes com remotas chances de adoção, ao vedar a possibilidade de serem apadrinhadas por quem está inscrito nos cadastros de adoção, sendo que o perfil priorizado nos programas de apadrinhamento é justamente o de crianças e adolescentes com remotas possibilidades de reinserção familiar. A realidade tem mostrado que parte desse contingente tem logrado sua adoção após a participação em programas de apadrinhamento e construção gradativa de vínculo afetivo com padrinhos e madrinhas, potenciais adotantes."*

   As razões de veto trazem argumento importante. De fato, a maioria das pessoas e casais que se inscrevem para adoção tem como foco adotar criança de pouca idade e bebês. O apadrinhamento é um vínculo muito mais tênue, de modo que a pessoa ou casal habilitado pode iniciar um engajamento que posteriormente se desenvolva em grande laço de afeto até culminar na adoção. Logo, permitir o apadrinhamento por habilitados a adoção parece trazer mais benefícios, de modo que a derrubada do veto foi negativa.

Art. 20. Os **filhos**, havidos ou não da relação do casamento, ou por adoção, **terão os mesmos direitos e qualificações**, proibidas quaisquer designações discriminatórias relativas à filiação.

1. **Igualdade de direitos entre os filhos:** o artigo 20 tem sua razão de ser ligada ao regime jurídico anterior à Constituição de 1988. O Código Civil

de 1916 e outros diplomas legais previam distinções entre filhos biológicos e adotivos ou frutos de relação de casamento ou de concubinato, notadamente em relação ao regime sucessório.

A atual **Constituição da República**, em seu art. 227, § 6º, **proíbe qualquer tipo de distinção** ou tratamento discriminatório **entre filhos**. A redação deste art. 20 é reprodução do dispositivo constitucional. O Código Civil de 2002 também apresenta a mesma redação em seu art. 1.596.

Art. 21. O **poder familiar** será exercido, em **igualdade de condições**, pelo **pai** e pela **mãe**, na forma do que dispuser a legislação civil, assegurado a qualquer deles o direito de, em caso de discordância, recorrer à autoridade judiciária competente para a solução da divergência. (Expressão substituída pela Lei nº 12.010, de 2009)

Art. 22. Aos pais incumbe o dever de sustento, guarda e educação dos filhos menores, cabendo-lhes ainda, no interesse destes, a obrigação de cumprir e fazer cumprir as determinações judiciais.

Parágrafo único. A **mãe e o pai**, ou os responsáveis, **têm direitos iguais** e deveres e responsabilidades compartilhados no cuidado e na educação da criança, devendo ser resguardado o direito de transmissão familiar de suas crenças e culturas, assegurados os direitos da criança estabelecidos nesta Lei. (Incluído pela Lei nº 13.257, de 2016)

1. **Pátrio poder → Poder familiar:** quando do advento do Estatuto da Criança e do Adolescente, a redação original do artigo 21 se referia a pátrio poder. O Código Civil de 2002 optou pelo *nomen iuris* poder familiar (arts. 1.630 a 1.638, CC/2002), para designar o complexo de direitos e deveres que compete aos pais frente a seus filhos menores. A expressão poder familiar deixa mais claro a ideia de que a **criação e a educação** dos filhos **competem ao pai e à mãe em igualdade de condições** – assim determina a Constituição (art. 226, § 5º, e art. 229, primeira parte) –, ao passo em que pátrio se refere etimologicamente a pai.

   Nesse sentido, a Lei nº 12.010/2009 substituiu a expressão de "pátrio poder" por "poder familiar".

   Ainda assim, esse termo recebe crítica da doutrina de vanguarda, que tem preferido o termo autoridade parental, utilizado por legislações estrangeiras.

O Código Civil tem dispositivo semelhante ao que está em análise, artigo 1.631, *caput* e parágrafo único. Em ambos fica claro que os pais exercem em igualdade de condições o poder familiar e, diante da divergência, não prevalece a voz do pai. Cabe a solução da questão ao juiz.

2. **Conteúdo do poder familiar:** dentro do conteúdo de poder familiar, encontram-se diversos deveres, alguns deles elencados no art. 22, como sustento, guarda e educação. O Código Civil apresenta rol mais extenso – e igualmente exemplificativo – de deveres dos pais no exercício do poder familiar, conforme artigo 1.634. Além desses deveres, o parágrafo único do artigo 22 garante aos pais o direito de transmitir a seus filhos sua herança cultural, suas crenças e liturgias familiares.

3. **Sanções:** há sanções civis e penais para os pais que descumprem suas obrigações para com seus filhos. No âmbito civil, a negligência no exercício do poder familiar pode acarretar a suspensão ou a extinção desse poder, com a posterior concessão de tutela ou adoção. A criança ou adolescente pode ainda ser abrigada pelo Conselho Tutelar ou colocada em família substituta através de guarda. Cautelarmente, a pessoa nociva à criança ou ao adolescente pode ser afastada de sua convivência, na forma do art. 130. Na esfera penal, o pai ou a mãe que descumprem seu poder-dever familiar podem incidir em diversos crimes, como abandono de incapaz, exposição ou abandono de recém-nascido, omissão de socorro e maus-tratos (arts. 133 a 136, do Código Penal), e outros do próprio Estatuto, como o de submeter criança ou adolescente a vexame ou constrangimento (art. 232) e sua submissão à prostituição e exploração sexual (art. 244-A).

   A parte final do art. 22 faz menção ao cumprimento de determinações judiciais. O descumprimento pode acarretar a perda ou a suspensão do poder familiar (art. 24). Englobam-se aí ao cumprimento de obrigações impostas não só aos pais, como também aos filhos. As obrigações judicialmente estabelecidas aos pais são aquelas normalmente fixadas pelo juízo de família quando o casal se separa, oportunidade em que se determina quem exercerá a guarda, como será exercido o direito de visitação, dias e horários para entrega do filho etc. O descumprimento reiterado dessas obrigações (ex.: pai guardião mora em uma cidade e mãe recebe o filho para período de férias em outra cidade, mas não o devolve posteriormente) pode levar à perda ou suspensão do poder familiar.

   Por outro lado, o descumprimento de obrigações judiciais pode ser referente a medidas impostas à criança ou ao adolescente. Por isso, o dispositivo descreve a conduta de "fazer cumprir". Tal possibilidade surge, por exemplo, quando é imposta ao adolescente uma medida de proteção (art. 101) de frequência à escola e a programa ambulatorial de desintoxicação de drogas, mas os pais proíbem o filho de sair de casa ou de atender à obrigação judicial, não por impossibilidade financeira, mas por outra razão injustificada. Nesse caso, os pais é que são responsáveis pelo descumprimento de uma obrigação imposta ao adolescente. Sua conduta está em desacordo com os princípios do melhor interesse da criança e da proteção integral, o que autoriza a medida excepcional de suspensão ou perda do poder familiar.

4. **Dano moral por abandono afetivo – posição do STJ:** no item anterior, foram destacadas as medidas cabíveis pelo descumprimento de deveres decorrentes do poder familiar. Questão que tem sido discutido nos tribunais é a que toca à possibilidade de compensação financeira pela falta de afeto no exercício do poder familiar.

   Em julgamento emblemático, o STJ deixou claro que o abalo emocional, o dano sofrido pela pessoa que pleiteia o dano moral deve estar diretamente ligado ao abandono afetivo do genitor demandado. Em outras palavras, a falta de afeto dos pais não rende ensejo de plano à reparação pecuniária, sendo necessário demonstrar o efetivo liame, o nexo causal, entre a omissão parental e o dano ocorrido (REsp 1557978/DF, 3ª Turma, julgado em 03/11/2015).

   Em julgado mais recente, o STJ reafirmou a posição (REsp 1087561/RS, 4ª Turma, julgado em 13/06/2017).

5. **Exercício do poder familiar em igualdade de condições e mudança do nome da criança – posição do STJ:** a questão de exercício do poder familiar em igualdade de condições de pai e mãe aparece de diferentes formas na jurisprudência do STJ. Em 2021, a Corte analisou caso interessante a respeito da escolha do nome da criança. O genitor indicou no registro nome diverso do que havia sido combinado com a mãe, que posteriormente ingressou com pedido de retificação do registro civil. O STJ autorizou a mudança. Confira-se:

   > 2- O propósito recursal é definir se é admissível a exclusão de prenome da criança na hipótese em que o pai informou, perante o cartório de registro civil, nome diferente daquele que havia sido consensualmente escolhido pelos genitores.
   >
   > 3- O direito ao nome é um dos elementos estruturantes dos direitos da personalidade e da dignidade da pessoa humana, pois diz respeito à própria identidade pessoal do indivíduo, não apenas em relação a si, como também em ambiente familiar e perante a sociedade.

4- Conquanto a modificação do nome civil seja qualificada como excepcional e as hipóteses em que se admite a alteração sejam restritivas, esta Corte tem reiteradamente flexibilizado essas regras, permitindo-se a modificação se não houver risco à segurança jurídica e a terceiros.

5- Nomear o filho é típico ato de exercício do poder familiar, que pressupõe bilateralidade, salvo na falta ou impedimento de um dos pais, e consensualidade, ressalvada a possibilidade de o juiz solucionar eventual desacordo entre eles, inadmitindo-se, na hipótese, a autotutela.

6- O ato do pai que, conscientemente, desrespeita o consenso prévio entre os genitores sobre o nome a ser de dado ao filho, acrescendo prenome de forma unilateral por ocasião do registro civil, além de violar os deveres de lealdade e de boa-fé, configura ato ilícito e exercício abusivo do poder familiar, sendo motivação bastante para autorizar a exclusão do prenome indevidamente atribuído à criança que completará 04 anos em 26/05/2021 e que é fruto de um namoro que se rompeu logo após o seu nascimento.

7- É irrelevante apurar se o acréscimo unilateralmente promovido pelo genitor por ocasião do registro civil da criança ocorreu por má-fé, com intuito de vingança ou com o propósito de, pela prole, atingir à genitora, circunstâncias que, se porventura verificadas, apenas servirão para qualificar negativamente a referida conduta.

8- Recurso especial conhecido e provido.

(REsp 1905614/SP, Rel. Min. Nancy Andrighi, 3ª Turma, julgado em 04/05/2021, DJe 06/05/2021)

Art. 23. A falta ou a **carência** de recursos materiais **não constitui motivo suficiente** para a perda ou a suspensão do poder familiar. (Expressão substituída pela Lei nº 12.010, de 2009)

§ 1º Não existindo outro motivo que por si só autorize a decretação da medida, a criança ou o adolescente será mantido em sua família de origem, a qual deverá obrigatoriamente ser incluída em serviços e programas oficiais de proteção, apoio e promoção. (Redação dada pela Lei nº 13.257, de 2016)

1. **Carência de recursos materiais:** a situação de carência de recursos **não é motivo idôneo** para **perda ou suspensão** do poder familiar. O legislador deu preferência à manutenção da criança ou adolescente em sua família natural, sendo excepcional a hipótese de colocação de família substituta. Se a dificuldade por que passa a criança ou adolescente no

seio de sua família natural é puramente econômico, então compete ao Estado tutelar toda a família, e não simplesmente retirar a criança ou adolescente do convívio de seus familiares. É o que determina o art. 23, *caput* e parágrafo único.

Diversa é a situação em que, além de falta de recursos materiais, os pais demonstram um comportamento que viola deveres inerentes a seu poder familiar, como o abandono, o uso de drogas e a exploração da criança ou do adolescente. Diante de quadro fático como esse, somado à situação financeira de penúria, é possível a colocação em família substituta.

§ 2º A condenação criminal do pai ou da mãe **não implicará** a destituição do poder familiar, exceto na hipótese de condenação por crime doloso sujeito à pena de reclusão contra outrem igualmente titular do mesmo poder familiar ou contra filho, filha ou outro descendente. (Redação dada pela Lei nº 13.715, de 2018)

1. **Condenação criminal:** quando analisado o artigo 19, frisou-se a importância da convivência familiar, tendo-se destacado o direito de visitação de filhos aos pais privados de sua liberdade independentemente de autorização judicial. Dentro desse contexto, o § 2º ao artigo 23, que estabelecia que a perda do poder familiar não é decorrência automática da condenação criminal, com exceção da prática de crime doloso sujeito à pena de reclusão praticado contra o próprio filho. Exemplificativamente, o pai que tenta estuprar uma filha ou mãe que tenta matar o filho perdem o poder familiar.

   Em 2018 houve modificação nesse dispositivo. Manteve-se a regra geral de que **a condenação criminal não gera** destituição do poder familiar, mas ampliou-se a exceção. Agora ocorre a perda do poder familiar também se o crime é praticado contra quem também possui o mesmo poder familiar. Vale dizer, marido que tenta matar a mãe de seus filhos perde o poder familiar.

Aplicação em concurso

- **(Promotor de Justiça – MP-SC – 2019)** [Julgue o item]

  O Estatuto da Criança e do Adolescente estabelece que a condenação criminal do pai ou da mãe não implicará a destituição do poder familiar, exceto somente nas hipóteses de condenação por crime doloso sujeito à pena de reclusão contra outrem igualmente titular do mesmo poder familiar ou contra filho ou filha.

  Gabarito: o item está errado.

Art. 24. A perda e a suspensão do poder familiar serão decretadas judicialmente, em **procedimento contraditório**, nos casos previstos na legislação civil, bem como na hipótese de descumprimento injustificado dos deveres e obrigações a que alude o art. 22. (Expressão substituída pela Lei nº 12.010, de 2009)

1. **Perda ou suspensão do poder familiar – necessidade de contraditório:** anteriormente já foi mencionado que o rol do art. 22 de deveres inerentes ao poder familiar não é exaustivo. Por isso, deve-se ter presente que também as hipóteses que autorizam a perda ou suspensão do poder familiar não são apenas aquelas enumeradas no Estatuto. Daí o art. 24 fazer menção a "casos previstos na legislação civil". O Código Civil também elenca hipóteses de suspensão e perda do poder familiar, respectivamente em seus artigos 1.637, *caput* e parágrafo único, e 1.638.

   Ao mencionar que a decretação de perda ou suspensão do poder familiar deve ser precedida de procedimento contraditório, o dispositivo em análise atende aos princípios constitucionais do direito processual – devido processo legal, contraditório e ampla defesa (art. 5º, incisos LIV e LV).

   Diante de uma situação de risco para a criança ou adolescente, **o Conselho Tutelar pode tomar atitudes** cautelares de proteção, como o acolhimento (art. 136, I c/c art. 101, VII), mas isso não retira dos pais seu poder-dever familiar; é preciso que se instaure uma relação jurídica processual com o objetivo de lhe suspender ou de lhe decretar a perda.

   O processo de perda ou suspensão do poder familiar é, no mais das vezes, proposto pelo Ministério Público, cabendo à Defensoria Pública a defesa dos pais hipossuficientes. A perda e a suspensão do poder familiar podem surgir também no bojo de uma ação de adoção ou de tutela, proposto por particulares (art. 155), patrocinados pela Defensoria Pública ou por advogado particular – o Ministério Público não fica afastado desse processo, atua como *custos legis*.

   Os atores processuais envolvidos na demanda em que se discute a perda ou suspensão do poder familiar por descumprimento de deveres referentes ao seu múnus (advogado, defensor público, promotor de justiça e juiz) devem pautar suas atuações e decisões pelos princípios da proteção integral e do melhor interesse da criança. Ainda que haja descumprimento de algum dever do poder familiar, o caso concreto pode revelar que é melhor para a criança ou adolescente continuar ao lado dos pais, apenas corrigindo-se a conduta inadequada.

Seção II
Da Família Natural

Art. 25. Entende-se por **família natural** a comunidade formada pelos **pais** ou qualquer deles e seus **descendentes**.

Parágrafo único. Entende-se por **família extensa ou ampliada** aquela que se estende para além da unidade pais e filhos ou da unidade do casal, formada por **parentes próximos** com os quais a criança ou adolescente convive e mantém **vínculos de afinidade e afetividade**. (Incluído pela Lei nº 12.010, de 2009)

1. **Família natural:** o artigo 25 reflete a ideia de que a família é um **vínculo que une os pais e seus descendentes**. Sua parte final deixa explícito que o conceito de família inclui também a hipótese em que convivem apenas um dos pais e seus descendentes. Essa parte guarda relação com o § 4º, do art. 226, da Constituição da República: *"Entende-se, também, como entidade familiar a comunidade formada por qualquer dos pais e seus descendentes."*

   É a família natural que tem a **preferência legal** para a **criação da criança** ou do adolescente, sendo **excepcionais** as hipóteses de colocação em **família substituta** (art. 19).

   O artigo 26 guarda relação com artigos do Código Civil. O *caput* tem redação similar aos artigos 1.607 e 1.609, enquanto o parágrafo único é quase idêntico ao parágrafo único do art. 1.609.

2. **Família extensa ou ampliada – conceito:** o *caput* do artigo 25 traz o conceito de família natural: "comunidade formada pelos pais ou qualquer deles e seus descendentes." Por sua vez, o parágrafo único fixa o conceito de **família extensa** ou família ampliada, que é aquela formada por **parentes próximos** que compõem o círculo de convivência da criança ou adolescente, cuja **afinidade e afetividade** são **marcantes**. Trata-se da consagração legal de uma situação fática comum, encontrada cotidianamente na Justiça da Infância e da Juventude: muitas crianças e adolescentes não são criados por seus pais, mas sim por irmãos mais velhos, tios ou avós ou primos. Essa congregação é considerada família, motivo por que tal vínculo deve ser mantido e preservado. A redação do artigo 19 e seu parágrafo terceiro abarcam sem dúvida a preservação da família extensa ou ampliada.

   Inclusive, esse círculo de afinidade e afetividade da família extensa permite que a criança seja adotada por membro de sua família (logicamente, excluídos os impedidos do art. 42, § 1º, ascendentes e irmãos) ainda que não cadastrado previamente dentre os postulantes à adoção, conforme previsão do artigo 50, § 13, inciso II.

Aplicação em concurso

- **(Fundep – Promotor de Justiça – MPE – MG/2021)** A Lei Federal nº 8.069/90, que instituiu o Estatuto da Criança e do Adolescente, estabelece entre seus dispositivos: [julgue o item]

  III. Considera-se por família extensa ou ampliada aquela que se estende para além da unidade pais e filhos ou da unidade do casal, formada por parentes próximos com os quais a criança ou adolescente convive e mantém vínculos de afinidade e afetividade.

  Gabarito: o item está certo.

Art. 26. Os **filhos** havidos **fora do casamento** poderão ser **reconhecidos** pelos pais, conjunta ou separadamente, no próprio **termo** de nascimento, por **testamento**, mediante escritura ou outro **documento público**, qualquer que seja a origem da filiação.

Parágrafo único. O reconhecimento pode preceder o nascimento do filho ou suceder-lhe ao falecimento, se deixar descendentes.

1. **Natureza jurídica do reconhecimento de filho:** é ato jurídico em sentido estrito. Aquele que efetua o reconhecimento não pode modular seus efeitos, como, por exemplo, reconhecer um filho, mas sem lhe outorgar o direito ao sobrenome ou direitos sucessórios (art. 1.613). O ato jurídico de reconhecimento é **irrevogável**, ainda que feito em testamento (art. 1.610, do Código Civil), cabendo ao filho reconhecido os mesmos direitos dos demais.

   Quanto à forma, para os filhos havidos fora do casamento, o Estatuto prescreve que o reconhecimento pode-se dar no **termo de nascimento ou através de testamento**, escritura ou outro documento público (art. 26).

Art. 27. O reconhecimento do **estado de filiação** é **direito personalíssimo, indisponível e imprescritível**, podendo ser exercitado contra os pais ou seus herdeiros, sem qualquer restrição, observado o segredo de Justiça.

1. **Reconhecimento do estado de filiação:** o artigo 27 enumera características do reconhecimento de estado de filiação. Trata-se de **direito per-**

sonalíssimo, indisponível e imprescritível. Se o ato de reconhecimento não partir espontaneamente do pai, tem direito o filho a ver reconhecido judicialmente seu estado de filiação. Qualquer pessoa possui o *direito de ser filho* ou direito à filiação, vale dizer, o direito de descobrir quem são seus genitores. Aqui não nos referimos a criança ou adolescente, pois a pretensão de reconhecimento desse direito é imprescritível, pode ser exercida tanto pela criança ou adolescente, devidamente representada ou assistida, quanto por quem já é adulto.

Por ser direito personalíssimo, significa que a demanda somente pode ser intentada pelo próprio interessado, pelo titular do direito ao reconhecimento de seu estado de filiação. Não se trata de direito que possa ser postulado por um terceiro, pois o próprio interessado pode não ter interesse em descobrir sua filiação biológica. Há situações, por exemplo, em que a criança ou adolescente é criada desde recém-nascido somente por sua mãe biológica, que lhe proporcionou amor e afeto, não sendo de seu interesse ingressar com demanda judicial para investigação de paternidade. Trata-se de direito personalíssimo, a ser exercido exclusivamente por seu titular, que é a pessoa cuja filiação é ignorada. Naturalmente, sendo ainda criança ou adolescente, o titular do direito poderá figurar em juízo representado ou assistido por sua mãe ou representante legal.

Se o autor falece no curso da demanda que investiga a paternidade, seus herdeiros podem sucedê-lo.

No polo passivo, deve figurar o suposto pai, aquele a quem se imputa a paternidade. Se já estiver falecido, a demanda deve ser movida em face de seus herdeiros – e não do espólio, pois a legitimidade deste ente despersonalizado se limita a demandas patrimoniais.

Por fim, a referência a direito indisponível significa que o filho não pode dispor desse direito, ou seja, não pode, através de um ato jurídico válido e eficaz, renunciar a seu direito de filiação. Por exemplo, ainda que viesse o filho a declarar por escritura pública que não tem intenção de exercer seu direito de reconhecimento do estado de filiação e que a ele renuncia em caráter irrevogável e irretratável, tal declaração é absolutamente ineficaz. O suposto renunciante poderia perfeitamente ingressar no momento seguinte com uma demanda judicial para investigar sua paternidade (ou maternidade).

2. **Direito imprescritível – STF:** Súmula 149. É **imprescritível** ação de investigação de paternidade, mas não o é a da petição de herança.

3. **Reconhecimento de estado de filiação e adoção:** ainda que a criança ou adolescente tenha sido colocado em família substituta através de

adoção, seu direito de conhecer sua paternidade biológica permanece íntegro, não para desfazer o vínculo formado com a adoção, mas sim para conhecer suas origens, como se vê do artigo 48 do Estatuto.

4. **Ação negatória de paternidade e paternidade socioafetiva – posição do STJ:** a ação negatória de paternidade se presta a desfazer o vínculo familiar e modificar o registro civil da criança ou adolescente. O STJ examinou hipótese interessante sobre o tema e pontificou a importância da paternidade socioafetiva. No entender da Corte, tal ação deve demonstrar tanto a falta do vínculo biológico como do socioafetivo (REsp 1.059.214-RS, Min. Luis Felipe Salomão, julgado em 16/2/2012).

   O assunto voltou à pauta em 2021. O STJ ressaltou que não é a mera divergência entre paternidade biológica e a declaração de registro de nascimento que permite a anulação do registro. Dois são os requisitos jurisprudenciais: **(i)** prova robusta no sentido de que o pai foi de fato induzido a erro, ou ainda, que tenha sido coagido a tanto e **(ii)** inexistência de relação socioafetiva entre pai e filho. Confira-se:

   > 6. O art. 1604 do CC/02 dispõe que "ninguém pode vindicar estado contrário ao que resulta do registro de nascimento, salvo provando--se erro ou falsidade do registro". Vale dizer, não é possível negar a paternidade registral, salvo se consistentes as provas do erro ou da falsidade.
   >
   > 7. Esta Corte consolidou orientação no sentido de que para ser possível a anulação do registro de nascimen-to, é imprescindível a presença de dois requisitos, a saber: (i) prova robusta no sentido de que o pai foi de fa-to induzido a erro, ou ainda, que tenha sido coagido a tanto e (ii) inexistência de relação socioafetiva entre pai e filho. Assim, a divergência entre a paternidade biológica e a declarada no registro de nascimento não é apta, por si só, para anular o registro. Precedentes.
   >
   > 8. Na hipótese, o recorrente refletiu por tempo considerável e, findo esse período, procedeu à realização do registro de forma voluntária. Não há elementos capazes de demonstrar a existência de erro ou de outro vício de consentimento, circunstância que impede o desfazimento do ato registral. Não só, as provas examinadas pelo Tribunal local apontam para a existência de vínculo socioafetivo entre as partes, o que corrobora a ne-cessidade de manutenção do registro tal qual realizado.
   >
   > 9. Recurso especial parcialmente conhecido e, nessa extensão, desprovido.
   >
   > (REsp 1829093/PR, Rel. Min. Nancy Andrighi, 3ª Turma, julgado em 01/06/2021, DJe 10/06/2021)

5. **Primazia da paternidade socioafetiva – posição do STJ:** a paternidade baseada no afeto ganha contornos cada vez mais relevantes na jurisprudência do Superior Tribunal de Justiça. O STJ já fez prevalecer a paternidade socioafetiva em detrimento da biológica (REsp 1.244.957-SC, julgado em 7/8/2012).

Seção III
Da Família Substituta

Subseção I
Disposições Gerais

Art. 28. A colocação em família substituta far-se-á mediante **guarda, tutela ou adoção**, independentemente da situação jurídica da criança ou adolescente, nos termos desta Lei.

§ 1º **Sempre que possível**, a criança ou o adolescente será **previamente ouvido** por equipe interprofissional, respeitado seu estágio de desenvolvimento e grau de compreensão sobre as implicações da medida, e terá sua opinião devidamente considerada. (Redação dada pela Lei nº 12.010, de 2009)

§ 2º Tratando-se de **maior de 12 (doze) anos** de idade, será **necessário** seu **consentimento**, colhido em audiência. (Redação dada pela Lei nº 12.010, de 2009)

§ 3º Na apreciação do pedido levar-se-á em conta o **grau de parentesco** e a relação de afinidade ou de afetividade, a fim de evitar ou minorar as consequências decorrentes da medida. (Incluído pela Lei nº 12.010, de 2009)

1. **Modalidades de colocação em família substituta:** o artigo 28 elenca as três formas de colocação em família substituta: **guarda, tutela e adoção.** As subseções seguintes disciplinam especificamente cada uma dessas modalidades, oportunidade em que faremos os comentários pertinentes. O parágrafo primeiro do art. 28 **recomenda a oitiva** prévia da criança ou do adolescente por equipe interprofissional para que suas opiniões sejam levadas em consideração na decisão de colocação em família substituta. A **oitiva é obrigatória** em caso de adoção de **adolescente**, que precisa consentir ao ato (art. 45, § 2º).

   Por sua vez, o parágrafo terceiro deu preferência a famílias substitutas que tenham alguma relação de parentesco ou afetividade com a criança ou adolescente. O objetivo naturalmente é **aumentar as chances de sua adaptação** à nova família.

2. **Oitiva:** os §§ 1º e 2º do artigo 28 tratam a oitiva de crianças e adolescentes no contexto da colocação em família substituta, guarda, tutela ou adoção.

   O § 1º prevê que a criança ou adolescente deve ser ouvida por equipe interprofissional, sendo que sua capacidade de compreensão deve ser levada em consideração. Já o **§ 2º** determina a **obrigatoriedade** da oitiva do adolescente – aquele com 12 anos completos – pelo juiz, em audiência. Seu consentimento para colocação em família substituta é necessário.

   Observe o seguinte quadro:

Criança ou adolescente	Será previamente ouvido por equipe interprofissional, sempre que possível.	Art. 28, § 1º
Adolescente	Ouvido obrigatoriamente em audiência, sendo determinante seu consentimento.	Art. 28, § 2º

§ 4º Os **grupos de irmãos** serão colocados sob adoção, tutela ou guarda da **mesma família substituta**, ressalvada a comprovada existência de risco de abuso ou outra situação que justifique plenamente a excepcionalidade de solução diversa, procurando-se, em qualquer caso, evitar o rompimento definitivo dos vínculos fraternais. (Incluído pela Lei nº 12.010, de 2009)

§ 5º A colocação da criança ou adolescente em família substituta será precedida de sua **preparação gradativa e acompanhamento posterior**, realizados pela equipe interprofissional a serviço da Justiça da Infância e da Juventude, preferencialmente com o apoio dos técnicos responsáveis pela execução da política municipal de garantia do direito à convivência familiar. (Incluído pela Lei nº 12.010, de 2009)

1. **Grupos de irmãos:** o parágrafo quarto do artigo 28 traz importante diretriz para o caso de **irmãos** que precisam ser colocados em família substituta, ao estabelecer **que devem ser mantidos juntos**, na mesma família substituta. Essa é a regra geral, os irmãos ficam juntos; exceção é a sua separação. Ainda quando não puderem ser mantidos juntos, deve-se buscar que tenham algum tipo de contato para evitar a perda do vínculo fraternal. Exemplificativamente, se um grupo de irmãos deve ser colocado em adoção e não há uma família em condições de adotar todos, devem-se buscar famílias que morem no mesmo bairro, na mesma cidade. Dessa forma, as crianças têm maiores chances de conviver juntas.

De nossa experiência profissional, verificamos a dificuldade de se encontrarem pessoas que desejam adotar grupos de irmãos – ainda mais quando as crianças não são tão novas. Nas adoções estrangeiras é que se verifica, com mais frequência, a opção pela adoção de grupos de crianças.

§ 6º Em se tratando de criança ou adolescente indígena ou proveniente de comunidade remanescente de quilombo, é ainda **obrigatório**: (Incluído pela Lei nº 12.010, de 2009)

I – que sejam **consideradas e respeitadas** sua identidade social e cultural, os seus costumes e tradições, bem como suas instituições, desde que não sejam incompatíveis com os direitos fundamentais reconhecidos por esta Lei e pela Constituição Federal; (Incluído pela Lei nº 12.010, de 2009)

II – que a colocação familiar ocorra **prioritariamente** no seio de sua comunidade ou junto a membros da mesma etnia; (Incluído pela Lei nº 12.010, de 2009)

III – a **intervenção e oitiva** de representantes do órgão federal responsável pela política indigenista, no caso de crianças e adolescentes indígenas, e de antropólogos, perante a equipe interprofissional ou multidisciplinar que irá acompanhar o caso. (Incluído pela Lei nº 12.010, de 2009)

1. **Criança ou adolescente indígena ou de origem quilombola:** de acordo com o parágrafo 6º, a identidade social e cultural daquele que vai ser tutelado deve ser sopesada. Para isso, a **preferência legal** é pela colocação da criança ou adolescente em família substituta da mesma comunidade ou grupo étnico. Por fim, estabelece-se a necessidade de participação de representantes dos órgãos federais de política indigenistas e antropólogos no caso dos quilombolas. Parece-me que há uma referência equivocada na Lei acerca da situação dos quilombolas. A referência à oitiva de antropólogos só se justificaria se não houvesse órgão federal próprio para tutela dos direitos desse grupo. Mas há. No âmbito federal, há diversos órgãos que tratam da questão do quilombola, dentre os quais se destaca a Fundação Cultural Palmares, ligada ao Ministério da Cultura, cuja função específica é a de tutela de direitos dessas comunidades.

   Assim, a menção do parágrafo 6º, inciso III, acerca da oitiva de antropólogos, deve ser entendida como a oitiva de membros de órgãos federais que tratam desse grupo.

Art. 29. Não se deferirá colocação em família substituta a pessoa que revele, por qualquer modo, **incompatibilidade** com a natureza da medida ou não ofereça **ambiente familiar** adequado.

Art. 30. A colocação em família substituta não admitirá transferência da criança ou adolescente a terceiros ou a entidades governamentais ou não-governamentais, sem autorização judicial.

1. **Incompatibilidade com a natureza da medida:** é a impossibilidade jurídica do pleito, como, por **exemplo**, o caso do **avô** que pretende adotar o neto.
2. **Ambiente familiar inadequado:** é o lar em que seus habitantes façam uso de entorpecentes, pratiquem crimes, prostituição etc.

Art. 31. A colocação em **família substituta estrangeira** constitui medida excepcional, **somente** admissível na modalidade de **adoção.**

Art. 32. Ao assumir a guarda ou a tutela, o responsável prestará compromisso de bem e fielmente desempenhar o encargo, mediante termo nos autos.

1. **Adoção estrangeira:** a única possibilidade de colocação de criança ou adolescente em família substituta estrangeira é através da **adoção** (art. 31). O Estatuto dá preferência para a família substituta brasileira, por isso a menção a *medida excepcional* no art. 31. Na prática forense, as famílias brasileiras costumam buscar recém-nascidos e dificilmente adotam mais de uma criança. Com a adoção estrangeira, proporciona-se a possibilidade de adoção de dois ou três irmãos juntos ou de criança em idade mais avançada.

Aplicação em concurso

- **(Assistente Social – Município de Rio Novo-MG – 2019 – Inst. Excelência)** Conforme o Estatuto da Criança e do Adolescente assinale a alternativa INCORRETA.

  A) A colocação em família substituta não admitirá transferência da criança ou adolescente a terceiros ou a entidades governamentais ou não-governamentais, sem autorização judicial.

  B) A colocação em família substituta estrangeira constitui medida excepcional, somente admissível na modalidade de adoção.

  C) Ao assumir a guarda ou a tutela, o responsável prestará compromisso de bem e fielmente desempenhar o encargo, mediante termo nos autos.

  D) Nenhuma das alternativas.

  Gabarito: letra D.

Subseção II
Da Guarda

Art. 33. A guarda obriga a prestação de **assistência material, moral e educacional** à criança ou adolescente, conferindo a seu detentor o direito de opor-se a terceiros, inclusive aos pais.

§ 1º A guarda destina-se a **regularizar a posse de fato**, podendo ser **deferida**, liminar ou incidentalmente, nos procedimentos de tutela e adoção, **exceto** no de **adoção por estrangeiros**.

§ 2º Excepcionalmente, deferir-se-á a guarda, fora dos casos de tutela e adoção, para atender a **situações peculiares ou suprir a falta eventual** dos pais ou responsável, podendo ser deferido o direito de representação para a prática de atos determinados.

1. **Guarda:** a primeira modalidade de colocação da criança ou do adolescente em família substituta é através da guarda. Trata-se da regularização jurídica de uma situação já consolidada no mundo dos fatos. É muito comum a situação de criança ou adolescente criada por um vizinho ou por familiares de pais que temporariamente estão fora de casa. A concessão da guarda pode ser objeto de um **processo autônomo ou** pode surgir em decorrência de uma demanda com pedido de **adoção** ou de **tutela** (art. 33, §§ 1º e 2º). Nesse caso, a guarda é concedida no início da marcha processual – exceto na adoção por estrangeiro.

   Aqui cabe um esclarecimento acerca da representação ou assistência. A guarda, em si, não contempla tais poderes. Conforme estabelece o § 2º do art. 33, o direito de representação ou assistência pode ser deferido pelo juiz. Na prática, porém, verificamos que invariavelmente a guarda é concedida com tais poderes, pois o responsável, para cuidar adequadamente da criança ou adolescente, necessita resolver questões como matrícula escolar, regularização de vacinas em postos de saúde, certidões, documentos etc.

   A guarda a que se refere o Estatuto não é a mesma do direito de família, que surge quando os pais se separam. Aqui a guarda é concedida a terceiro, como uma das modalidades de colocação em família substituta, que poderá inclusive **opor-se à vontade dos pais** (art. 33, *caput*).

§ 3º A guarda confere à criança ou adolescente a **condição de dependente**, para todos os fins e efeitos de direito, inclusive previdenciários.

1. **Guarda e benefícios previdenciários – posição do STJ:** o artigo 33, § 3º dispõe que a guarda confere a condição de dependente à criança ou ao adolescente inclusive para fins previdenciários. Em contrapartida, a Lei nº 8.213/91 (Lei de Planos de Benefícios da Previdência Social), em seu art. 16, § 2º, determina que *"o enteado e o menor tutelado equiparam-se a filho mediante declaração do segurado e desde que comprovada a dependência econômica na forma estabelecida no Regulamento"*. Há um aparente conflito de normas, pois a lei previdenciária inclui entre seus dependentes apenas o tutelado – não se referindo àquele que está sob a guarda do segurado –, ao passo em que o Estatuto declara que a guarda tem alcance previdenciário.

   Chamado a se manifestar sobre o assunto em diversas oportunidades, o Superior Tribunal de Justiça examinou a matéria em regime de repetitivos, tendo consolidado a posição de que prevalece o Estatuto (AgInt no REsp 1542353/ES, 1ª Turma, julgado em 18/03/2019).

   A discussão acerca do art. 16, § 2º da Lei n. 8.213/1991 foi levada ao STF por meio de ação direta de inconstitucionalidade ajuizada pelo MPF – ADI 4878. Em 2021, o STF julgou a matéria e consolidou que: "**A interpretação constitucionalmente adequada é a que assegura ao "menor sob guarda" o direito à proteção previdenciária, porque assim dispõe o Estatuto da Criança e do Adolescente e também porque direitos fundamentais devem observar o princípio da máxima eficácia.**"

   Acerca dessa matéria, é importante fazer um esclarecimento. A posição do STJ deve ser abordada e explicada em questões discursivas. Em provas objetivas, o examinador normalmente se atém à letra da lei, de modo que o art. 33, § 3º deve ser considerado como válido e aplicável. O leitor, ao resolver uma questão sobre o assunto, deve atentar para a redação da questão, por exemplo: "segundo o Estatuto da Criança e do Adolescente..." ou "de acordo com a jurisprudência atualizada do STJ...". Essas expressões são a chave para solucionar a questão.

Aplicação em concurso

- **(Procurador municipal – Campo Grande-MS – 2019 – Cespe)** Com base no Estatuto da Criança e do Adolescente, julgue o item subsequente.

  O instituto da guarda confere à criança ou ao adolescente a condição de dependente para todos os fins de direito.

  Gabarito: o item está certo.

2. **Guarda e dependência econômica:** é preciso compreender a correta extensão do § 3º do artigo 33. A regra afirma que a concessão da guarda confere a condição de dependente. Isso não significa, porém, que esse

instituto deva ser utilizado indiscriminadamente em qualquer situação em que os pais estão passando por dificuldades financeiras, sob pena de desvirtuamento do instituto. Nesse contexto, se a criança reside com os genitores, a guarda não pode ser concedida aos avós, apenas com o objetivo de conceder benefícios previdenciários (AgRg no REsp 1531830/MG, 3ª Turma, julgado em 17/05/2016.

§ 4º Salvo expressa e fundamentada determinação em contrário, da autoridade judiciária competente, ou quando a medida for aplicada em preparação para adoção, o deferimento da guarda de criança ou adolescente a terceiros **não impede o exercício do direito de visitas pelos pais**, assim como o **dever de prestar alimentos**, que serão objeto de regulamentação específica, a pedido do interessado ou do Ministério Público. (Incluído pela Lei nº 12.010, de 2009)

1. **Guarda e direito de visitação:** o § 4º do artigo 33 determina de forma expressa que é permitida a visitação dos pais, salvo na hipótese de preparação para adoção ou quando o melhor interesse indicar solução diversa. A **regra geral** é a de que **os pais têm direito de visitar os filhos. Exceção**: guarda como **preparação para adoção ou determinação** expressa em contrário **da autoridade competente**. Essa determinação somente pode advir de situação concreta em que se verifique que a visita dos pais é prejudicial à criança ou ao adolescente.

   De fato, a determinação legal é adequada, pois a guarda tem caráter transitório e o afastamento do convívio familiar é excepcional. Tendo em vista que a diretriz do Estatuto é a manutenção da criança ou adolescente em sua família natural, então nada mais correto que a aproximação de pais e filhos durante o período de colocação em família substituta. Essa convivência reaproxima as partes e permite o retorno da criança ao seio de sua família natural de forma menos traumática.

2. **Guarda e o dever de prestar alimentos:** os pais que não detêm a guarda têm, como regra, o direito à visitação como visto no tópico anterior. Além disso, não ficam exonerados de seu dever de prestar alimentos. O § 4º prevê expressamente que os alimentos serão objeto de regulação específica, seja a pedido de interessado ou do Ministério Público.

Aplicação em concurso

- **(Fundep – Promotor de Justiça – MPE – MG/2021)** A Lei Federal nº 8.069/90, que instituiu o Estatuto da Criança e do Adolescente, estabelece entre seus dispositivos:

IV. A pedido do Ministério Público, a autoridade judiciária competente, em medida de preparação para adoção, poderá deferir a guarda de criança ou adolescente a terceiros, resguardado o exercício do direito de visitas pelos pais, assim como o dever de prestar alimentos, que serão objeto de regulamentação específica.

Gabarito: o item está certo.

Art. 34. O poder público estimulará, por meio de assistência jurídica, incentivos fiscais e subsídios, o acolhimento, sob a forma de guarda, de criança ou adolescente afastado do convívio familiar. (Redação dada pela Lei nº 12.010, de 2009)

§ 1º A inclusão da criança ou adolescente em programas de **acolhimento familiar terá preferência a seu acolhimento institucional**, observado, em qualquer caso, o caráter temporário e excepcional da medida, nos termos desta Lei. (Incluído pela Lei nº 12.010, de 2009)

§ 2º Na hipótese do § 1º deste artigo a pessoa ou casal cadastrado no programa de acolhimento familiar poderá receber a criança ou adolescente mediante guarda, observado o disposto nos arts. 28 a 33 desta Lei. (Incluído pela Lei nº 12.010, de 2009)

§ 3º A União apoiará a implementação de serviços de acolhimento em família acolhedora como política pública, os quais deverão dispor de equipe que organize o acolhimento temporário de crianças e de adolescentes em residências de famílias selecionadas, capacitadas e acompanhadas que não estejam no cadastro de adoção. (Incluído pela Lei nº 13.257, de 2016)

§ 4º Poderão ser utilizados recursos federais, estaduais, distritais e municipais para a manutenção dos serviços de acolhimento em família acolhedora, facultando-se o repasse de recursos para a própria família acolhedora. (Incluído pela Lei nº 13.257, de 2016)

1. **Acolhimento familiar:** o artigo 34 estabelece a **preferência pelo acolhimento familiar** ante o institucional. Através desse sistema, a pessoa ou o casal se cadastra para receber criança ou adolescente durante o período de afastamento da família natural. Essa previsão consta também do § 11 do artigo 50. Prefere-se o acolhimento familiar por duas razões que parecem bastante claras. A permanência em um lar é mais acolhedora e mais pessoal do que em um instituto – por melhor que ele seja. Além disso, o Poder Público não tem condições financeiras e econômicas de prestar acolhimento institucional adequado a todos, de modo que o acolhimento familiar desafoga as vagas nas instituições públicas. Nesse sentido, os parágrafos 3º e 4º preveem a necessidade de se trabalhar o acolhimento familiar como política pública, inclusive com

a destinação de recursos federais diretamente à família. Essa política de transferência direta de verba é mais econômica do que a estruturação de instituições de acolhimento institucional – que demandam local físico (aluguel, compra ou construção de imóvel) e equipe profissional. Assim, além de maximizar a qualidade do gasto público, o acolhimento familiar oferta um lar mais acolhedor às crianças e adolescentes nessa situação. Inclusive, o STJ tem ratificado o entendimento de que não se faz o afastamento de criança que está em situação de acolhimento familiar em ambiente adequado, mesmo nas hipóteses em que há aparente burla ao cadastro de adoção. Os fatos devem ser apurados, mas sem a retirada da criança da família substituta – HC 575.883/SP, 3ª Turma, julgado em 04/08/2020.

Art. 35. A guarda poderá ser **revogada a qualquer tempo**, mediante ato judicial fundamentado, ouvido o Ministério Público.

1. **Revogação a qualquer tempo:** trata-se de um traço marcante dessa modalidade de colocação em família substituta. A guarda cessa quando há o restabelecimento pleno do poder familiar pelos pais ou quando esse vínculo se transmuda em tutela ou adoção. Cessa também a guarda se o adolescente alcança a maioridade.

Subseção III
Da Tutela

Art. 36. A tutela será deferida, nos termos da lei civil, a pessoa de **até 18 (dezoito) anos incompletos**. (Redação dada pela Lei nº 12.010, de 2009)

Parágrafo único. O deferimento da tutela **pressupõe** a prévia decretação da **perda ou suspensão do poder familiar** e implica necessariamente o dever de guarda. (Expressão substituída pela Lei nº 12.010, de 2009)

Art. 37. O tutor nomeado por testamento ou qualquer documento autêntico, conforme previsto no parágrafo único do art. 1.729 da Lei nº 10.406, de 10 de janeiro de 2002 – Código Civil, deverá, no prazo de 30 (trinta) dias após a abertura da sucessão, ingressar com pedido destinado ao controle judicial do ato, observando o procedimento previsto nos arts. 165 a 170 desta Lei. (Redação dada pela Lei nº 12.010, de 2009)

Parágrafo único. Na apreciação do pedido, serão observados os requisitos previstos nos arts. 28 e 29 desta Lei, somente sendo deferida a tutela à pessoa indicada na disposição de última vontade, se restar comprovado que a medida é vantajosa ao tutelando e que não existe outra pessoa em melhores condições de assumi-la. (Redação dada pela Lei nº 12.010, de 2009)

Art. 38. Aplica-se à destituição da tutela o disposto no art. 24.

1. **Tutela:** a segunda modalidade de colocação da criança ou adolescente em família substituta é a tutela. Seu objetivo é possibilitar que a criança ou adolescente seja assistida ou representada. A tutela perdura até que o adolescente alcance 18 anos e, com isso, a maioridade civil (Cód. Civil, art. 5). Quando a pessoa possui desenvolvimento mental incompleto, a hipótese não se trata de tutela, mas sim de curatela (art. 1.767, I, CC/2002). O Código Civil disciplina longamente o instituto da tutela em seus artigos 1.728 a 1.766.

   Diferentemente da guarda, é pressuposto para a concessão de tutela que seja decretada a **perda ou suspensão do poder familiar** (art. 36, p.ú.). Naturalmente, se os pais já são falecidos, não há necessidade de se cumular o pedido de decretação da perda do poder familiar na demanda em que se objetiva a concessão de tutela.
2. **Tutela e direitos previdenciários:** através da tutela, a criança ou adolescente obtém direitos previdenciários ligados a seu tutor, conforme expressamente prevê o art. 16, § 2º da Lei 8.213/91. Para maiores esclarecimentos, vide os comentários feitos acerca da guarda.
3. **Indicação de tutor pelos pais e princípio do melhor interesse do menor:** o artigo 37 disciplina a situação do tutor indicado pelos pais, via testamento ou documento idôneo. O parágrafo único estabelece que o **melhor interesse do tutelado**, verificado no caso concreto, pode sobrepor-se à disposição de última vontade dos pais. Se houver pessoa em melhores condições de cuidar dos interesses da criança ou adolescente do que aquela indicada pelos pais, fica afastada a disposição de última vontade.

Subseção IV
Da Adoção

Art. 39. A adoção de criança e de adolescente reger-se-á segundo o disposto nesta Lei.

§ 1º A adoção é **medida excepcional e irrevogável**, à qual se deve recorrer apenas quando esgotados os recursos de manutenção da criança ou adolescente na família natural ou extensa, na forma do parágrafo único do art. 25 desta Lei. (Incluído pela Lei nº 12.010, de 2009)

§ 2º É **vedada** a **adoção por procuração**. (Incluído pela Lei nº 12.010, de 2009)

§ 3º Em caso de conflito entre direitos e interesses do adotando e de outras pessoas, inclusive seus pais biológicos, devem prevalecer os direitos e os interesses do adotando. (Incluído pela Lei nº 13.509, de 2017)

1. **Adoção:** a terceira forma de colocação em família substituta é a adoção. É possível traçar uma gradação entre as formas de colocação em família substituta, segundo a força do vínculo jurídico formado entre a criança ou adolescente e o guardião/tutor/adotante. O vínculo mais tênue é o de guarda, que se destina a uma fase transitória no curso do processo de tutela e adoção ou a situações peculiares de eventual ausência de pais ou responsáveis. Em seguida, tem-se a tutela, que demanda a efetiva suspensão ou perda do poder familiar, implica o dever de guarda e também de administração de bens – além de conter efeitos previdenciários (vide comentários referentes à guarda acerca da atual posição do STJ). Por sua vez, a adoção cria um **vínculo jurídico definitivo e irrevogável** entre adotante e adotado. Inclusive, é vedada a adoção por procuração.

   Devido à importância social, a disciplina do Estatuto acerca da adoção é mais ampla e minuciosa.

Aplicação em concurso

- **(Conselheiro Tutelar – Município de Sorocaba-SP – 2019 – Vunesp)** Historicamente, a adoção de crianças e adolescentes pautava-se por práticas seletivas que colocavam o adotando em posição de objeto, para suprir um desejo de quem adotava. Com o ECA e as alterações nele introduzidas pela Lei nº 12.010/2009, são estabelecidas as garantias e os procedimentos para colocação da criança ou adolescente em família substituta, mediante guarda, tutela ou adoção. O processo para adoção percorre um caminho rigoroso, prevendo as condições, os procedimentos, o preparo e o acompanhamento posterior ao seu deferimento, concluído somente se fundar-se em motivos legítimos e apresentar reais vantagens para o adotando. De acordo com o artigo 39 § 1º do ECA, deve-se recorrer à adoção apenas quando esgotados os recursos de manutenção da criança ou do adolescente na família natural ou extensa, sendo esta uma medida excepcional e

  A) flexível.

  B) satisfatória.

  C) irrevogável.

  D) reversível.

  Gabarito: letra C.

2. **Adoção como medida excepcional:** o § 1º do artigo 39, ao prever que a adoção é medida excepcional dá ênfase à diretriz basilar do Estatuto, que é a preservação da família natural tanto quanto possível.

3. **Natureza jurídica da adoção:** ato jurídico em sentido estrito. Tal como já afirmado acerca do reconhecimento de filho, a adoção é ato jurídico que **não pode** ter seus **efeitos modulados** – não é, pois, negócio jurídico. Aquele que adota não pode negar ao adotado direito ao sobrenome ou direitos sucessórios. À luz do Código Civil de 1916, havia distinção entre adoção simples e adoção plena. Com o advento da Constituição da República, ficou proibida qualquer distinção entre filhos, sejam fruto de relação de casamento ou outra forma de relacionamento, sejam por adoção (art. 227, § 6º). Portanto, a adoção é sempre plena, com efeitos jurídicos expressamente previstos.

4. **Prevalência dos interesses do adotando:** a Lei n. 13.509/2017 introduziu o § 3º ao artigo 39 para explicitar uma diretriz que já está subjacente a tudo que envolve crianças e adolescentes. O Estatuto tem como pilar a proteção integral (art. 1º), o que significa que a aplicação de seus institutos e mecanismos deve ser voltada a atender direitos infanto-juvenis. Essa lógica aparece no tema da colocação em família substituta a partir do princípio do melhor interesse da criança e do adolescente, que orienta o aplicador da norma a buscar a melhor solução à luz da satisfação dos direitos infanto-juvenis. Essa matriz principiológica aparece agora de forma explícita no § 3º, ao prever que os interesses do adotando se sobrepõem ao de outras pessoas. Não poderia mesmo ser diferente.

5. **Prevalência dos interesses do adotando e revogação da adoção – posição do STJ:** em 2021 o STJ analisou pretensão de revogação da adoção, formulada pelo adotado, ao argumento de que nunca houve verdadeiro desejo de formar o vínculo. A Corte acolheu a possibilidade de modo excepcional. Confira-se:

> 4 - A interpretação sistemática e teleológica do disposto no § 1º do art. 39 do ECA conduz à conclusão de que a irrevogabilidade da adoção não é regra absoluta, podendo ser afastada sempre que, no caso concreto, verificar-se que a manutenção da medida não apresenta reais vantagens para o adotado, tampouco é apta a satisfazer os princípios da proteção integral e do melhor interesse da criança e do adolescente.
>
> 5 - A sentença concessiva de adoção, ainda quando proferida em procedimento de jurisdição voluntária, pode ser encoberta pelo manto protetor da coisa julgada material e, como consectário lógico, figurar como objeto de ação rescisória. Precedentes.

6 - Está caracterizada a "prova nova" apta justificar a sentença concessiva de adoção, porquanto se extrai do Relatório Psicológico que não houve, de fato, consentimento do adotando com relação à adoção, conforme exige o § 2º do art. 45 do ECA. Não se trata de vedada alegação de fato novo, mas sim de prova pericial nova que se refere à existência ou inexistência de ato jurídico anterior à sentença, qual seja, o consentimento do adolescente.

7 - Subsume-se a hipótese ao previsto no inciso VI do art. 966 do CPC, porquanto admitiu o magistrado singular, ao deferir a adoção, que houve o consentimento do adotando, conforme exigido pelo § 2º do art. 45 do ECA, o que, posteriormente, revelou-se falso.

8 - Passando ao largo de qualquer objetivo de estimular a revogabilidade das adoções, situações como a vivenciada pelos adotantes e pelo adotado demonstram que nem sempre as presunções estabelecidas dogmaticamente, suportam o crivo da realidade, razão pela qual, em caráter excepcional, é dado ao julgador demover entraves legais à plena aplicação do direito e à tutela da dignidade da pessoa humana.

9 - A hipótese dos autos representa situação sui generis na qual inexiste qualquer utilidade prática ou reais vantagens ao adotado na manutenção da adoção, medida que sequer atende ao seu melhor interesse. Ao revés, a manutenção dos laços de filiação com os recorrentes representaria, para o adotado, verdadeiro obstáculo ao pleno desenvolvimento de sua personalidade, notadamente porque impediria o evolver e o aprofundamento das relações estabelecidas com os atuais guardiões, representando interpretação do § 1º do art. 39 do ECA descolada de sua finalidade protetiva.

10 - Levando-se em consideração (a) os princípios da proteção integral e do melhor interesse da criança e do adolescente, (b) a inexistência de contestação ao pleito dos adotantes e (c) que a regra da irrevogabilidade da adoção não possui caráter absoluto, mas sim protetivo, devem, excepcionalmente, ser julgados procedentes os pedidos formulados na presente ação rescisória com a consequente rescisão da sentença concessiva da adoção e retificação do registro civil do adotado.

11 - Recurso especial conhecido em parte e, nessa extensão, provido.

(REsp 1892782/PR, Rel. Min. Nancy Andrighi, 3ª Turma, julgado em 06/04/2021, DJe 15/04/2021)

Art. 40. O **adotando** deve contar com, no máximo, **dezoito anos** à data do pedido, salvo se já estiver sob a guarda ou tutela dos adotantes.

1. **Idade do adotando:** a distinção etária do artigo 40 importa tão somente para fins de competência, pois os artigos 1.618 e 1.619 do Código Civil remetem o regramento da adoção para o Estatuto. O processo de adoção da pessoa maior tramita na Vara de Família, ao passo em que o da criança e adolescente deve ser julgado pela Justiça da Infância e da Juventude. O procedimento, para ambos, é o do Estatuto. Disso resulta que o artigo 40 apenas atrai a competência da Justiça infanto-juvenil na hipótese de adoção de pessoa maior, mas que já estava sob a guarda ou a tutela dos adotantes.

Art. 41. A adoção atribui a condição de filho ao adotado, com os mesmos direitos e deveres, inclusive sucessórios, **desligando-o** de qualquer vínculo com **pais e parentes, salvo** os **impedimentos matrimoniais.**

§ 1º Se um dos cônjuges ou concubinos adota o **filho do outro**, mantêm-se os vínculos de filiação entre o adotado e o cônjuge ou concubino do adotante e os respectivos parentes.

§ 2º É **recíproco o direito sucessório** entre o adotado, seus descendentes, o adotante, seus ascendentes, descendentes e colaterais até o 4º grau, observada a ordem de vocação hereditária.

1. **Vínculos decorrentes da adoção – irrevogabilidade:** através da adoção, **extingue-se o vínculo do adotando com sua família biológica** e forma-se um novo com família do adotante. O único resquício que **subsiste** do vínculo anterior é quanto aos **impedimentos matrimoniais**, por razões eugênicas.

   Ainda que os pais adotivos faleçam e ainda estejam vivos os biológicos, o vínculo da adoção não se desfaz, nem restabelece o anterior (art. 49). A adoção é irrevogável (art. 39, § 1º).

2. **Adoção unilateral:** é a hipótese do § 1º do art. 41. Nesse caso, os vínculos de filiação são mantidos.

3. **Adoção unilateral por casal homossexual – posição do STJ:** o Superior Tribunal de Justiça julgou caso interessante em que se pleiteava a adoção unilateral por companheira da mãe biológica, cujo bebê fora fruto de inseminação artificial heteróloga. A Corte deferiu o pedido com base no § 1º do artigo 41 e ressaltou a importância de se observar o melhor

interesse da criança, diretriz fixada ao longo de todo o Estatuto – como, por exemplo, no artigo 43 (REsp 1.281.093-SP, julgado em 18/12/2012).

4. **Relativização da irrevogabilidade – posição do STJ:** a Corte analisou situação peculiar em que a criança adotada de forma unilateral perdeu posteriormente o contato com o adotante. Nesse caso, ao argumento de que a adoção deve ser vantajosa para a criança ou adolescente, o STJ entendeu possível revogar a adoção unilateral (REsp 1545959/SC, 3ª Turma, julgado em 06/06/2017).

Art. 42. Podem adotar os **maiores de 18 (dezoito) anos**, independentemente do estado civil. (Redação dada pela Lei nº 12.010, de 2009)

§ 1º **Não podem adotar** os ascendentes e os irmãos do adotando.

§ 2º Para adoção conjunta, é indispensável que os adotantes sejam casados civilmente ou mantenham união estável, comprovada a estabilidade da família. (Redação dada pela Lei nº 12.010, de 2009)

§ 3º O **adotante** há de ser, pelo menos, **dezesseis anos mais velho** do que o adotando.

§ 4º Os divorciados, os judicialmente separados e os ex-companheiros podem adotar conjuntamente, contanto que acordem sobre a guarda e o regime de visitas e desde que o estágio de convivência tenha sido iniciado na constância do período de convivência e que seja comprovada a existência de vínculos de afinidade e afetividade com aquele não detentor da guarda, que justifiquem a excepcionalidade da concessão. (Redação dada pela Lei nº 12.010, de 2009)

§ 5º Nos casos do § 4º deste artigo, desde que demonstrado efetivo benefício ao adotando, será assegurada a guarda compartilhada, conforme previsto no art. 1.584 da Lei nº 10.406, de 10 de janeiro de 2002 – Código Civil. (Redação dada pela Lei nº 12.010, de 2009)

§ 6º A adoção poderá ser **deferida** ao adotante que, após **inequívoca manifestação de vontade**, vier a **falecer** no curso do procedimento, antes de prolatada a sentença. (Incluído pela Lei nº 12.010, de 2009)

1. **Idade mínima do adotante:** o Estatuto determina que pode adotar aquele que possui 18 anos, que é a idade em que se alcança a maioridade (Cód. Civil, art. 5º). Além disso, o adotante deve ser, ao menos, **16 anos mais velho** que o adotado (art. 42, § 3º).

Aplicação em concurso

- **(Assistente Social – Município de Rio Novo-MG – 2019 – Inst. Excelência)** De acordo com o Estatuto da Criança e do Adolescente, Art. 42. Podem adotar os maiores de 18 (dezoito) anos, independentemente do estado civil. Marque a alternativa INCORRETA.

  A) Não podem adotar os ascendentes e os irmãos do adotando.

  B) Para adoção conjunta, é indispensável que os adotantes sejam casados civilmente ou mantenham união estável, comprovada a estabilidade da família.

  C) O adotante há de ser, pelo menos, quartorze anos mais velho do que o adotando.

  D) Nenhuma das alternativas.

  Gabarito: letra C.

2. **Diferença de idade entre adotante e adotado – flexibilidade – posição do STJ:** o STJ possui precedentes em que, diante das circunstâncias do caso concreto, autorizou a adoção entre pessoas cuja diferença de idade era inferior a 16 anos. No caso concreto, a diferença era de 15 anos e 9 meses (REsp 1785754/RS, 3ª Turma, julgado em 08/10/2019). Em 2021, o tema voltou à pauta:

> Hipótese: Cinge-se a controvérsia em definir se a regra que estabelece a diferença mínima de 16 (dezesseis) anos de idade entre adotante e adotando (art. 42, § 3º do ECA) é norma cogente ou, na medida das peculiaridades do caso concreto, pode ser relativizada no interesse do adotando, à vista da situação fática efetivamente vivenciada de forma pública, estável, duradoura e contínua.
>
> 1. O dispositivo legal atinente à diferença mínima etária estabelecida no art. 42, § 3º do ECA, embora exigível e de interesse público, não ostenta natureza absoluta a inviabilizar sua flexibilização de acordo com as peculiaridades do caso concreto, pois consoante disposto no artigo 6º do ECA, na interpretação da lei deve-se levar em conta os fins sociais a que se dirige, as exigências do bem comum, os direitos e deveres individuais e coletivos, e a condição peculiar da criança e do adolescente como pessoas em desenvolvimento.
>
> 2. O aplicador do Direito deve adotar o postulado do melhor interesse da criança e do adolescente como critério primordial para a interpretação das leis e para a solução dos conflitos. Ademais, não se pode olvidar que o direito à filiação é personalíssimo e fundamental, relacionado, pois, ao princípio da dignidade da pessoa humana.
>
> 2.1 No caso em exame, o adotante é casado, por vários anos, com a mãe do adotando, razão por que esse se encontra na convivência

com aquele desde tenra idade; o adotando possui dois irmãos que são filhos de sua genitora com o adotante, motivo pelo qual pode a realidade dos fatos revelar efetiva relação de guarda e afeto já consolidada no tempo, merecendo destaque a peculiaridade de tratar-se, na hipótese, de adoção unilateral, circunstância que certamente deve importar para a análise de uma possível relativização da referência de diferença etária.

3. A justa pretensão de fazer constar nos assentos civis do adotando, como pai, aquele que efetivamente o cria e educa juntamente com sua mãe, não pode ser frustrada por apego ao método de interpretação literal, em detrimento dos princípios em que se funda a regra em questão ou dos propósitos do sistema do qual faz parte.

4. Recursos especiais providos.

(REsp 1338616/DF, Rel. Min. Marco Buzzi, 4ª Turma, julgado em 15/06/2021)

3. **Proibição de adotar por ascendentes e irmãos – posição STJ:** o parágrafo 1º do artigo 42 veda que a criança ou adolescente seja adotada por seus ascendentes ou irmãos. Já houve situações pontuais em que o STJ autorizou a adoção por ascendente, mas de forma absolutamente excepcional. Ao examinar o tema em 2019, mais uma vez a Corte reafirmou a vedação como regra geral do Estatuto (REsp 1796733/AM, 3ª Turma, julgado em 27/08/2019).
4. **Casados ou em união estável:** para adoção conjunta, o casal deve estar casado civilmente ou em união estável. De igual modo, o § 4º disciplina a situação daqueles que eram casados ou viviam em união estável, mas se separaram. Nesse caso, **a adoção é possível** desde que acordem sobre a guarda e o regime de visitas e desde que o estágio de convivência tenha sido iniciado na constância do período de convivência e que seja comprovada a existência de vínculos de afinidade e afetividade com aquele não detentor da guarda, que justifiquem a excepcionalidade da concessão.
5. **Adoção conjunta por casal homossexual – posição do STJ:** precedente importantíssimo da Corte se refere à possibilidade de adoção por casais homossexuais. Nos termos do entendimento do STJ, a análise sobre a adoção deve ter como critério o princípio do melhor interesse da criança, o que significa dizer que, devidamente comprovados os laços afetivos de toda a família, a solução deve ser favorável à adoção por casal homossexual: REsp 889.852-RS, julgado em 27/4/2010.
6. **Dupla paternidade x adoção unilateral – posição do STJ:** o STJ enfrentou discussão interessante sobre o tratamento jurídico adequado de caso em que

o casal homoafetivo se valeu de reprodução assistida com o apoio da irmã de um deles. A discussão estava em saber se a hipótese era de adoção unilateral daquele que não forneceu o material genético ou se bastava tão somente a busca do registro da dupla paternidade. Prevaleceu o entendimento de que não se tratava de adoção, porque a doadora do material genético não chegou sequer a estabelecer vínculo com a criança (REsp 1608005/SC, 3ª Turma, julgado em 14/05/2019).

7. **Guarda compartilhada:** o instituto da guarda compartilhada está previsto no Código Civil. Para que não haja dúvidas acerca de sua aplicação, o § 5º do artigo 42 prevê expressamente a possibilidade de guarda compartilhada – cuja regulação se encontra no Código Civil – na adoção conjunta por pais que não vivem juntos.

8. **Adoção e licença maternidade:** a empregada que adota ou que obtém guarda para fins de adoção também tem direito a licença maternidade de 120 dias, nos termos do artigo 392-A da CLT.

9. **Adoção póstuma – posição do STJ:** o artigo 42, § 6º do Estatuto traz a possibilidade expressa de que a adoção seja levada a efeito ainda que o adotante venha a falecer no curso do procedimento. Trata-se da adoção póstuma. O requisito para que o processo seja levado adiante é que tenha havido manifestação inequívoca da vontade de adotar, cujos requisitos são os mesmos da filiação socioafetiva, que são o tratamento como se filho fosse e o conhecimento público da circunstância. A esse respeito: STJ, REsp 1500999/RJ, 3ª Turma, julgado em 12/04/2016.

   Paulatinamente, o STJ tem alargado a aplicação da adoção póstuma para admitir também a propositura de ações *post mortem*, ou seja, a ação de adoção é proposta mesmo com o adotante já falecido. O requisito é o mesmo, a inequívoca vontade de adotar, o tratamento de filho (AgInt no REsp 1667105/RJ, 3ª Turma, julgado em 14/10/2019).

Aplicação em concurso

- **(Cespe – Promotor de Justiça – MPE – SC/2021)** A respeito da adoção, julgue os itens a seguir, com base no Estatuto da Criança e do Adolescente e na jurisprudência do STJ.

  A adoção post mortem é possível, desde que demonstrada a inequívoca vontade do de cujus em adotar, comprovando-se a filiação socioafetiva pelo tratamento do adotando como se filho fosse e pelo conhecimen-to público de tal condição.

  Gabarito: o item está certo.

Art. 43. A adoção será deferida quando apresentar reais vantagens para o adotando e fundar-se em **motivos legítimos**.

Art. 44. Enquanto não der conta de sua administração e saldar o seu alcance, não pode o tutor ou o curador adotar o pupilo ou o curatelado.

Art. 45. A adoção **depende do consentimento dos pais** ou do representante legal do adotando.

§ 1º. O **consentimento** será **dispensado** em relação à criança ou adolescente cujos **pais** sejam **desconhecidos ou** tenham sido **destituídos do poder familiar**. (Expressão substituída pela Lei nº 12.010, de 2009)

§ 2º. Em se tratando de **adotando maior de doze anos** de idade, será também **necessário o seu consentimento**.

1. **Consentimento – posição do STJ:** o artigo 45 disciplina o consentimento dos pais e do próprio adotando. A **regra geral** é que o **consentimento é exigido**, somente sendo dispensável quando os pais sejam desconhecidos ou já tenham sido destituídos do poder familiar. Além disso, se o adotando for adolescente, seu consentimento também é necessário.

   Vale observar que o consentimento dos pais tem como pressuposto a existência do poder familiar. Por outro lado, o Código Civil estabelece que o poder familiar cessa em razão da maioridade (art. 1.630). Nesse contexto, o STJ concluiu que a adoção daquele que já completou 18 anos de idade dispensa o consentimento dos pais (REsp 1421409/DF, 3ª Turma, julgado em 18/08/2016).

Art. 46. A adoção será precedida de estágio de convivência com a criança ou adolescente, pelo **prazo máximo de 90 (noventa) dias**, observadas a idade da criança ou adolescente e as peculiaridades do caso. (Redação dada pela Lei nº 13.509, de 2017).

§ 1º O estágio de convivência poderá ser **dispensado** se o adotando **já estiver sob a tutela ou guarda** legal do adotante durante tempo suficiente para que seja possível avaliar a conveniência da constituição do vínculo. (Redação dada pela Lei nº 12.010, de 2009)

§ 2º A simples **guarda de fato não** autoriza, por si só, a **dispensa** da realização do **estágio de convivência**. (Redação dada pela Lei nº 12.010, de 2009)

§ 2º-A. O prazo máximo estabelecido no *caput* deste artigo pode ser prorrogado por até igual período, mediante decisão fundamentada da autoridade judiciária. (Incluído pela Lei nº 13.509, de 2017)

§ 3º Em caso de adoção por pessoa ou casal residente ou domiciliado fora do País, o estágio de convivência será de, no mínimo, 30 (trinta) dias e, no máximo, 45 (quarenta e cinco) dias, prorrogável por até igual período, uma única vez, mediante decisão fundamentada da autoridade judiciária. (Redação dada pela Lei nº 13.509, de 2017)

§ 3º-A. Ao final do prazo previsto no § 3º deste artigo, deverá ser apresentado laudo fundamentado pela equipe mencionada no § 4º deste artigo, que recomendará ou não o deferimento da adoção à autoridade judiciária. (Incluído pela Lei nº 13.509, de 2017)

§ 4º O estágio de convivência será acompanhado pela equipe interprofissional a serviço da Justiça da Infância e da Juventude, preferencialmente com apoio dos técnicos responsáveis pela execução da política de garantia do direito à convivência familiar, que apresentarão relatório minucioso acerca da conveniência do deferimento da medida. (Incluído pela Lei nº 12.010, de 2009)

§ 5º O estágio de convivência será cumprido no **território nacional**, preferencialmente na comarca de residência da criança ou adolescente, ou, a critério do juiz, em cidade limítrofe, respeitada, em qualquer hipótese, a competência do juízo da comarca de residência da criança. (Incluído pela Lei nº 13.509, de 2017)

1. **Estágio de convivência:** a adoção pressupõe um prévio estágio de convivência entre as partes, adotantes e adotando. Tal período é disciplinado pelo Estatuto no artigo 46. A Lei pretendeu combater a *adoção à brasileira*, em que o adotante simplesmente abrigava a criança em seu lar sem qualquer vínculo jurídico estabelecido e, muito depois, buscava a adoção. Até a edição da Lei n. 13.509/2017, o período de duração do estágio de convivência era determinado pelo juiz. A nova lei estabeleceu o limite de 90 dias (*caput*), prorrogável por igual período (2ª-A). O parágrafo 1º determina que o **estágio de convivência somente** pode ser **dispensado** se o adotando já estiver sob **tutela ou guarda legal** do adotante. Além disso, de forma enfática, o § 2º estabelece que a guarda de fato – aquela não concedida através do Poder Judiciário – não dispensa a realização do estágio de convivência.

   Através do parágrafo 4º, esclarece-se que o estágio de convivência é acompanhado e avaliado pelo corpo interdisciplinar à disposição da Justiça da Infância e Juventude, a quem compete elaborar relatório acerca da convivência entre adotante e adotando, para subsidiar o juiz em sua decisão final sobre o pedido de adoção. A opinião emitida no laudo não é vinculante para o juízo.

Aplicação em concurso

- **(Cespe – Promotor de Justiça – MPE – SC/2021)** A respeito da adoção, julgue os itens a seguir, com base no Estatuto da Criança e do Adolescente e na jurisprudência do STJ.

  A mera guarda de fato é suficiente para estabelecer a dispensa de estágio de convivência com a criança ou o adolescente.

  Gabarito: o item está errado.

2. **Estágio de convivência do adotante domiciliado no estrangeiro:** o parágrafo 3º esclarece ponto pode causar confusão no leitor menos atento. O ponto fundamental não é ser estrangeiro, mas sim ser domiciliado fora do país. Quer dizer, se o adotante está estabelecido fora do Brasil, seja brasileiro ou estrangeiro, o estágio de convivência é sempre cumprido no território nacional (§ 5º). O **tempo** de estágio de convivência em qualquer idade é de **no mínimo 30 e no máximo de 45 dias,** prorrogável uma vez por igual período. Ao final do estágio de convivência, a equipe interprofissional emite laudo sobre a adequação ou não do deferimento da adoção (art. 3º-A).

3. **Local de cumprimento do estágio de convivência:** o § 5º, introduzido pela Lei n. 13.509/20017, estabelece que o estágio de convivência deve ser cumprido preferencialmente na comarca de residência do adotando ou em cidade limítrofe, mantida a competência do juízo de residência.

Art. 47. O **vínculo da adoção** constitui-se por **sentença** judicial, que será inscrita no registro civil mediante **mandado** do qual **não se fornecerá certidão**.

§ 1º A inscrição consignará o nome dos adotantes como pais, bem como o nome de seus ascendentes.

§ 2º O **mandado** judicial, que será arquivado, **cancelará o registro original** do adotado.

§ 3º A pedido do adotante, o novo registro poderá ser lavrado no Cartório do Registro Civil do Município de sua residência. (Redação dada pela Lei nº 12.010, de 2009)

§ 4º **Nenhuma observação** sobre a origem do ato poderá constar nas certidões do registro. (Redação dada pela Lei nº 12.010, de 2009)

§ 5º A **sentença conferirá ao adotado o nome do adotante** e, **a pedido** de qualquer deles, poderá determinar a **modificação do prenome**. (Redação dada pela Lei nº 12.010, de 2009)

§ 6º Caso a modificação de prenome seja **requerida pelo adotante**, é **obrigatória a oitiva do adotando**, observado o disposto nos §§ 1º e 2º do art. 28 desta Lei. (Redação dada pela Lei nº 12.010, de 2009)

§ 7º A adoção produz seus **efeitos a partir do trânsito em julgado** da sentença constitutiva, exceto na hipótese prevista no § 6º do art. 42 desta Lei, caso em que terá força retroativa à data do óbito. (Incluído pela Lei nº 12.010, de 2009)

§ 8º O processo relativo à adoção assim como outros a ele relacionados serão mantidos em arquivo, admitindo-se seu armazenamento em microfilme ou por outros meios, garantida a sua conservação para consulta a qualquer tempo. (Incluído pela Lei nº 12.010, de 2009)

§ 9º Terão **prioridade de tramitação** os processos de adoção em que o adotando for criança ou adolescente com **deficiência** ou com **doença crônica**. (Incluído pela Lei nº 12.955, de 2014)

§ 10. O prazo máximo para conclusão da ação de adoção será de 120 (cento e vinte) dias, prorrogável uma única vez por igual período, mediante decisão fundamentada da autoridade judiciária. (Incluído pela Lei nº 13.509, de 2017)

1. **Produção dos efeitos da adoção – natureza da sentença:** a sentença que julga a adoção tem natureza **constitutiva**, ou seja, opera uma modificação no estado jurídico das pessoas envolvidas, criando para as partes um vínculo jurídico antes inexistente. O adotante passa a possuir o status jurídico de pai, o adotado, o de filho. Seus **efeitos** operam ***ex nunc***, são produzidos a partir do trânsito em julgado (Estatuto, art. 47, § 7º). Excepcionalmente, no caso da adoção póstuma, os efeitos são também *ex tunc*, pois alcançam a data do óbito.

   Essa determinação legal de **retroatividade** dos efeitos da adoção à **data do óbito** é de extrema importância do ponto de vista sucessório. Como a herança é transmitida no momento da abertura da sucessão (direito de *saisine* – art. 1.784, CC), sendo os efeitos da sentença de adoção *ex nunc*, poder-se-ia alegar que o adotado não teria direito à herança, por lhe faltar o *status* jurídico de filho no momento da abertura da sucessão. Diante a previsão expressa de retroação dos efeitos da sentença à data do óbito, afasta-se qualquer possibilidade de discussão acerca dos direitos sucessórios do adotado. A Lei não deixa dúvidas, o adotado sucede também na adoção póstuma.

2. **Registro da adoção:** é importante observar os requisitos estabelecidos pelo art. 47 acerca do registro de adoção. Trata-se, como explicado, da formação de um vínculo jurídico novo e irrevogável. Por isso, o **registro**

de nascimento **original é cancelado** (§ 2º), efetuando-se novo registro de nascimento, onde devem constar os nomes dos adotantes e de seus pais, avós do adotado (§ 1º). Para preservar seus direitos da personalidade, certidões extraídas do registro **não podem conter quaisquer observações** sobre a adoção (§ 4º). Essa prescrição legal tem por objetivo evitar que o adotado sofra quaisquer preconceitos que poderiam advir de uma anotação acerca de seu estado de filiação. Por fim, a criança ou adolescente deve receber o sobrenome dos adotantes e poderá ter seu prenome modificado (§ 5º).

3. **Registro da adoção no município de residência da família:** estabelece o § 3º do artigo 47 que a criança pode ser registrada no local onde será estabelecida a residência da família. Quando a adoção é efetivada em uma cidade e a família se muda para outra distante, a dificuldade de obter certidão de nascimento da criança é grande em função do deslocamento. Ao se lavrar o registro de nascimento na cidade onde a família está estabelecida, esse problema fica superado.
4. **Pedido de modificação do prenome: tanto o adotante quanto o adotando podem pedir a alteração de seu prenome:** além disso, o § 6º estabelece que o adotando deve ser ouvido sobre o pedido de modificação de seu nome. Sua opinião é colhida pela equipe interprofissional do Juizado da Infância e Juventude; se for maior de 12 anos de idade, seu consentimento é colhido em audiência; tudo na forma do que estabelecem os parágrafos 1º e 2º do artigo 28.
5. **Prioridade de tramitação:** o § 9º ao artigo 47 prevê a prioridade de tramitação de processos de adoção, quando se tratar de adotando com deficiência ou com doença crônica. O objetivo do legislador é acelerar tais procedimentos em atenção à peculiar situação dessas crianças e adolescentes. A adoção é a criação de um laço jurídico importantíssimo, o de pai/mãe com seu filho. Crianças e adolescentes com deficiência ou com doenças crônicas inegavelmente estão em situação de maior fragilidade, o que demanda atenção extra. Daí a imposição legal de prioridade de tramitação processual.
6. **Prazo de conclusão do procedimento:** o § 10 foi inserido pela Lei n. 13.509/2017 para estabelecer prazo de duração limite nos processos de adoção. De acordo com o dispositivo, o processo deve ser concluído em 120 dias, prazo prorrogável uma única vez. Embora o objetivo seja o de destacar a importância desse procedimento, o dispositivo é uma exortação ao trabalho célere, mas não é um pressuposto de validade do processo. Vale dizer, se o prazo foi descumprido, se a sentença for proferida após o prazo, ainda assim a adoção será válida.

Art. 48. O **adotado tem direito** de conhecer sua **origem biológica**, bem como de obter acesso irrestrito ao processo no qual a medida foi aplicada e seus eventuais incidentes, após completar 18 (dezoito) anos. (Redação dada pela Lei nº 12.010, de 2009)

Parágrafo único. O acesso ao processo de adoção poderá ser também deferido ao adotado menor de 18 (dezoito) anos, a seu pedido, assegurada orientação e assistência jurídica e psicológica. (Incluído pela Lei nº 12.010, de 2009)

1. **Direito de conhecer a origem biológica e armazenamento de dados dos processos relativos à adoção:** o artigo 48 garante ao adotado o direito de conhecer sua origem biológica e ter acesso aos autos de seu processo de adoção. Em virtude desse direito, expresso no § 8º do artigo 47, estabelece-se a necessidade de preservação dos dados dos processos de adoção e "outros a ele relacionados". Nessa disposição se incluem o procedimento de habilitação à adoção e a guarda ou a tutela concedida como preparatórias para adoção também.

Aplicação em concurso

- **(Promotor de Justiça – MP-SC – 2019)** [Julgue o item]

  Estabelece a Lei n. 8.069/1990 que o adotado tem direito de conhecer sua origem biológica, bem como de obter acesso irrestrito ao processo no qual a medida foi aplicada e seus eventuais incidentes, somente após completar 18 (dezoito) anos, assegurada orientação e assistência jurídica e psicológica.

  Gabarito: o item está erro.

Art. 49. A **morte dos adotantes não restabelece o poder familiar** dos pais naturais. (Expressão substituída pela Lei nº 12.010, de 2009)

1. **Definitividade da adoção:** o artigo 49 determina que o poder familiar não se restabelece com o falecimento dos adotantes. Na verdade, esse dispositivo está deslocado sistematicamente no Estatuto. O assunto de que trata está relacionado aos aspectos gerais da adoção, como sua irrevogabilidade e sua excepcionalidade (art. 39).

Art. 50. A autoridade judiciária manterá, em cada comarca ou foro regional, **um registro de crianças e adolescentes** em condições de serem adotados **e outro de pessoas interessadas** na adoção.

§ 1º O deferimento da inscrição dar-se-á após prévia consulta aos órgãos técnicos do juizado, ouvido o Ministério Público.

§ 2º Não será deferida a inscrição se o interessado não satisfazer os requisitos legais, ou verificada qualquer das hipóteses previstas no art. 29.

§ 3º A inscrição de postulantes à adoção será precedida de um período de preparação psicossocial e jurídica, orientado pela equipe técnica da Justiça da Infância e da Juventude, preferencialmente com apoio dos técnicos responsáveis pela execução da política municipal de garantia do direito à convivência familiar. (Incluído pela Lei nº 12.010, de 2009)

§ 4º Sempre que possível e recomendável, a preparação referida no § 3º deste artigo incluirá o contato com crianças e adolescentes em acolhimento familiar ou institucional em condições de serem adotados, a ser realizado sob a orientação, supervisão e avaliação da equipe técnica da Justiça da Infância e da Juventude, com apoio dos técnicos responsáveis pelo programa de acolhimento e pela execução da política municipal de garantia do direito à convivência familiar. (Incluído pela Lei nº 12.010, de 2009)

§ 5º Serão criados e implementados **cadastros estaduais e nacional de crianças e adolescentes** em condições de serem adotados **e de pessoas ou casais habilitados** à adoção. (Incluído pela Lei nº 12.010, de 2009)

§ 6º Haverá **cadastros distintos** para pessoas ou casais **residentes fora do País,** que somente serão consultados na inexistência de postulantes nacionais habilitados nos cadastros mencionados no § 5º deste artigo. (Incluído pela Lei nº 12.010, de 2009)

§ 7º As autoridades estaduais e federais em matéria de adoção terão acesso integral aos cadastros, incumbindo-lhes a troca de informações e a cooperação mútua, para melhoria do sistema. (Incluído pela Lei nº 12.010, de 2009)

§ 8º A autoridade judiciária providenciará, no prazo de 48 (quarenta e oito) horas, a inscrição das crianças e adolescentes em condições de serem adotados que não tiveram colocação familiar na comarca de origem, e das pessoas ou casais que tiveram deferida sua habilitação à adoção nos cadastros estadual e nacional referidos no § 5º deste artigo, sob pena de responsabilidade. (Incluído pela Lei nº 12.010, de 2009)

§ 9º Compete à Autoridade Central Estadual zelar pela manutenção e correta alimentação dos cadastros, com posterior comunicação à Autoridade Central Federal Brasileira. (Incluído pela Lei nº 12.010, de 2009)

§ 10. Consultados os cadastros e verificada a ausência de pretendentes habilitados residentes no País com perfil compatível e interesse manifesto pela adoção de criança ou adolescente inscrito nos cadastros existentes, será realizado o encaminhamento da criança ou adolescente à **adoção internacional.** (Redação dada pela Lei nº 13.509, de 2017)

§ 11. Enquanto não localizada pessoa ou casal interessado em sua adoção, a criança ou o adolescente, sempre que possível e recomendável, será colocado sob guarda de família cadastrada em programa de acolhimento familiar. (Incluído pela Lei nº 12.010, de 2009)

§ 12. A alimentação do cadastro e a convocação criteriosa dos postulantes à adoção serão fiscalizadas pelo Ministério Público. (Incluído pela Lei nº 12.010, de 2009)

1. **Cadastramento:** a disciplina dos cadastros é feita de forma minuciosa nos parágrafos do artigo 50. Infelizmente, os parágrafos deste artigo estão dispostos de forma confusa, pois não tratam dos temas de forma sequencial. Abaixo, procuramos organizar as normas de modo sistemático.

2. **Período de preparação dos postulantes à adoção:** os parágrafos 3º e 4º do artigo 50 estabelecem a necessidade de preparação efetiva dos postulantes à adoção, a fim de lhes permitir uma **decisão mais concreta sobre seu desejo de adotar**. Muitas vezes, a pessoa manifesta seu desejo de adotar, mas não conhece verdadeiramente as consequências desse importante passo em sua vida. Daí a previsão legislativa de munir esse pretendente da necessária informação sobre o assunto. De acordo com o § 3º, deve ser prestada, ao postulante, orientação psicossocial e jurídica pela equipe técnica da Justiça da Infância e Juventude. A orientação psicológica deve ficar a cargo de profissional de psicologia habilitado, com experiência no assunto. De igual modo, têm relevante papel a Defensoria Pública e o Ministério Público, na função de orientação jurídica. Nada impede que o Juizado da Infância e da Juventude realize seminários com profissionais capacitados voltados à prestação de informações aos postulantes à adoção.

   Além disso, o parágrafo 4º, ainda com o objetivo de capacitar os futuros adotantes, determina o **contato** desses **com as crianças e adolescentes aptos a serem adotados** e que estejam em programas de acolhimento familiar e institucional. Aqui o objetivo não é que os postulantes *escolham* quem pretendem adotar – mesmo porque esses adultos ainda não estão habilitados à adoção –, mas sim que tomem contato direto com a realidade de vida dessas crianças e adolescentes.

   Dessa forma, o postulante que se propõe a levar adiante o procedimento de habilitação à adoção estará devidamente informado, ciente e consciente das implicações de sua pretensão. A medida é importante para que tenhamos adoções por pais mais preparados, que saberão dedicar-se devidamente à criação e à manutenção dos adotados. Assim, é claro, atende-se ao princípio que rege todo o Estatuto da Criança e do Adolescente, que é o do melhor interesse da criança ou adolescente.

3. **Cadastros de adotandos e de adotantes:** o *caput* do artigo 50 estabelece a necessidade de elaboração de cadastros de crianças e adolescentes em condições de serem adotados e de pessoas interessadas em adotar no âmbito da comarca ou foro regional. Já o § 5º determina a implementação de cadastros estaduais e nacionais de crianças e adolescentes a serem adotados e de postulantes à adoção. O objetivo de um cadastro amplo e nacional é, naturalmente, o de aumentar as chances de adoção.

   Para isso, autoridades federais e estaduais que lidam com a matéria terão acesso a esses cadastros, de modo a permitir a troca de informações e a cooperação mútua (§ 7º).

   De acordo com a sistemática traçada pelo § 8º, primeiro é tentada a adoção da criança ou adolescente na comarca de origem, através do cadastro previsto no *caput* do artigo 50; caso frustrada essa primeira tentativa de encontrar pessoa ou casal para adoção, a autoridade judiciária deverá inscrever a criança ou adolescente nos cadastros estadual e nacional. De igual modo, os postulantes que forem habilitados à adoção serão inscritos nos cadastros da comarca, do estado e nacional.

   A correta manutenção e alimentação dos cadastros são de competência da Autoridade Central Estadual, com posterior comunicação à Autoridade Central Federal Brasileira, nos termos do que prevê o parágrafo 9º. A atuação desses órgãos, bem como a convocação dos postulantes à adoção, deve ser **fiscalizada pelo Ministério Público** (§ 12).

   Pela indicação dos parágrafos que fizemos neste tópico, percebe-se como a Lei foi assistemática no trato dos cadastros – o tema é disciplinado no *caput* e em parágrafos de forma esparsa.

   Observe o pequeno resumo abaixo:

Disciplina sistemática dos cadastros	Base legal: art. 50
– cada comarca ou foro regional deve possuir um cadastro de crianças e adolescentes em condições de serem adotados e outro de pessoas interessadas na adoção	*Caput*
– devem ser criados cadastros estaduais e nacionais dos crianças e adolescentes e dos postulantes	§ 5º
– o cadastro dos postulantes deve ser dividido entre residentes no Brasil e no estrangeiro	§ 6º

Disciplina sistemática dos cadastros	Base legal: art. 50
– ausentes adotantes interessados e com perfil adequado nos cadastros, passa-se à adoção internacional	§ 10
– os cadastros estaduais e nacionais são alimentados pela Autoridade Central Estadual, com posterior comunicação à Autoridade Central Federal Brasileira	§ 9º
– o Ministério Público fiscaliza o trabalho de alimentação do cadastro feito pela Autoridade Central Estadual e a convocação dos postulantes à adoção	§ 12

§ 13. Somente poderá ser deferida adoção em favor de candidato domiciliado no Brasil **não cadastrado previamente** nos termos desta Lei quando: (Incluído pela Lei nº 12.010, de 2009)

I – se tratar de pedido de **adoção unilateral**; (Incluído pela Lei nº 12.010, de 2009)

II – for formulada por **parente** com o qual a criança ou adolescente mantenha **vínculos de afinidade e afetividade**; (Incluído pela Lei nº 12.010, de 2009)

III – oriundo o **pedido de quem detém a tutela ou guarda legal** de criança maior de 3 (três) anos ou adolescente, desde que o lapso de tempo de convivência comprove a fixação de laços de afinidade e afetividade, e não seja constatada a ocorrência de má-fé ou qualquer das situações previstas nos arts. 237 ou 238 desta Lei. (Incluído pela Lei nº 12.010, de 2009)

§ 14. Nas hipóteses previstas no § 13 deste artigo, o candidato deverá comprovar, no curso do procedimento, que preenche os requisitos necessários à adoção, conforme previsto nesta Lei. (Incluído pela Lei nº 12.010, de 2009)

§ 15. Será assegurada **prioridade** no cadastro a pessoas interessadas em adotar criança ou adolescente com **deficiência**, com **doença crônica** ou com necessidades específicas de saúde, além de **grupo de irmãos**. (Incluído pela Lei nº 13.509, de 2017)

1. **Hipóteses de adoção fora do cadastro de postulantes:** o § 13 disciplina as situações em que a adoção pode ser deferida a pessoa ou casal que não estava já previamente habilitada e inserida nos cadastros de postulantes à adoção. A condição fundamental é ser domiciliado no Brasil.

Hipóteses de adoção fora do cadastro de postulantes
– **adoção unilateral:** é a situação em que a **pessoa adota a criança** ou adolescente que já é **filha de seu cônjuge ou companheiro**. Está previsto no § 1º do artigo 41. Conforme dissemos acima, consta do dispositivo referente à adoção unilateral a expressão "concubinos", mas a referência interpretativa é a de companheiros. É a hipótese do inciso I.
– **parente:** se a criança ou adolescente **já convive com membros de sua família natural**, que a criam e educam, a adoção também pode ser deferida fora do contexto dos cadastros de postulantes (inciso II). O conceito de família extensa do parágrafo único do artigo 25 ajuda a compreender o espectro de aplicação deste dispositivo. A criação de criança ou adolescente junto a parentes diversos de seus pais (tios, avós, primos, irmãos) caracteriza a família extensa, objeto de proteção expressa do Estatuto. Nessa situação, a adoção pode ser deferida ao parente que já cria e educa o adotando – ressalvadas, é claro, as vedações à adoção por ascendentes e irmãos (art. 42, § 1º).
– **guarda legal ou tutela deferida anteriormente:** a terceira hipótese em que o cadastro de postulantes à adoção não é obedecido se refere à situação em que a **criança é maior de 3 anos ou** o adolescente **já está sob guarda legal ou tutela**. O guardião ou o tutor pode pleitear a adoção imediata sem passar pelo cadastro de postulantes.

É importante notar o seguinte: essas hipóteses se referem ao deferimento de adoção a postulantes não cadastrados, mas **não significa que a adoção será imediatamente deferida**. O processo de adoção será levado a efeito regularmente para aferir se o melhor interesse da criança está atendido. Deve haver atuação do corpo interprofissional da Justiça da Infância e Juventude. Estudo social, visitas, entrevistas, exames psicológicos das partes envolvidas são ferramentas importantes, que indicarão se a adoção é de fato a melhor solução para a criança ou o adolescente. Excepcionalmente, o caso concreto pode demonstrar que, embora conviva no seio de sua família extensa e haja postulante à adoção, a criança ou adolescente deve ser retirada daquele ambiente.

Portanto, ainda que se esteja diante de situação em que não é preciso estar no cadastro de postulantes, os demais requisitos legais para adoção devem ser demonstrados. É o que determina expressamente o § 14 do artigo 50.

2. **Flexibilidade da lista de adotantes – posição do STJ:** nos últimos anos, é possível observar que o STJ tem flexibilizado a ordem cronológica das listas de postulantes à adoção, tendo por fundamento o melhor

interesse da criança ou adolescente. Nesse sentido: HC 564.961/SP, 3ª Turma, julgado em 19/05/2020.

Em 2021 o STJ analisou questão interessante que diz respeito à adoção por parentes e à ordem cronológica de adoção. Conforme destacado acima, o artigo 50, § 13, inciso II autoriza a adoção fora do cadastro quando se tratada de "parente com a qual a criança ou adolescente mantenha vínculos de afinidade e afetividade". A discussão que chegou ao STJ se referia ao que se deve entender por parente nesses casos. Seriam apenas os consanguíneos ou também os colaterais por afinidade? A Corte entendeu pela interpretação mais ampliativa do dispositivo, de modo a priorizar o melhor interesse da criança na convivência com pessoas com quem já possui vínculos. Confira-se:

> Cinge-se a controvérsia em aferir a possibilidade de adoção personalíssima intrafamiliar por parentes colaterais por afinidade, sem desprezar a circunstância da convivência da criança com a família postulante à adoção.
>
> 1. A Constituição Federal de 1988 rompeu com os paradigmas clássicos de família consagrada pelo casamento e admitiu a existência e a consequente regulação jurídica de outras modalidades de núcleos familiares (monoparental, informal, afetivo), diante das garantias de liberdade, pluralidade e fraternidade que permeiam as conformações familiares, sempre com foco na dignidade da pessoa humana, fundamento basilar de todo o ordenamento jurídico.
>
> 2. O conceito de "família" adotado pelo ECA é amplo, abarcando tanto a família natural (comunidade formada pelos pais ou qualquer deles e seus descendentes) como a extensa/ampliada (aquela constituída por parentes próximos com os quais a criança ou adolescente convive e mantém vínculos de afinidade e afetividade), sendo a *affectio familiae* o alicerce jurídico imaterial que pontifica o relacionamento entre os seus membros, essa constituída pelo afeto e afinidade, que por serem elementos basilares do Direito das Famílias hodierno devem ser evocados na interpretação jurídica voltada à proteção e melhor interesse das crianças e adolescentes.
>
> 3. Conforme explicitamente estabelecido no artigo 19 do ECA, é direito da criança a sua criação e educação no seio familiar, em ambiente que garanta seu desenvolvimento integral e assegure convivência com os seus, sendo a colocação em família substituta excepcional.
>
> 4. O legislador ordinário, ao estabelecer no artigo 50, § 13, inciso II, do ECA que podem adotar os parentes que possuem afinidade/afetividade para com a criança, não promoveu qualquer limitação

(se aos consanguíneos em linha reta, aos consanguíneos colaterais ou aos parentes por afinidade), a denotar, por esse aspecto, que a adoção por parente (consanguíneo, colateral ou por afinidade) é amplamente admitida quando demonstrado o laço afetivo entre a criança e o pretendente à adoção, bem como quando atendidos os demais requisitos autorizadores para tanto.

5. Em razão do novo conceito de família - plural e eudemonista - não se pode, sob pena de desprestigiar todo o sistema de proteção e manutenção no seio familiar amplo preconizado pelo ECA, restringir o parentesco para aquele especificado na lei civil, a qual considera o parente até o quarto grau. Isso porque, se a própria Lei nº 8.069/90, lei especial e, portanto, prevalecente em casos dessa jaez, estabelece no § 1º do artigo 42 que "não podem adotar os ascendentes e os irmãos do adotando", a única outra categoria de parente próximo supostamente considerado pelo ditame civilista capacitado legalmente à adoção a fim de que o adotando permanecesse vinculado à sua "família" seriam os tios consanguíneos (irmãos dos pais biológicos), o que afastaria por completo a possibilidade dos tios colaterais e por afinidade (cunhados), tios-avós (tios dos pais biológicos), primos em qualquer grau, e outros tantos "parentes" considerados membros da família ampliada, plural, extensa e, inclusive, afetiva, muitas vezes sem qualquer grau de parentalidade como são exemplos os padrinhos e madrinhas, adotarem, o que seria um contrassenso, isto é, conclusão que iria na contramão de todo o sistema jurídico protetivo de salvaguarda do menor interesse de crianças e adolescentes.

6. Em hipóteses como a tratada no caso, **critérios absolutamente rígidos previstos na lei não podem preponderar, notadamente quando em foco o interesse pela prevalência do bem estar, da vida com dignidade do menor**, recordando-se, a esse propósito, que no caso sub judice, além dos pretensos adotantes estarem devidamente habilitados junto ao Cadastro Nacional de Adoção, são parentes colaterais por afinidade do menor "(...) tios da mãe biológica do infante, que é filha da irmã de sua cunhada" e não há sequer notícias, nos autos, de que membros familiares mais próximos tenham demonstrado interesse no acolhimento familiar dessa criança.

7. Ademais, nos termos da jurisprudência do STJ, **a ordem cronológica de preferência das pessoas previamente cadastradas para adoção não tem um caráter absoluto, devendo ceder ao princípio do melhor interesse da criança e do adolescente**, razão de ser de todo o sistema de defesa erigido pelo Estatuto da Criança e do Adolescente, que tem na doutrina da proteção integral sua pedra basilar (HC nº 468.691/SC, Rel. Ministro LUIS FELIPE SALOMÃO, Quarta Turma, DJe de 11/3/2019).

8. Recurso especial provido para determinar o processamento da ação personalíssima intrafamiliar.

Agravo interno manejado pelo casal terceiro (família substituta) desprovido.

(REsp 1911099/SP, Rel. Min. Marco Buzzi, 4ª Turma, julgado em 29/06/2021, DJe 03/08/2021)

3. **Prioridades na lista de postulantes a adoção:** o legislador demonstrou preocupação com a adoção de crianças deficientes ou deficiência crônica. Isso já estava claro pela prioridade de tramitação dos processos, estabelecida no § 9º do artigo 47. Com a Lei n. 13.509/2017, deu-se mais um passo. O § 15 prevê a prioridade no cadastro para postulantes interessados em adotar crianças com deficiência, doença crônica, necessidades específicas de saúde e grupos de irmãos.

Art. 51. Considera-se adoção internacional aquela na qual o pretendente possui residência habitual em país-parte da Convenção de Haia, de 29 de maio de 1993, Relativa à Proteção das Crianças e à Cooperação em Matéria de Adoção Internacional, promulgada pelo Decreto no 3.087, de 21 junho de 1999, e deseja adotar criança em outro país-parte da Convenção. (Redação dada pela Lei nº 13.509, de 2017)

§ 1º A **adoção internacional** de criança ou adolescente brasileiro ou domiciliado no Brasil **somente** terá lugar quando restar **comprovado**: (Redação dada pela Lei nº 12.010, de 2009)

I – que a colocação em **família adotiva** é a solução adequada ao caso concreto; (Redação dada pela Lei nº 13.509, de 2017)

II – que foram esgotadas todas as possibilidades de colocação da criança ou adolescente em família adotiva brasileira, com a **comprovação, certificada nos autos,** da inexistência de adotantes habilitados residentes no Brasil com perfil compatível com a criança ou adolescente, após consulta aos cadastros mencionados nesta Lei; (Redação dada pela Lei nº 13.509, de 2017)

III – que, em se tratando de adoção de **adolescente**, este foi consultado, por meios adequados ao seu estágio de desenvolvimento, e que se encontra **preparado para a medida**, mediante parecer elaborado por equipe interprofissional, observado o disposto nos §§ 1º e 2º do art. 28 desta Lei. (Incluída pela Lei nº 12.010, de 2009)

§ 2º Os **brasileiros** residentes no exterior terão **preferência aos estrangeiros,** nos casos de adoção internacional de criança ou adolescente brasileiro. (Redação dada pela Lei nº 12.010, de 2009)

§ 3º A adoção internacional pressupõe a **intervenção** das **Autoridades** Centrais **Estaduais e Federal** em matéria de adoção internacional. (Redação dada pela Lei nº 12.010, de 2009)

1. **Adoção internacional:** o instituto da adoção internacional sofreu inúmeras modificações para enrijecer a sua concessão e adequar o Estatuto à **Convenção de Haia**, da qual o Brasil é signatário. O texto foi recepcionado em nosso ordenamento jurídico pelo Decreto nº 3087/1999.

   A razão da existência de requisitos específicos e mais rigorosos para adoção internacional reside na dificuldade de acompanhamento e vigilância daquela nova família pelas autoridades brasileiras. Na adoção nacional, a Justiça da Infância e da Juventude pode verificar o acerto da medida através do Conselho Tutelar e de seu corpo de profissionais, bem como prestar auxílio psicológico em momentos de dificuldades da nova família. Os países signatários da Convenção firmaram entre si o compromisso de tutelar o melhor interesse da criança ou adolescente de forma efetiva nos casos de adoção internacional.

2. **Conceito de adoção internacional:** a **adoção é internacional** quando o **postulante** tem residência habitual **fora do Brasil,** em país-parte da Convenção de Haia, **independentemente** da nacionalidade.

3. **Caráter subsidiário da adoção internacional:** o Estatuto já determina que a colocação de criança ou adolescente em família substituta é medida excepcional, dando preferência à criação pela família natural. Ao tratar da família substituta estrangeira, o Estatuto dá nova ênfase à questão por meio do inciso II do § 1º do artigo 51. A adoção internacional somente pode ser deflagrada depois que estiver certificado nos autos a inexistência de adotantes habilitados residentes no Brasil com perfil compatível com a criança ou adolescente, conforme redação dada pela Lei n. 13.509/2017.

4. **Requisitos:** o § 1º do artigo 51 elenca três requisitos para a adoção internacional.

   Primeiro, a demonstração de que é necessária a colocação em família adotiva. Em caráter excepcional, após esgotadas as possibilidades de melhoria das condições de toda a família para permitir a manutenção dos vínculos de sangue, é que se busca a colocação em família substituta.

   Segundo, a adoção internacional **só** passa a ser **examinada** como possibilidade de colocação em família substituta **após esgotadas as tentativas** de localização da família substituta **no Brasil**, para **adoção nacional**. Para isso, deve-se certificar nos autos do processo de adoção que foram consultados os cadastros nacionais e que não se identificou postulante com perfil adequado.

Terceiro, o adolescente (aquele com 12 anos completos) deve ser consultado sobre a adoção e demonstrar – dentro de seu grau de discernimento – que está preparado para a medida. Além do parecer da equipe interprofissional, o adolescente deve ser ouvido em audiência (art. 28, §§ 1º e 2º).

5. **Preferência por brasileiros ante os estrangeiros:** ainda dentre os postulantes à adoção internacional – aqueles com residência ou domicílio fora do Brasil, independentemente da nacionalidade –, o § 2º estabelece a preferência por brasileiros.

Art. 52. A adoção internacional observará o procedimento previsto nos arts. 165 a 170 desta Lei, com as seguintes adaptações: (Redação dada pela Lei nº 12.010, de 2009)

I – a pessoa ou casal estrangeiro, interessado em adotar criança ou adolescente brasileiro, deverá formular **pedido de habilitação** à adoção perante a Autoridade Central em matéria de adoção internacional **no país de acolhida**, assim entendido aquele onde está situada sua residência habitual; (Incluída pela Lei nº 12.010, de 2009)

II – se a **Autoridade** Central do país de acolhida considerar que os solicitantes estão habilitados e aptos para adotar, **emitirá um relatório** que contenha informações sobre a identidade, a capacidade jurídica e adequação dos solicitantes para adotar, sua situação pessoal, familiar e médica, seu meio social, os motivos que os animam e sua aptidão para assumir uma adoção internacional; (Incluída pela Lei nº 12.010, de 2009)

III – a Autoridade Central do país de acolhida **enviará o relatório** à **Autoridade** Central **Estadual**, com **cópia** para a **Autoridade** Central **Federal** Brasileira; (Incluída pela Lei nº 12.010, de 2009)

IV – o relatório será instruído com toda a documentação necessária, incluindo estudo psicossocial elaborado por equipe interprofissional habilitada e cópia autenticada da legislação pertinente, acompanhada da respectiva prova de vigência; (Incluída pela Lei nº 12.010, de 2009)

V – os documentos em **língua estrangeira** serão devidamente **autenticados pela autoridade consular**, observados os tratados e convenções internacionais, e acompanhados da respectiva tradução, por tradutor público juramentado; (Incluída pela Lei nº 12.010, de 2009)

VI – a Autoridade Central Estadual poderá fazer exigências e solicitar complementação sobre o estudo psicossocial do postulante estrangeiro à adoção, já realizado no país de acolhida; (Incluída pela Lei nº 12.010, de 2009)

VII – **verificada**, após estudo realizado pela Autoridade Central Estadual, a **compatibilidade** da legislação estrangeira com a nacional, além do preenchimento por parte dos postulantes à medida dos requisitos objetivos e subjetivos necessários ao seu deferimento, tanto à luz do que dispõe esta Lei como da legislação do país de acolhida, **será expedido laudo de habilitação à adoção internacional**, que terá **validade** por, no **máximo, 1 (um) ano**; (Incluída pela Lei nº 12.010, de 2009)

VIII – de posse do laudo de habilitação, o interessado será autorizado a formalizar pedido de adoção perante o Juízo da Infância e da Juventude do local em que se encontra a criança ou adolescente, conforme indicação efetuada pela Autoridade Central Estadual. (Incluída pela Lei nº 12.010, de 2009)

1. **Habilitação para adoção internacional:** o artigo 52 elenca normas específicas a serem seguidas para a adoção estrangeira. O procedimento se inicia com o pedido de habilitação no país de origem, onde os postulantes residem e, naturalmente, para onde a criança será levada (inciso I). Deferida a habilitação, que demanda estudo psicossocial por profissionais habilitados (inc. IV), a autoridade do país de origem emitirá relatório pormenorizado acerca dos postulantes, devidamente autenticado pelo consulado e traduzido por tradutor juramentado (inc. V), e o encaminhará às autoridades estadual e federal (inc. II e III), com cópia da legislação pertinente do país de origem e prova de sua vigência (inc. IV).

   A autoridade estadual pode solicitar a complementação dos estudos psicossociais já realizados (inc. VI), caso os entenda insuficientes.

   Verificada a acuidade de toda a documentação apresentada, a autoridade central estadual expede laudo de habilitação à adoção internacional, cuja validade é de, no máximo, um ano, e encaminha o postulante ao Juizado da Infância e da Juventude do local em que se encontra a criança ou adolescente (inc. VII e VIII).

   A habilitação do postulante à adoção internacional tem prazo de **validade de um ano** e pode ser **renovada** (art. 52, § 13).

§ 1º Se a legislação do país de acolhida assim o autorizar, admite-se que os **pedidos de habilitação** à adoção internacional sejam **intermediados** por **organismos credenciados**. (Incluída pela Lei nº 12.010, de 2009)

§ 2º Incumbe à **Autoridade** Central **Federal** Brasileira o **credenciamento de organismos** nacionais e estrangeiros encarregados de intermediar pedidos de habilitação à adoção internacional, com posterior comunicação às Autoridades Centrais Estaduais e publicação nos órgãos oficiais de imprensa e em sítio próprio da internet. (Incluído pela Lei nº 12.010, de 2009)

1. **Organismos internacionais de adoção:** a adoção internacional pode ser intermediada por organismo credenciado, nacional ou estrangeiro, desde que a legislação do país de origem admita essas entidades e que haja o devido credenciamento junto à Autoridade Central Federal Brasileira (§§ 1º e 2º).

O credenciamento **não é ato jurídico vinculado**, mas sim discricionário, a ser concedido mediante requisitos de conveniência e oportunidade da Administração Pública. Assim, a Autoridade Federal pode limitar ou suspender a concessão de novos credenciamentos quando entender necessário (§ 15). Além disso, a Autoridade Federal pode solicitar, a qualquer tempo, informações sobre a situação de crianças e adolescentes adotados dos organismos credenciados e dos adotantes (§ 10).

§ 3º Somente será **admissível o credenciamento de organismos** que: (Incluída pela Lei nº 12.010, de 2009)

I – sejam oriundos de países que **ratificaram a Convenção de Haia** e estejam devidamente credenciados pela Autoridade Central do país onde estiverem sediados e no país de acolhida do adotando para atuar em adoção internacional no Brasil; (Incluída pela Lei nº 12.010, de 2009)

II – satisfizerem as condições de **integridade moral, competência profissional, experiência e responsabilidade** exigidas pelos países respectivos e pela Autoridade Central Federal Brasileira; (Incluída pela Lei nº 12.010, de 2009)

III – forem qualificados por seus **padrões éticos** e sua formação e **experiência** para atuar **na área** de adoção internacional; (Incluída pela Lei nº 12.010, de 2009)

IV – cumprirem os requisitos exigidos pelo ordenamento jurídico brasileiro e pelas normas estabelecidas pela Autoridade Central Federal Brasileira. (Incluída pela Lei nº 12.010, de 2009)

§ 4º Os organismos credenciados deverão ainda: (Incluído pela Lei nº 12.010, de 2009)

I – perseguir unicamente **fins não lucrativos**, nas condições e dentro dos limites fixados pelas autoridades competentes do país onde estiverem sediados, do país de acolhida e pela Autoridade Central Federal Brasileira; (Incluída pela Lei nº 12.010, de 2009)

II – ser **dirigidos e administrados** por **pessoas** qualificadas e de reconhecida **idoneidade moral**, com comprovada formação ou experiência para atuar na área de adoção internacional, cadastradas pelo Departamento de Polícia Federal e aprovadas pela Autoridade Central Federal Brasileira, mediante publicação de portaria do órgão federal competente; (Incluída pela Lei nº 12.010, de 2009)

III – estar submetidos à supervisão das autoridades competentes do país onde estiverem sediados e no país de acolhida, inclusive quanto à sua composição, funcionamento e situação financeira; (Incluída pela Lei nº 12.010, de 2009)

IV – **apresentar** à Autoridade Central **Federal** Brasileira, a cada ano, **relatório geral das atividades desenvolvidas**, bem como relatório de acompanhamento das adoções internacionais efetuadas no período, cuja cópia será encaminhada ao Departamento de Polícia Federal; (Incluída pela Lei nº 12.010, de 2009)

V – enviar **relatório pós-adotivo semestral** para a Autoridade Central Estadual, com cópia para a Autoridade Central Federal Brasileira, pelo **período mínimo de 2 (dois) anos**. O envio do relatório será mantido até a juntada de cópia autenticada do registro civil, estabelecendo a cidadania do país de acolhida para o adotado; (Incluída pela Lei nº 12.010, de 2009)

VI – tomar as medidas necessárias para garantir que os adotantes encaminhem à Autoridade Central Federal Brasileira cópia da certidão de registro de nascimento estrangeira e do certificado de nacionalidade tão logo lhes sejam concedidos. (Incluída pela Lei nº 12.010, de 2009)

1. **Requisitos do credenciamento e obrigações de organismos no Brasil:** ao longo do artigo 52, são previstos de forma bastante confusa os requisitos para credenciamento no Brasil de organismos de adoção internacional, as obrigações dessas entidades e as causas de descredenciamento. Apresentamos, abaixo, elencos distintos para facilitar a compreensão do leitor:

Requisitos para credenciamento (art. 52, § 3º e § 4º, inc. I a III):
– o organismo deve ser originário de país que ratificou a Convenção de Haia e estar credenciado em seu país sede e no dos postulantes à adoção, local para onde a criança ou adolescente será levada;

Requisitos para credenciamento (art. 52, § 3º e § 4º, inc. I a III):
– deve possuir integridade moral, competência profissional, padrões éticos e experiência na área;
– não possuir fins lucrativos;
– os diretores e administradores, com qualificação adequada e experiência na área, devem ser cadastrados pela Polícia Federal e aprovados pela Autoridade Central Federal Brasileira;
– deve haver supervisão de suas atividades, inclusive financeiras, pelas autoridades de sua sede e do país de acolhida.

Obrigações e deveres dos organismos credenciados (art. 52, § 4º, inc. IV a VI, §§ 12 e 14):
– apresentação de relatório anual de suas atividades à Autoridade Federal e de relatório com o acompanhamento específico das adoções internacionais efetivas no período, este encaminhado também à Polícia Federal;
– apresentação de relatórios semestrais às Autoridades Estadual e Federal durante o período pós-adotivo, pelo prazo mínimo de 2 anos e até a juntada de cópia do registro civil do adotado com a fixação de sua cidadania no país de acolhida;
– providenciar junto aos adotantes o envio da certidão de registro de nascimento estrangeira e do certificado de nacionalidade à Autoridade Federal;
– o organismo credenciado não pode representar uma pessoa ou seu cônjuge que já estejam representados por outra entidade credenciada, ou seja, não pode haver duas entidades auxiliando uma mesma pessoa ou casal na obtenção da adoção;
– os representantes de organismos de adoção não podem manter contato direto com dirigentes de programas de acolhimento institucional ou familiar, nem tampouco com as crianças e adolescentes a serem adotados, ressalvada expressa autorização judicial em contrário.

§ 5º A **não apresentação dos relatórios** referidos no § 4º deste artigo pelo organismo credenciado poderá acarretar a **suspensão de seu credenciamento**. (Incluído pela Lei nº 12.010, de 2009)

1. **Descredenciamento:** as hipóteses de descredenciamento estão previstas nos parágrafos 5º e 11 do artigo 52, bem como no artigo 52-A.

Causas de descredenciamento do organismo (art. 52, §§ 5º e 11 e art. 52-A):
– não apresentação dos relatórios indicados acima;
– cobrança abusiva de valores para prestação dos serviços do organismo;
– repasse de recursos de organismos estrangeiros de intermediação a entidades nacionais com essa função ou a pessoas físicas.

§ 6º O **credenciamento** de organismo nacional ou estrangeiro encarregado de intermediar pedidos de adoção internacional terá **validade de 2 (dois) anos**. (Incluído pela Lei nº 12.010, de 2009)

§ 7º A renovação do credenciamento poderá ser concedida mediante requerimento protocolado na Autoridade Central Federal Brasileira nos 60 (sessenta) dias anteriores ao término do respectivo prazo de validade. (Incluído pela Lei nº 12.010, de 2009)

1. **Prazo de validade do credenciamento:** é válido por 2 anos e o pedido de renovação pode ser feito nos **60 dias** anteriores ao término da concessão anterior (§§ 6º e 7º).

§ 8º **Antes de transitada em julgado** a decisão que concedeu a adoção internacional, **não será permitida a saída** do adotando do território nacional. (Incluído pela Lei nº 12.010, de 2009)

§ 9º **Transitada** em julgado a decisão, a autoridade judiciária determinará a expedição de **alvará com autorização de viagem**, bem como para obtenção de passaporte, constando, obrigatoriamente, as características da criança ou adolescente adotado, como idade, cor, sexo, eventuais sinais ou traços peculiares, assim como foto recente e a aposição da impressão digital do seu polegar direito, instruindo o documento com cópia autenticada da decisão e certidão de trânsito em julgado. (Incluído pela Lei nº 12.010, de 2009)

1. **Necessidade de trânsito em julgado:** o artigo 52, § 8º determina que se aguarde o trânsito em julgado da concessão da adoção; somente então os adotantes podem levá-lo para fora do país. Diante do trânsito em julgado, o Juízo da Infância e da Juventude expede alvarás de autorização de viagem e de obtenção de passaporte (§ 9º).

§ 10. A Autoridade Central Federal Brasileira poderá, a qualquer momento, solicitar informações sobre a situação das crianças e adolescentes adotados. (Incluído pela Lei nº 12.010, de 2009)

§ 11. A cobrança de **valores** por parte dos organismos credenciados, que sejam considerados **abusivos** pela Autoridade Central Federal Brasileira e que não estejam devidamente comprovados, é causa de seu **descredenciamento**. (Incluído pela Lei nº 12.010, de 2009)

§ 12. Uma mesma **pessoa** ou seu cônjuge **não podem ser representados** por **mais de uma entidade** credenciada para atuar na cooperação em adoção internacional. (Incluído pela Lei nº 12.010, de 2009)

§ 13. A **habilitação de postulante estrangeiro** ou domiciliado fora do Brasil terá **validade máxima de 1 (um) ano**, podendo ser renovada. (Incluído pela Lei nº 12.010, de 2009)

§ 14. É **vedado** o **contato direto** de **representantes de organismos de adoção**, nacionais ou estrangeiros, com **dirigentes de programas de acolhimento** institucional ou familiar, assim como com **crianças e adolescentes** em condições de **serem adotados, sem** a devida **autorização** judicial. (Incluído pela Lei nº 12.010, de 2009)

1. **Vedação do contato direto:** o § 14 veda que haja contato direto, sem autorização judicial, entre os representantes dos organismos de adoção e dirigentes de programas de acolhimento, crianças e adolescentes.

   O objetivo é **evitar** que a proximidade das relações gere algum tipo de **favorecimento** a uma determinada entidade, em detrimento do verdadeiro fim a que se presta a adoção, que é a satisfação do melhor interesse da criança e do adolescente.

§ 15. A Autoridade Central Federal Brasileira poderá limitar ou suspender a concessão de novos credenciamentos sempre que julgar necessário, mediante ato administrativo fundamentado. (Incluído pela Lei nº 12.010, de 2009)

Art. 52-A. É vedado, sob pena de responsabilidade e descredenciamento, o repasse de recursos provenientes de organismos estrangeiros encarregados de intermediar pedidos de adoção internacional a organismos nacionais ou a pessoas físicas. (Incluído pela Lei nº 12.010, de 2009)

Parágrafo único. Eventuais repasses somente poderão ser efetuados via Fundo dos Direitos da Criança e do Adolescente e estarão sujeitos às deliberações do respectivo Conselho de Direitos da Criança e do Adolescente. (Incluído pela Lei nº 12.010, de 2009)

Art. 52-B. A adoção por **brasileiro residente no exterior** em país ratificante da Convenção de Haia, cujo processo de adoção tenha sido processado em conformidade com a legislação vigente no país de residência e atendido o disposto na Alínea "c" do Artigo 17 da referida Convenção, será automaticamente recepcionada com o reingresso no Brasil. (Incluído pela Lei nº 12.010, de 2009)

§ 1º Caso não tenha sido atendido o disposto na Alínea "c" do Artigo 17 da Convenção de Haia, deverá a sentença ser homologada pelo Superior Tribunal de Justiça. (Incluído pela Lei nº 12.010, de 2009)

§ 2º O pretendente brasileiro residente no exterior em país não ratificante da Convenção de Haia, uma vez reingressado no Brasil, deverá requerer a homologação da sentença estrangeira pelo Superior Tribunal de Justiça. (Incluído pela Lei nº 12.010, de 2009)

1. **Validade da adoção realizada no exterior:** o artigo 52-B trata da hipótese do brasileiro residente no exterior que adota criança ou adolescente no exterior. Essa adoção pode ser considerada válida no Brasil e recepcionada automaticamente, desde que:
   - a adoção tenha sido em país ratificante da Convenção de Haia;
   - tenha sido obedecida a legislação pertinente do país de residência; e
   - as autoridades de ambos os países estejam de acordo: essa é a redação da alínea "c" do artigo 17 da Convenção de Haia, cuja redação é a seguinte: "Artigo 17. Toda decisão de confiar uma criança aos futuros pais adotivos somente poderá ser tomada no Estado de origem se: [...] c) as Autoridades Centrais de ambos os Estados estiverem de acordo em que se prossiga com a adoção;."

   Se as autoridades centrais não estiverem de acordo com a adoção, ainda assim, é possível a recepção da adoção efetivada no exterior, mas haverá necessidade de homologação da sentença no Superior Tribunal de Justiça. De igual modo, caso a adoção seja obtida em país que não é ratificante da Convenção da Haia, há necessidade de sua homologação através do Superior Tribunal de Justiça (§§ 1º e 2º).

Art. 52-C. Nas adoções internacionais, quando o **Brasil** for o **país de acolhida, a decisão** da autoridade competente do país de origem da criança ou do adolescente **será conhecida pela Autoridade** Central **Estadual** que tiver processado o pedido de habilitação dos pais adotivos, que comunicará o fato à Autoridade Central Federal e determinará as providências necessárias à expedição do Certificado de Naturalização Provisório. (Incluído pela Lei nº 12.010, de 2009)

§ 1º A Autoridade Central Estadual, ouvido o Ministério Público, somente deixará de reconhecer os efeitos daquela decisão se restar demonstrado que a adoção é manifestamente contrária à ordem pública ou não atende ao interesse superior da criança ou do adolescente. (Incluído pela Lei nº 12.010, de 2009)

§ 2º Na hipótese de não reconhecimento da adoção, prevista no § 1o deste artigo, o Ministério Público deverá imediatamente requerer o que for de direito para resguardar os interesses da criança ou do adolescente, comunicando-se as providências à Autoridade Central Estadual, que fará a comunicação à Autoridade Central Federal Brasileira e à Autoridade Central do país de origem. (Incluído pela Lei nº 12.010, de 2009)

Art. 52-D. Nas adoções internacionais, quando o **Brasil** for o **país de acolhida** e a **adoção não** tenha sido **deferida no país de origem** porque a sua legislação a delega ao país de acolhida, ou, ainda, na hipótese de, mesmo com decisão, a criança ou o adolescente ser oriundo de país que não tenha aderido à Convenção referida, o processo de adoção **seguirá** as regras da **adoção nacional**. (Incluído pela Lei nº 12.010, de 2009)

1. **Brasil como país de acolhida:** o brasileiro residente em território nacional que pretende adotar criança ou adolescente no exterior deve fazer sua habilitação junto à Autoridade Estadual – tal qual a habilitação para adoção nacional (art. 52-C). Posteriormente, concluída a adoção no país estrangeiro, cujo procedimento a ser seguido é o daquele país, compete à mesma Autoridade Estadual comunicar o fato à Autoridade Federal e providenciar a expedição do certificado de naturalização provisório. O Ministério Público pode opor resistência ao reconhecimento da adoção internacional se for contrária à ordem pública ou não atender ao melhor interesse da criança ou adolescente.

   Por sua vez, o artigo 52-D disciplina a hipótese em que a legislação do país de origem delega o procedimento de adoção ao país de acolhida, no caso, o Brasil. Quando assim for, segue-se o procedimento da adoção nacional – assim também quando o país não for signatário da Convenção de Haia.

Capítulo IV
Do Direito à Educação, à Cultura, ao Esporte e ao Lazer

Art. 53. A criança e o adolescente têm **direito à educação**, visando ao pleno desenvolvimento de sua pessoa, preparo para o exercício da cidadania e qualificação para o trabalho, assegurando-se-lhes:

I – igualdade de condições para o acesso e permanência na escola;

II – direito de ser respeitado por seus educadores;

III – direito de contestar critérios avaliativos, podendo recorrer às instâncias escolares superiores;

IV – direito de organização e participação em entidades estudantis;

V - **acesso à escola pública e gratuita**, próxima de sua residência, garantindo-se vagas no mesmo estabelecimento a irmãos que frequentem a mesma etapa ou ciclo de ensino da educação básica. (Redação dada pela Lei nº 13.845, de 2019)

Parágrafo único. É direito dos pais ou responsáveis ter ciência do processo pedagógico, bem como participar da definição das propostas educacionais.

Art. 53-A. É dever da instituição de ensino, clubes e agremiações recreativas e de estabelecimentos congêneres assegurar medidas de conscientização, prevenção e enfrentamento ao uso ou dependência de drogas ilícitas. (Incluído pela Lei nº 13.840, de 2019)

Art. 54. É dever do Estado assegurar à criança e ao adolescente:

I – **ensino fundamental**, obrigatório e gratuito, inclusive para os que a ele não tiveram acesso na idade própria;

II – **progressiva extensão** da obrigatoriedade e gratuidade ao **ensino médio**;

III – **atendimento** educacional **especializado** aos **portadores de deficiência**, preferencialmente na rede regular de ensino;

IV – atendimento em **creche e pré-escola** às crianças de **zero a cinco anos** de idade; (Redação dada pela Lei nº 13.306, de 2016)

V – acesso aos níveis mais elevados do ensino, da pesquisa e da criação artística, segundo a capacidade de cada um;

VI – oferta de **ensino noturno** regular, adequado às condições do **adolescente trabalhador**;

VII – atendimento no ensino fundamental, através de programas suplementares de material didático-escolar, transporte, alimentação e assistência à saúde.

§ 1º O acesso ao ensino obrigatório e gratuito é direito público subjetivo.

§ 2º O não oferecimento do ensino obrigatório pelo poder público ou sua oferta irregular importa responsabilidade da autoridade competente.

§ 3º Compete ao poder público recensear os educandos no ensino fundamental, fazer-lhes a chamada e zelar, junto aos pais ou responsável, pela frequência à escola.

1. **Direitos da criança e do adolescente em relação à educação:** o capítulo IV do Estatuto trata dos direitos a educação, cultura, esporte e lazer. Tais artigos estão em consonância com os dispositivos constitucionais que tratam dessas matérias, mais especificamente os artigos 205 e 216. O artigo 53 trata dos direitos concernentes à educação, ao passo em que o artigo 54 estabelece os deveres do Estado acerca desse direito

fundamental. São duas faces de uma mesma moeda. No campo dos direitos de crianças e adolescentes, vale destacar a alteração promovida em 2019 no inciso V do artigo 53. A redação original previa como direito infanto-juvenil o acesso à escola pública e gratuita próxima de sua residência. O dispositivo teve sua incidência ampliada para garantir que irmãos frequentem o mesmo estabelecimento de ensino, se estiverem no mesmo ciclo de ensino da educação básica. A mudança é interessante e adequada, porque torna a vida dos pais mais fácil na logística diária de levar e pegar os filhos na escola. Ter um filho em cada escola torna essa rotina mais difícil. Daí a utilidade da modificação do dispositivo. O artigo 53-A também foi inserido no Estatuto em 2019 com o objetivo de reforçar o **discurso** público-político **contra as drogas**. Esse movimento de conscientização deve partir não só da família, mas também de escolas, clubes e agremiações recreativas. A difícil luta para afastar nossas crianças e adolescentes das drogas deve mesmo contar com o apoio de toda comunidade. O dispositivo está em linha do uma diretriz fundamental do Estatuto, prevista no artigo 4º, que estabelece que a efetivação dos direitos infanto-juvenis é dever de todos – família, comunidade e sociedade em geral.

Aplicação em concurso

- **(Secretário Escolar – Município de Sapucaia do Sul-RS – 2019 – Fundatec)**
  O Estatuto da Criança e do Adolescente prevê a eles o direito à educação, visando ao pleno desenvolvimento de sua pessoa, preparo para o exercício da cidadania e qualificação para o trabalho, assegurando-lhes:

  I. Igualdade de condições para o acesso e permanência na escola.

  II. Direito de contestar critérios avaliativos, podendo recorrer às instâncias escolares superiores.

  III. Acesso à escola pública e gratuita, próxima de sua residência, garantindo-se vagas no mesmo estabelecimento a irmãos que frequentem a mesma etapa ou ciclo de ensino da educação básica.

  Quais estão corretas?

  A) Apenas I.

  B) Apenas II.

  C) Apenas III.

  D) Apenas I e III.

  E) I, II e III.

  Gabarito: letra E.

2. **Deveres do Estado em relação à educação:** a exigência legal de ensino fundamental deve alcançar não apenas crianças e adolescentes na idade correta, mas também aqueles que não tiveram a oportunidade de estudar no tempo ideal (art. 54, I). Importante notar a distinção feita pelo Estatuto entre o ensino fundamental e o ensino médio. Ambos são deveres do Estado, mas o primeiro (ensino fundamental) é obrigatório, ao passo em que o segundo (ensino médio) é progressivamente obrigatório. Vale a ponderação de que o Estatuto é de 1990, período em que o Brasil ainda buscava estabilidade financeira e econômica – a maioria dos entes políticos estava endividada e sem condições de investir maciçamente em educação. Nesse contexto, o Estatuto fez a opção política – a nosso ver acertada – de exigir a **universalização do ensino na base**, ou seja, no ensino fundamental. A expansão da rede no ensino médio deveria ocorrer progressivamente. Isso, contudo, foi a mais de duas décadas atrás. Parece-nos que hoje se deve exigir do Estado a plena prestação dos serviços educacionais também no ensino médio.

   Além disso, a prestação de ensino a pessoas com deficiência deve ser realizada preferencialmente na rede regular de ensino como forma de inclusão social (art. 54, III).

   A previsão do § 2º do art. 54 demonstra o compromisso do Estatuto (e da Constituição da República) com o ensino, ao responsabilizar a autoridade competente pelo não-oferecimento de ensino público obrigatório. Vale ressaltar a divisão de competências constitucionais relativas ao ensino, mencionadas nos parágrafos do art. 211. Aos municípios compete a atuação prioritária no ensino fundamental e na educação infantil (CR, art. 211, § 2º). Estados e o distrito federal devem voltar-se aos ensinos fundamental e médio (§ 3º). Por fim, à União toca a organização e o financiamento do sistema federal de ensino, bem como a função redistributiva e supletiva em matéria educacional, voltada a se obter um padrão mínimo de qualidade no ensino (§ 1º). Contra as omissões do Poder Público em relação à educação, é cabível ação civil pública, a ser proposta por seus legitimados, mormente Ministério Público e Defensoria Pública (art. 5º, Lei 7.347/85) com o objetivo de implementar as diretrizes constitucionais e legais – a apuração de responsabilidade compete exclusivamente ao Ministério Público, e não à Defensoria Pública –, pois ensino obrigatório e gratuito é direito público subjetivo da criança e do adolescente (art. 54, § 1º), inclusive no que tange ao **ensino noturno** para o **adolescente trabalhador** (art. 54, VI).

3. **Direito à creche e princípio da reserva do possível – posição do STJ:** o Superior Tribunal de Justiça apreciou caso que tratava a construção

de creches em que o Poder Público se furtava ao cumprimento de seu dever sob o argumento da reserva do possível. A Corte entendeu que compete ao ente político a demonstração efetiva da inviabilidade orçamentária, não sendo suficiente a simples alegação vazia (AgRg no AREsp 790.767/MG, 2ª Turma, julgado em 03/12/2015).

4. **Proximidade da escola para o estudante – posição do STJ:** conforme esclareceu o STJ, a determinação do artigo 53, inciso V do Estatuto deve ser vista como um benefício para o aluno, e não uma imposição. Assim, se já matriculado em escola mais distante de sua residência, nada impede que nela permaneça: REsp 1.194.905-PR, julgado em 17/8/2010.

5. **Período integral não obrigatório – posição do STJ:** o Estado não é obrigado a fornecer vagas para todos os alunos em período integral. De fato, diversos estados têm ampliado a oferta de escolas de período integral na rede pública, mas ainda em número insuficiente para todos os interessados. Chamado a analisar a questão, o STJ entendeu que não há direito subjetivo do estudante a obter vaga em escola de período integral (RMS 59.964/PR, 2ª Turma, julgado em 26/03/2019).

6. **Competência para julgar causas envolvendo matrículas em creches e escola – posição do STJ:** em 2021 o STJ destacou que a Justiça da Infância e da Juventude possui competência absoluta para processar e julgar causas envolvendo matrícula de menores em creches ou escolas. Essa matéria foi decidida por ocasião do julgamento do **tema 1058**.

> **Art. 55.** Os **pais** ou responsável têm a **obrigação** de **matricular seus filhos** ou pupilos na rede regular de ensino.

1. **Responsabilidade dos pais que deixam de matricular o filho na escola:** conforme determina o art. 55, os pais ou responsável têm a obrigação de matricular o filho ou pupilo em rede regular de ensino. Trata-se de dever jurídico, cujo descumprimento pode caracterizar o crime de abandono intelectual, previsto no art. 246 do Código Penal. Para sanar essa grave omissão, pode-se determinar a aplicação de medida de proteção aos pais ou responsável (art. 129, inciso V).

2. **Ensino domiciliar – repercussão geral no STF:** o Supremo Tribunal Federal recebeu em regime de repercussão geral demanda que analisa a possibilidade de pais optaram pela educação em casa (*homeschooling*). A matéria está indexada como n. 822 do STF, sendo firmada a tese de que não é possível a educação em casa à luz do direito positivo bra-

sileiro (RE 888815, Relator Min. Roberto Barroso, Relator p/ Acórdão: Min. Alexandre de Moraes, Tribunal Pleno, julgado em 12/09/2018).

Art. 56. Os dirigentes de estabelecimentos de ensino fundamental **comunicarão ao Conselho Tutelar** os casos de:

I – **maus-tratos** envolvendo seus alunos;

II – **reiteração de faltas** injustificadas e de **evasão escolar**, esgotados os recursos escolares;

III – elevados níveis de **repetência**.

Art. 57. O poder público estimulará pesquisas, experiências e novas propostas relativas a calendário, seriação, currículo, metodologia, didática e avaliação, com vistas à inserção de crianças e adolescentes excluídos do ensino fundamental obrigatório.

Art. 58. No processo educacional respeitar-se-ão os valores culturais, artísticos e históricos próprios do contexto social da criança e do adolescente, garantindo-se a estes a liberdade da criação e o acesso às fontes de cultura.

Art. 59. Os municípios, com apoio dos estados e da União, estimularão e facilitarão a destinação de recursos e espaços para programações culturais, esportivas e de lazer voltadas para a infância e a juventude.

1. **Comunicação ao Conselho Tutelar:** o artigo 56 destaca que é dever dos dirigentes de estabelecimento de ensino fundamental a comunicação ao Conselho Tutelar de situação de maus-tratos, reiteração de faltas injustificadas, evasão escolar e elevado nível de repetência. O objetivo final da norma é possibilitar a proteção de integral da criança e do adolescente (art. 1º). Diante de **situação de risco**, o Conselho Tutelar é chamado a analisar a situação e poderá tomar as providências elencadas no Estatuto (art. 136, inciso III). Sua função é de extrema relevância e será analisada com mais vagar nos comentários ao Título V (Do Conselho Tutelar).

   A omissão da comunicação ao conselho tutelar em caso de maus tratos caracteriza infração administrativa por parte do dirigente do estabelecimento educacional (art. 245). É importante observar que o dispositivo legal não exige o esgotamento dos esforços da escola na busca de solução antes da comunicação ao Conselho Tutelar.

Aplicação em concurso

- **(Conselheiro Tutelar – Município de São José do Rio Preto-SP – 2019 – Vunesp)** Uma das transformações trazidas pela mobilização popular da década de 1980 foi a conquista da condição cidadã para a criança e o adolescente, promulgada no ECA. Nessa direção, o Estatuto dedica diferentes artigos na especificação dos direitos legalmente previstos. Assim, é que o ECA prevê o direito de acesso à escola pública e gratuita próxima à residência da criança ou do adolescente. Ampliando essa perspectiva, o art. 56 determina que os dirigentes de estabelecimentos de ensino fundamental comunicarão ao Conselho Tutelar, esgotados os recursos escolares, os casos de: maus-tratos envolvendo seus alunos, reiteração de faltas injustificadas e de evasão escolar, e, também,

A) incidência de baixo desempenho.

B) desrespeito ao regulamento escolar.

C) ocorrências de agressões.

D) envolvimento com drogas.

E) elevados níveis de repetência.

Gabarito: letra E.

Capítulo V
Do Direito à Profissionalização e à Proteção no Trabalho

Art. 60. É proibido qualquer **trabalho a menores de quatorze anos** de idade, **salvo** na condição de **aprendiz.**

Art. 61. A proteção ao trabalho dos adolescentes é regulada por legislação especial, sem prejuízo do disposto nesta Lei.

1. **Trabalho do adolescente – não da criança:** o capítulo V disciplina a profissionalização e o trabalho dos adolescentes. A primeira consideração a fazer é que a criança (aquela pessoa que ainda não completou 12 anos – art. 2º) não pode trabalhar. O adolescente pode trabalhar em determinadas condições.

2. **Idade mínima para trabalho:** a Constituição da República estabelece no art. 7º, inciso XXXIII, que "é proibido o trabalho noturno, perigoso ou insalubre a menores de 18 (dezoito) anos e de qualquer trabalho a menores de 16 (dezesseis) anos, salvo na condição de aprendiz, a partir de 14 (quatorze) anos." Por sua vez, o Estatuto, em consonância com a Constituição, afirma no art. 60 que "é proibido qualquer trabalho a menores de quatorze anos de idade, salvo na condição de aprendiz".

   A redação do dispositivo constitucional é mais clara, enquanto a do Estatuto pode causar confusão no leitor. Pelo artigo do Estatuto, poder-se-ia entender possível o trabalho de adolescente com menos de 14 anos de idade, desde que na condição de aprendiz. Isso por causa da expressão dúbia "menores de quatorze anos", que pode significar "aquele com menos de 14 anos". Essa, porém, não é a interpretação que se adéqua à Constituição da República. Ao se referir a "menores de quatorze anos", o Estatuto se referiu àquele que já completou 14 anos de idade.

A CLT também deixa claro que se considera trabalhador menor aquele com idade entre quatorze e dezoito anos (art. 402).

Assim, tem-se que o trabalho é possível para quem conta **14 anos de idade** na condição de **aprendiz**. A partir de 16 anos, o adolescente pode trabalhar como empregado regular, mas não pode executar trabalho noturno, perigoso ou insalubre. A partir de 18 anos, o adolescente atinge a maioridade e pode exercer qualquer tipo de trabalho.

Idade	Trabalho
Menor de 14 anos	Não pode exercer nenhum trabalho
De 14 completos a 16 anos incompletos	Trabalho apenas na condição de aprendiz
De 16 completos a 18 incompletos	Pode trabalhar regularmente, exceto no período noturno ou função perigosa ou insalubre
A partir de 18 anos	Atinge a maioridade e pode exercer qualquer tipo de trabalho

Aplicação em concurso

- **(Técnico em Assuntos Educacionais – IF-PE – 2019)** Estimulada por necessidades financeiras e também por sua formação acadêmica e profissional em andamento no IFPE, Fernanda, estudante de um Curso Técnico Integrado, tem demonstrado interesse em conseguir um trabalho. Considerando que Fernanda tem 15 anos de idade, avalie a situação da estudante, de acordo com as disposições da Lei nº 8.069, de 13 de julho de 1990 (Estatuto da Criança e do Adolescente), e marque a alternativa CORRETA para o caso.

  A) Fernanda poderá trabalhar, inclusive em jornada considerada noturna nos termos da lei, para que seja priorizado o horário escolar da estudante.

  B) Fernanda poderá exercer qualquer espécie de trabalho, desde que não haja incompatibilidade com seus horários de estudos.

  C) Fernanda poderá exercer qualquer tipo de trabalho, desde que o seu ofício respeite a condição peculiar da pessoa em desenvolvimento, embora não lhe sejam garantidos direitos trabalhistas ou previdenciários.

D) Fernanda não poderá exercer qualquer trabalho por não possuir capacidade civil para esse fim, uma vez que tem menos de 18 anos de idade.

E) Fernanda poderá trabalhar, na condição de aprendiz, respeitadas sua condição peculiar de pessoa em desenvolvimento e sua capacitação profissional adequada ao mercado de trabalho.

Gabarito: letra E.

3. **Trabalho do adolescente na CLT:** os artigos 402 a 441 da CLT disciplinam o trabalho desenvolvido pelo adolescente.

Art. 62. Considera-se aprendizagem a formação técnico-profissional ministrada segundo as diretrizes e bases da legislação de educação em vigor.

Art. 63. A formação técnico-profissional obedecerá aos seguintes **princípios**:

I – garantia de acesso e **frequência obrigatória ao ensino regular**;

II – atividade compatível com o desenvolvimento do adolescente;

III – horário especial para o exercício das atividades.

Art. 64. Ao adolescente até quatorze anos de idade é assegurada **bolsa de aprendizagem**.

Art. 65. Ao adolescente aprendiz, maior de quatorze anos, são assegurados os direitos trabalhistas e previdenciários.

Art. 66. Ao adolescente portador de deficiência é assegurado trabalho protegido.

Art. 67. Ao adolescente empregado, aprendiz, em regime familiar de trabalho, aluno de escola técnica, assistido em entidade governamental ou não-governamental, é **vedado trabalho**:

I – **noturno**, realizado entre as vinte e duas horas de um dia e as cinco horas do dia seguinte;

II – **perigoso, insalubre ou penoso**;

III – realizado em locais prejudiciais à sua formação e ao seu desenvolvimento físico, psíquico, moral e social;

IV – realizado em horários e locais que não permitam a frequência à escola.

Art. 68. O programa social que tenha por base o trabalho educativo, sob responsabilidade de entidade governamental ou não-governamental sem fins lucrativos, deverá assegurar ao adolescente que dele participe condições de capacitação para o exercício de atividade regular remunerada.

§ 1º Entende-se por trabalho educativo a atividade laboral em que as exigências pedagógicas relativas ao desenvolvimento pessoal e social do educando prevalecem sobre o aspecto produtivo.

§ 2º A remuneração que o adolescente recebe pelo trabalho efetuado ou a participação na venda dos produtos de seu trabalho não desfigura o caráter educativo.

Art. 69. O adolescente tem direito à profissionalização e à proteção no trabalho, observados os seguintes aspectos, entre outros:

I – respeito à condição peculiar de pessoa em desenvolvimento;

II – capacitação profissional adequada ao mercado de trabalho.

1. **Aprendizagem:** o conceito de aprendizagem do art. 62 guarda relação com o art. 428 da CLT, que disciplina o contrato de aprendizagem.
2. **Princípios da formação técnico-profissional:** o artigo 63 estabelece três princípios vetores na realização do trabalho pelo adolescente: acesso e frequência ao ensino regular; desempenho de atividade compatível com o adolescente; e realização do trabalho em horário especial.
3. **Direitos trabalhistas e previdenciários:** a condição de aprendiz do adolescente não lhe subtrai direitos trabalhistas e previdenciários (art. 65).
4. **Conceito de trabalho educativo e remuneração:** questão importante a ser destacada diz respeito ao conceito de trabalho educativo, que significa a "atividade laboral em que as exigências pedagógicas relativas ao desenvolvimento pessoal e social do educando prevalecem sobre o aspecto produtivo" (art. 68, § 1º). Além disso, a remuneração percebida pelo adolescente não descaracteriza o caráter educativo (§ 2º).

Aplicação em concurso

- **(Cespe – Promotor de Justiça – MPE – AP/2021)** A Constituição Federal de 1988 e o ECA conferem especial proteção ao trabalhador adolescente. Com relação às vedações legais, é correto afirmar que ao adolescente é vedado o trabalho

  A) noturno, realizado entre as vinte horas de um dia e as seis horas do dia seguinte.

  B) a menores de dezesseis anos de idade, salvo na condição de aprendiz, a partir de doze anos de idade.

  C) perigoso, insalubre ou penoso aos maiores de quatorze anos de idade, salvo se assegurado o fornecimento de equipamento de proteção individual (EPI).

D) realizado em locais prejudiciais à formação e ao desenvolvimento físico, psíquico, moral e social.

E) realizado em local distante da escola frequentada pelo adolescente.

Gabarito: letra D.

Título III
Da Prevenção

Capítulo I
Disposições Gerais

Art. 70. É dever de todos prevenir a ocorrência de ameaça ou violação dos direitos da criança e do adolescente.

Art. 70-A. A União, os Estados, o Distrito Federal e os Municípios deverão atuar de forma articulada na elaboração de políticas públicas e na execução de ações destinadas a coibir o uso de castigo físico ou de tratamento cruel ou degradante e difundir formas não violentas de educação de crianças e de adolescentes, tendo como principais ações: (Incluído pela Lei nº 13.010, de 2014)

I – a promoção de campanhas educativas permanentes para a divulgação do direito da criança e do adolescente de serem educados e cuidados sem o uso de castigo físico ou de tratamento cruel ou degradante e dos instrumentos de proteção aos direitos humanos; (Incluído pela Lei nº 13.010, de 2014)

II – a integração com os órgãos do Poder Judiciário, do Ministério Público e da Defensoria Pública, com o Conselho Tutelar, com os Conselhos de Direitos da Criança e do Adolescente e com as entidades não governamentais que atuam na promoção, proteção e defesa dos direitos da criança e do adolescente; (Incluído pela Lei nº 13.010, de 2014)

III – a formação continuada e a capacitação dos profissionais de saúde, educação e assistência social e dos demais agentes que atuam na promoção, proteção e defesa dos direitos da criança e do adolescente para o desenvolvimento das competências necessárias à prevenção, à identificação de evidências, ao diagnóstico e ao enfrentamento de todas as formas de violência contra a criança e o adolescente; (Incluído pela Lei nº 13.010, de 2014)

IV – o apoio e o incentivo às práticas de resolução pacífica de conflitos que envolvam violência contra a criança e o adolescente; (Incluído pela Lei nº 13.010, de 2014)

V – a inclusão, nas políticas públicas, de ações que visem a garantir os direitos da criança e do adolescente, desde a atenção pré-natal, e de atividades junto aos pais e responsáveis com o objetivo de promover a informação, a reflexão, o debate e a orientação sobre alternativas ao uso de castigo físico ou de tratamento cruel ou degradante no processo educativo; (Incluído pela Lei nº 13.010, de 2014)

VI – a promoção de espaços intersetoriais locais para a articulação de ações e a elaboração de planos de atuação conjunta focados nas famílias em situação de violência, com participação de profissionais de saúde, de assistência social e de educação e de órgãos de promoção, proteção e defesa dos direitos da criança e do adolescente. (Incluído pela Lei nº 13.010, de 2014)

Parágrafo único. As famílias com crianças e adolescentes com deficiência terão prioridade de atendimento nas ações e políticas públicas de prevenção e proteção. (Incluído pela Lei nº 13.010, de 2014)

Art. 70-B. As entidades, públicas e privadas, que atuem nas áreas a que se refere o art. 71, dentre outras, devem contar, em seus quadros, com pessoas capacitadas a reconhecer e comunicar ao Conselho Tutelar suspeitas ou casos de maus-tratos praticados contra crianças e adolescentes. (Incluído pela Lei nº 13.046, de 2014)

Parágrafo único. São igualmente responsáveis pela comunicação de que trata este artigo, as pessoas encarregadas, por razão de cargo, função, ofício, ministério, profissão ou ocupação, do cuidado, assistência ou guarda de crianças e adolescentes, punível, na forma deste Estatuto, o injustificado retardamento ou omissão, culposos ou dolosos. (Incluído pela Lei nº 13.046, de 2014)

Art. 71. A criança e o adolescente têm direito a informação, cultura, lazer, esportes, diversões, espetáculos e produtos e serviços que respeitem sua condição peculiar de pessoa em desenvolvimento.

Art. 72. As obrigações previstas nesta Lei não excluem da prevenção especial outras decorrentes dos princípios por ela adotados.

Art. 73. A inobservância das normas de prevenção importará em responsabilidade da pessoa física ou jurídica, nos termos desta Lei.

1. **Comentários:** o presente Título III trata da prevenção à violação de direitos da criança e do adolescente (art. 70). Além desse dever genérico de proteção, o artigo 70-A a prevê um dever específico de proteção contra o uso de castigo físico ou de tratamento cruel ou degradante, bem como a necessidade de difundir formas não violentas de educação de crianças e de adolescentes.

   De forma a complementar as disposições gerais sobre o dever de prevenção contra violação ou ameaça de violação dos direitos de crianças e adolescentes, o artigo 70-B ao Estatuto. O objetivo é prever a necessidade de que as pessoas que trabalhem em áreas ligadas a informação, cultura, lazer, esportes, diversões, espetáculos e produtos e serviços tenham treinamento adequado para que possam reconhecer os casos ou suspeitas de maus-tratos. Detectada a violação, o profissional deve efetuar a comunicação ao Conselho Tutelar. Na forma do parágrafo único, esse dever de comunicação se estende a pessoas encarregadas do cuidado, assistência ou guarda de crianças e adolescentes.

A prevenção **não se esgota** nesse título específico, pois há inúmeros dispositivos do Estatuto que objetivam a prevenção de direitos infanto-juvenis, como, por exemplo, o art. 56, inciso I, que obriga os dirigentes de estabelecimento de ensino a comunicar casos de maus-tratos ao conselho tutelar.

A violação de normas referentes à prevenção acarreta a responsabilização de pessoas físicas e jurídicas. Em caso de violação com desdobramentos penais (prática de crimes e infrações administrativas), compete ao Ministério Público a persecução e apuração das responsabilidades. Por outro lado, no que tange aos aspectos cíveis, referentes à violação de direitos difusos coletivos, sanáveis através de ações coletivas, quaisquer de seus legitimados pode atuar, dentre os quais temos o próprio Ministério Público e a Defensoria Pública (art. 5º, Lei n. 7.347/85). Exemplo de violação de direitos da criança e do adolescente a ser combatido pelo Ministério Público, pela Defensoria Pública, ou por outro ente legitimado para ação civil pública, é a falta de ensino público gratuito e obrigatório, pois se trata de direito púbico subjetivo (art. 54, § 1º).

Capítulo II
Da Prevenção Especial

1. **Conteúdo da prevenção especial:** o presente capítulo trata de três assuntos ligados à proteção dos direitos das crianças e adolescentes, a saber:

– regulação de diversões e espetáculos públicos;

– proibição de adquirir determinados produtos e serviços; e

– autorização para viajar.

Seção I
Da Informação, Cultura, Lazer, Esportes, Diversões e Espetáculos

Art. 74. O **poder público**, através do órgão competente, **regulará as diversões e espetáculos públicos**, informando sobre a natureza deles, as faixas etárias a que não se recomendem, locais e horários em que sua apresentação se mostre inadequada.

Parágrafo único. Os responsáveis pelas diversões e espetáculos públicos deverão afixar, em lugar visível e de fácil acesso, à entrada do local de exibição, informação destacada sobre a natureza do espetáculo e a faixa etária especificada no certificado de classificação.

Art. 75. Toda criança ou adolescente terá acesso às diversões e espetáculos públicos classificados como **adequados à sua faixa etária**.

Parágrafo único. As crianças **menores de dez anos** somente poderão ingressar e permanecer nos locais de apresentação ou exibição quando acompanhadas dos pais ou responsável.

Art. 76. As emissoras de rádio e televisão somente exibirão, no horário recomendado para o público infanto juvenil, programas com finalidades educativas, artísticas, culturais e informativas.

Parágrafo único. Nenhum espetáculo será apresentado ou anunciado sem aviso de sua classificação, antes de sua transmissão, apresentação ou exibição.

Art. 77. Os proprietários, diretores, gerentes e funcionários de empresas que explorem a venda ou aluguel de fitas de programação em vídeo cuidarão para que não haja venda ou locação em desacordo com a classificação atribuída pelo órgão competente.

Parágrafo único. As fitas a que alude este artigo deverão exibir, no invólucro, informação sobre a natureza da obra e a faixa etária a que se destinam.

1. **Classificação etária – infrações administrativas:** os artigos 75, 76, 77 disciplinam o acesso de crianças e adolescentes a diversões e espetáculos, programas de rádio e televisão e videolocadoras compatíveis com sua faixa etária. A violação dessas determinações pode caracterizar as infrações administrativas previstas nos artigos 254, 255, 256 e 258.

Aplicação em concurso

- **(Conselheiro Tutelar – Município de São José do Rio Preto-SP – 2019 – Vunesp)** O acesso de crianças e adolescentes a diversões e espetáculos públicos é regulado pelo poder público, por meio de órgão competente. Em determinadas condições, toda criança ou adolescente terá acesso às diversões e aos espetáculos públicos classificados como adequados à sua faixa etária. O parágrafo único do art. 75 do ECA determina que as crianças menores de dez anos somente poderão ingressar e permanecer nos locais de apresentação ou exibição

  A) se autorizadas pelo Ministério Público.

  B) desde que o espetáculo aborde conteúdo curricular.

  C) que possuam alvarás sanitário e de funcionamento.

  D) quando acompanhadas dos pais ou responsável.

  E) que respeite a capacidade de lotação.

  Gabarito: letra D.

Art. 78. As revistas e publicações contendo material impróprio ou inadequado a crianças e adolescentes deverão ser comercializadas em embalagem lacrada, com a advertência de seu conteúdo.

Parágrafo único. As editoras cuidarão para que as capas que contenham mensagens pornográficas ou obscenas sejam protegidas com embalagem opaca.

Art. 79. As revistas e publicações destinadas ao público infanto-juvenil não poderão conter ilustrações, fotografias, legendas, crônicas ou anúncios de bebidas alcoólicas, tabaco, armas e munições, e deverão respeitar os valores éticos e sociais da pessoa e da família.

Art. 80. Os responsáveis por estabelecimentos que explorem comercialmente bilhar, sinuca ou congênere ou por casas de jogos, assim entendidas as que realizem apostas, ainda que eventualmente, cuidarão para que não seja permitida a entrada e a permanência de crianças e adolescentes no local, afixando aviso para orientação do público.

1. **Revistas e publicações – infrações administrativas:** em relação aos artigos 78 e 79, sua inobservância caracteriza a infração administrativa prevista no art. 257. O STJ entende que o dever imposto pelo artigo 78 *"que, em caso de descumprimento, resulta na infração do seu art. 257, não se destina apenas às editoras e ao comerciante direto, ou seja, àquele que expõe o produto ao público, abrangendo também os transportadores e distribuidores de revistas, de forma a garantir a máxima eficácia das normas protetivas."* (STJ, REsp 1584134/RJ, 1ª Turma, julgado em 20/02/2020).

2. **Proibição de ingresso e permanência em ambientes perniciosos:** o artigo 80 proíbe a entrada e permanência de crianças e adolescentes em estabelecimentos que explorem bilhar, sinuca e jogos em geral. A proibição aqui é **absoluta**, ainda que o pai ou responsável o acompanhe.

Seção II
Dos Produtos e Serviços

Art. 81. É **proibida a venda** à criança ou ao adolescente de:

I – **armas**, munições e explosivos;

II – **bebidas alcoólicas**;

III – **produtos** cujos componentes possam causar **dependência física ou psíquica** ainda que por utilização indevida;

IV – **fogos** de estampido e de artifício, exceto aqueles que pelo seu reduzido potencial sejam incapazes de provocar qualquer dano físico em caso de utilização indevida;

V – **revistas** e publicações a que alude o art. 78;

VI – **bilhetes lotéricos** e equivalentes.

Art. 82. **É proibida a hospedagem** de criança ou adolescente em hotel, motel, pensão ou estabelecimento congênere, salvo se autorizado ou acompanhado pelos pais ou responsável.

1. **Produtos e serviços proibidos a crianças e adolescentes:** o art. 81 apresenta um rol de itens que não podem ser vendidos a crianças e adolescentes. Uns são por demais óbvios, como armas e bebidas alcoólicas (incisos I e II). No entanto, vale destacar a proibição de venda de bilhetes lotéricos e equivalentes (inciso VI), cujo objetivo é **afastar crianças e adolescentes dos jogos de azar**. Por "equivalentes", termo utilizado no referido inciso, entendem-se raspadinha, tele-sena etc. Não há exceção se o jogo lotérico é federal, estadual ou de qualquer outra natureza. A vedação inclui qualquer criança ou adolescente, ou seja, aquele que tem menos de 18 anos de idade não pode comprar bilhetes lotéricos ou equivalentes.

   Dentre os produtos que podem causar dependência física ou psíquica (inciso III), inclui-se a cola de sapateiro e o cigarro. Acerca dos fogos de artifício e estampido, o Estatuto autoriza a venda a crianças e adolescentes daqueles que não possuam nenhuma potencialidade lesiva, como é o caso dos *estalinhos*.

   A venda desses produtos traz consequências previstas no Estatuto e também fora dele. Por exemplo, a venda de armas e munições consta como crime no art. 242 do Estatuto. No entanto, parece-nos que essa conduta hoje está tipificada na Lei n. 10.826/2003, o Estatuto do Desarmamento, que contém previsão semelhante:

   > Art. 16. [...]
   >
   > Pena – reclusão, de 3 a 6 anos, e multa.
   >
   > Parágrafo único. Nas mesmas penas incorre quem:
   >
   > V – vender, entregar, ou fornecer ainda que gratuitamente, arma de fogo, acessório, munição ou explosivo a criança ou adolescente

   Por se tratar de lei posterior, tem-se a revogação tácita do artigo 242. Mas atenção: esse raciocínio é útil para provas de segunda fase, dissertativas. Em caso de prova de múltipla escolha, o leitor deve focar no texto legal do artigo 242, ECA.

Em relação a fogos de artifício, o crime é do artigo 244, ECA.

2. **Venda de bebida alcoólica – modificação legal:** observe-se que o artigo 81 apresenta bebida alcoólica e produtos que causam dependência em incisos diferentes (incisos II e III, respectivamente). Por sua vez, o artigo 243 do Estatuto, em sua redação original, indicava como crime apenas a venda ou fornecimento de produtos que causam dependência física, sendo omisso em relação a bebida. Disso resultou a construção de um entendimento no STJ de que a venda de bebida alcoólica a crianças e adolescentes constituía apenas a contravenção do art. 63, inciso I da LCP.

   Lei esta que revogou, também, o art. 63, I da Lei de Contravenções Penais, o qual versava sobre a contravenção de servir bebidas a menores.

3. **Hospedagem de criança ou adolescente – infração administrativa:** é vedado pelo art. 82 a hospedagem de criança ou adolescente em hotel, motel e pensão, salvo com autorização ou acompanhado de pais ou responsáveis. Claramente o objetivo da norma é o combate à prostituição infantil e à exploração sexual, crimes previstos no art. 244-A do Estatuto. Ainda que não haja o fim sexual criminoso, o estabelecimento que permite a hospedagem da criança ou adolescente sem autorização ou desacompanhada incide em infração administrativa, prevista no art. 250.

Seção III
Da Autorização para Viajar

Art. 83. Nenhuma criança ou adolescente menor de 16 (dezesseis) anos poderá viajar para fora da comarca onde reside desacompanhado dos pais ou dos responsáveis sem expressa autorização judicial. (Redação dada pela Lei nº 13.812, de 2019)

§ 1º A autorização **não será exigida** quando:

a) tratar-se de comarca contígua à da residência da criança ou do adolescente menor de 16 (dezesseis) anos, se na mesma unidade da Federação, ou incluída na mesma região metropolitana; (Redação dada pela Lei nº 13.812, de 2019)

b) a criança ou o adolescente menor de 16 (dezesseis) anos estiver acompanhado: (Redação dada pela Lei nº 13.812, de 2019)

1) de **ascendente ou colateral maior, até o terceiro grau**, comprovado documentalmente o parentesco;

2) de **pessoa maior, expressamente autorizada** pelo pai, mãe ou responsável.

§ 2º A autoridade judiciária poderá, a pedido dos pais ou responsável, conceder autorização válida por dois anos.

1. **Autorização para viajar:** importante trabalho desempenhado pela Justiça da Infância e Juventude diz respeito às autorizações para viajar. O Estatuto dá tratamento à matéria nos artigos 83 a 85, com o objetivo de combater o tráfico de crianças e também evitar seu afastamento da convivência com um dos pais ou responsáveis.

   O artigo 83 exige a **autorização judicial** para viagem de **criança ou adolescente menor de 16 anos desacompanhado** para fora da comarca onde reside. Esse dispositivo não se aplica a adolescentes.

Dispensa-se a autorização judicial para viagem da criança e adolescente menor de 16 anos (§ 1º):
– a comarca contígua à de sua residência no mesmo estado ou dentro da mesma região metropolitana; – acompanhada de ascendente ou colateral maior até terceiro grau (com documentação comprobatória do parentesco) ou pessoa maior, autorizada expressamente pelos pais ou responsável.

Aplicação em concurso

- **(Agente Educador – Município do Rio de Janeiro-RJ – 2019)** Segundo o ECA (Lei nº 8.069/90), nenhuma criança ou adolescente menor de 16 anos de idade poderá viajar para fora da comarca onde reside desacompanhado dos pais ou responsáveis, sem expressa autorização judicial, a não ser quando viajar:

  A) acompanhada de pessoa maior de idade.

  B) para comarca contígua à de sua residência, se na mesma unidade da federação, ou incluída na mesma região metropolitana.

  C) na companhia de qualquer dos ascendentes ou colaterais menores de idade.

  D) na companhia de pessoa maior de idade, bastando a autorização verbal dos pais ou responsáveis.

  Gabarito: letra B.

Art. 84. Quando se tratar de **viagem ao exterior**, a **autorização é dispensável**, se a criança ou adolescente:

I – estiver **acompanhado** de ambos os **pais ou responsável**;

II – viajar na **companhia de um** dos pais, **autorizado expressamente pelo outro** através de documento com **firma reconhecida**.

Art. 85. Sem prévia e expressa autorização judicial, nenhuma criança ou adolescente nascido em território nacional poderá sair do País em companhia de estrangeiro residente ou domiciliado no exterior.

1. **Viagem ao exterior:** a viagem ao exterior está regulada pelo artigo 84. Aqui a disciplina alcança crianças e adolescentes de qualquer idade indistintamente. Há hipóteses em que a autorização judicial não é necessária, ainda que a viagem seja ao exterior. É o que ocorre quando a criança ou adolescente viaja com um dos pais, autorizado expressamente pelo outro através de documento com firma reconhecida (art. 84, II).

Aplicação em concurso

- **(Tradutor Intérprete de Libras – IF-PR – 2019 - FAU)** O Estatuto da criança e do Adolescente, dispõe sobre a autorização para viajar, sobre o tema, assinale a alternativa CORRETA:

  A) A autoridade judiciária poderá, a pedido dos pais ou responsável, conceder autorização válida por um ano.

  B) Nenhuma criança ou adolescente menor de 16 (dezesseis) anos poderá viajar para fora da comarca onde reside desacompanhado dos pais ou dos responsáveis sem expressa autorização judicial.

  C) Nenhuma criança ou adolescente menor de 14 (quatorze) anos poderá viajar para fora da comarca onde reside desacompanhado dos pais ou dos responsáveis sem expressa autorização judicial.

  D) A criança ou adolescente nascido em território nacional poderá sair do País em companhia de estrangeiro residente no exterior.

  E) A autorização será exigida quando a criança ou o adolescente viajar para região metropolitana.

  Gabarito: letra B.

Livro II
Parte Especial

Título I
Da Política de Atendimento

Capítulo I
Disposições Gerais

Art. 86. A política de atendimento dos direitos da criança e do adolescente far-se-á através de um conjunto articulado de ações governamentais e não-governamentais, da União, dos estados, do Distrito Federal e dos municípios.

Art. 87. São **linhas de ação** da política de atendimento:

I – políticas sociais básicas;

II – serviços, programas, projetos e benefícios de assistência social de garantia de proteção social e de prevenção e redução de violações de direitos, seus agravamentos ou reincidências; (Redação dada pela Lei nº 13.257, de 2016)

III – serviços especiais de prevenção e atendimento médico e psicossocial às vítimas de negligência, maus-tratos, exploração, abuso, crueldade e opressão;

IV – serviço de identificação e localização de pais, responsável, crianças e adolescentes desaparecidos;

V – proteção jurídico-social por entidades de defesa dos direitos da criança e do adolescente.

VI – políticas e programas destinados a prevenir ou abreviar o período de afastamento do convívio familiar e a garantir o efetivo exercício do direito à convivência familiar de crianças e adolescentes; (Incluído pela Lei nº 12.010, de 2009)

VII – campanhas de estímulo ao acolhimento sob forma de guarda de crianças e adolescentes afastados do convívio familiar e à adoção, especificamente inter-racial, de crianças maiores ou de adolescentes, com necessidades específicas de saúde ou com deficiências e de grupos de irmãos. (Incluído pela Lei nº 12.010, de 2009)

1. **Política de atendimento:** conforme frisado em comentários anteriores, a consecução de políticas públicas – dentre as quais se inclui a de atendimento aos direitos da criança e do adolescente (art. 86) – compete primordialmente ao Poder Executivo, em suas esferas federal, estadual, distrital e municipal. Além disso, importante papel é desempenhado pelas entidades do terceiro setor (ONGs, fundações privadas etc.), com quem o Poder Público pode fazer parcerias para melhorar e ampliar a prestação de seus serviços. Por fim, ao Poder Legislativo, ao Ministério Público, à Defensoria Pública e à sociedade civil organizada toca a fun-

ção de fiscalizar essas atividades, cobrar melhorias, propor soluções. É através da congregação de esforços de diversos setores que se torna possível construir uma estrutura de atendimento adequada para nossas crianças e adolescentes.

2. **Política de atendimento e cadastro nacional de desaparecidos:** o artigo 87, inciso IV estabelece como política de atendimento a implantação de serviços de identificação e localização de pais, responsáveis, crianças e adolescentes desaparecidos. Nesse contexto, foi promulgada a Lei nº 12.127/2009, que criou o Cadastro Nacional de Crianças e Adolescentes Desaparecidos.

Art. 88. São diretrizes da política de atendimento:

I – municipalização do atendimento;

II – criação de conselhos municipais, estaduais e nacional dos direitos da criança e do adolescente, órgãos deliberativos e controladores das ações em todos os níveis, assegurada a participação popular paritária por meio de organizações representativas, segundo leis federal, estaduais e municipais;

III – criação e manutenção de programas específicos, observada a descentralização político-administrativa;

IV – **manutenção** de fundos nacional, estaduais e municipais vinculados aos respectivos conselhos dos direitos da criança e do adolescente;

V – integração operacional de órgãos do Judiciário, Ministério Público, Defensoria, Segurança Pública e Assistência Social, preferencialmente em um mesmo local, para efeito de agilização do atendimento inicial a adolescente a quem se atribua autoria de ato infracional;

VI – integração operacional de órgãos do Judiciário, Ministério Público, Defensoria, Conselho Tutelar e encarregados da execução das políticas sociais básicas e de assistência social, para efeito de agilização do atendimento de crianças e de adolescentes inseridos em programas de acolhimento familiar ou institucional, com vista na sua rápida reintegração à família de origem ou, se tal solução se mostrar comprovadamente inviável, sua colocação em família substituta, em quaisquer das modalidades previstas no art. 28 desta Lei; (Redação dada pela Lei nº 12.010, de 2009)

VII – mobilização da opinião pública para a indispensável participação dos diversos segmentos da sociedade. (Incluído pela Lei nº 12.010, de 2009)

VIII – especialização e formação continuada dos profissionais que trabalham nas diferentes áreas da atenção à primeira infância, incluindo os conhecimentos sobre direitos da criança e sobre desenvolvimento infantil; (Incluído pela Lei nº 13.257, de 2016)

IX – formação profissional com abrangência dos diversos direitos da criança e do adolescente que favoreça a intersetorialidade no atendimento da criança e do adolescente e seu desenvolvimento integral; (Incluído pela Lei nº 13.257, de 2016)

X – realização e divulgação de pesquisas sobre desenvolvimento infantil e sobre prevenção da violência. (Incluído pela Lei nº 13.257, de 2016)

Art. 89. A função de membro do conselho nacional e dos conselhos estaduais e municipais dos direitos da criança e do adolescente é considerada de interesse público relevante e não será remunerada.

1. **Diretriz política – municipalização do atendimento:** o artigo 88 elenca as diretrizes políticas do atendimento à criança e ao adolescente, dentre as quais está a municipalização do atendimento, ou seja, as entidades prestadoras de serviços a crianças e adolescentes devem surgir no âmbito municipal – logicamente com o auxílio técnico e financeiro do estado-membro e da União, a quem compete um papel mais ligado à coordenação. A razão de ser dessa determinação legal é o contato mais direto do município com a população, o que lhe permite atender às peculiaridades de cada localidade.

2. **Conselhos:** o artigo 88 menciona como diretriz da política de atendimento a criação de conselhos e fundos ligados aos direitos da criança e do adolescente (incisos II e IV). Dentre as suas diretrizes está a participação popular paritária. É importante observar que esses conselhos têm natureza de órgãos deliberativos e controladores – não lhes cabe a efetiva execução da política pública.

   Em âmbito nacional, funciona o Conanda – Conselho Nacional dos Direitos da Criança e do Adolescente, criado e disciplinado pela Lei nº 8.242/91, que criou também um fundo nacional específico. De acordo com o inciso VI do artigo 88, é necessária a atuação conjunta de todos os atores envolvidos no trabalho da Justiça da Infância e da Juventude – juízes, promotores, defensores públicos, membros do Conselho Tutelar etc. – com o objetivo de reduzir o tempo de permanência de crianças e adolescentes em programas de acolhimento, seja com seu retorno à família natural, seja com a colocação em família substituta.

   Por fim, vale destacar que o artigo 89 estabelece que a função de membro dos conselhos, embora relevante, não é remunerada.

3. **Integração operacional:** por sua vez, o inciso V do artigo 88 trata da necessidade de integração operacional entre os diferentes atores da tutela infanto-juvenil - Judiciário, MP, Defensoria, Segurança Pública e Assistência Social. Para dar concretude a essa determinação legal, o CNJ editou a Recomendação n. 87/2020, pela qual se recomenda a criação

dos Núcleos de Atendimento Integrado (NAI) para atendimento eficaz e proteção absoluta dos direitos de crianças e adolescentes.

Aplicação em concurso

- **(Analista legislativo – Assistente social – Assembleia Legislativa – AP – FCC – 2020)** Será realizada uma audiência pública na Assembleia Legislativa para discussão de um projeto de lei que trata da política estadual de atendimento à criança e ao adolescente. Com base no Estatuto da Criança e do Adolescente, deve ser considerada como diretriz dessa política a

  A) municipalização e regionalização do atendimento, conforme a complexidade do caso, mas considerando que a prerrogativa da gestão é sempre responsabilidade da esfera estadual.

  B) criação do conselho estadual dos direitos da criança e do adolescente como órgão consultivo, assegurada a participação de crianças, adolescentes, jovens, trabalhadores da área, representantes de prestadores de serviços e do Poder Público.

  C) garantia de recursos orçamentários para a manutenção de programas específicos para a criança e adolescente, observada a centralização político-administrativa, respeitando os princípios da Administração pública, de legalidade, moralidade, impessoalidade, finalidade, publicidade, eficiência e razoabilidade.

  D) manutenção do fundo estadual dos direitos da criança e do adolescente vinculado ao respectivo conselho estadual dos direitos da criança e do adolescente.

  E) garantia de recursos orçamentários para a viabilização da remuneração de membros da sociedade civil que comporão o conselho estadual dos direitos da criança e do adolescente, já que essa função é considerada, sob os preceitos legais, como atividade de interesse público.

  Gabarito: letra D.

Capítulo II
Das Entidades de Atendimento

Seção I
Disposições Gerais

Art. 90. As entidades de atendimento são responsáveis pela manutenção das próprias unidades, assim como pelo planejamento e execução de programas de proteção e sócio-educativos destinados a crianças e adolescentes, em regime de:

I – orientação e apoio **sócio-familiar**;

II – apoio **sócio-educativo** em meio aberto;

III – colocação familiar;

IV – **acolhimento institucional**; (Redação dada pela Lei nº 12.010, de 2009)

V – prestação de serviços à comunidade; (Redação dada pela Lei nº 12.594, de 2012)

VI – liberdade assistida; (Redação dada pela Lei nº 12.594, de 2012)

VII – semiliberdade; e (Redação dada pela Lei nº 12.594, de 2012)

VIII – internação. (Redação dada pela Lei nº 12.594, de 2012)

§ 1º As entidades **governamentais e não governamentais** deverão proceder à **inscrição** de seus programas, especificando os regimes de atendimento, na forma definida neste artigo, **no Conselho Municipal** dos Direitos da Criança e do Adolescente, o qual manterá registro das inscrições e de suas alterações, do que fará comunicação ao Conselho Tutelar e à autoridade judiciária. (Incluído pela Lei nº 12.010, de 2009)

§ 2º Os recursos destinados à implementação e manutenção dos programas relacionados neste artigo serão previstos nas dotações orçamentárias dos órgãos públicos encarregados das áreas de Educação, Saúde e Assistência Social, dentre outros, observando-se o princípio da prioridade absoluta à criança e ao adolescente preconizado pelo *caput* do art. 227 da Constituição Federal e pelo *caput* e parágrafo único do art. 4º desta Lei. (Incluído pela Lei nº 12.010, de 2009)

§ 3º Os programas em execução serão **reavaliados** pelo Conselho Municipal dos Direitos da Criança e do Adolescente, no máximo, **a cada 2 (dois) anos**, constituindo-se critérios para renovação da autorização de funcionamento: (Incluído pela Lei nº 12.010, de 2009)

I – o efetivo respeito às regras e princípios desta Lei, bem como às resoluções relativas à modalidade de atendimento prestado expedidas pelos Conselhos de Direitos da Criança e do Adolescente, em todos os níveis; (Incluído pela Lei nº 12.010, de 2009)

II – a qualidade e eficiência do trabalho desenvolvido, atestadas pelo Conselho Tutelar, pelo Ministério Público e pela Justiça da Infância e da Juventude; (Incluído pela Lei nº 12.010, de 2009)

III – em se tratando de programas de acolhimento institucional ou familiar, serão considerados os índices de sucesso na reintegração familiar ou de adaptação à família substituta, conforme o caso. (Incluído pela Lei nº 12.010, de 2009)

1. **Entidades de atendimento:** o artigo 90 inicia a disciplina do Capítulo do Estatuto referente às entidades de atendimento. Na Lei n. 12.594/2012, as entidades de atendimento estão reguladas nos artigos 9º a 17. É importante realizar a leitura conjunta de ambos os diplomas legais.
2. **Entidades de atendimento para medidas em meio aberto:** as entidades de atendimento podem se ocupar dos adolescentes aos quais tenha sido imposta a medida de prestação de serviços à comunidade. A esse respeito, houve regulação pelo Sinase – Sistema Nacional de atendimento Socioeducativo –, instituído pela Lei n. 12.594/2012. Os programas de prestação de serviços à comunidade e de liberdade assistida devem credenciar orientadores, para avaliar e acompanhar o cumprimento das medidas, bem como entidades para o desempenho das atividades, tais como hospitais e escolas. A matéria está regulada nos artigos 13 e 14 da Lei do Sinase.
3. **Obrigatoriedade de inscrição dos programas no Conselho Municipal:** o § 1º estabelece que todos os programas de atendimento devem ser inscritos no Conselho Municipal dos Direitos da Criança e do Adolescente. A exigência aqui abrange ambas as entidades governamentais e não-governamentais.
4. **Reavaliação das entidades de atendimento:** os programas das entidades de atendimento devem ser reavaliados, no máximo, a cada 2 anos, pelo Conselho Municipal dos Direitos da Criança e do Adolescente, sendo que o § 3º do artigo 90 estabelece critérios para orientar a avaliação, a saber:
   - efetivo respeito às diretrizes do Estatuto e dos Conselhos de Direitos;
   - qualidade e eficiência do trabalho;
   - índice de sucesso em reintegração familiar ou adaptação à família substituta, quando se tratar de programa de acolhimento.

Art. 91. As entidades não-governamentais somente poderão funcionar depois de registradas no Conselho Municipal dos Direitos da Criança e do Adolescente, o qual comunicará o registro ao Conselho Tutelar e à autoridade judiciária da respectiva localidade.

§ 1º Será negado o registro à entidade que: (Incluído pela Lei nº 12.010, de 2009)

a) não ofereça instalações físicas em condições adequadas de habitabilidade, higiene, salubridade e segurança;

b) não apresente plano de trabalho compatível com os princípios desta Lei;

c) esteja irregularmente constituída;

d) tenha em seus quadros pessoas inidôneas;

e) não se adequar ou deixar de cumprir as resoluções e deliberações relativas à modalidade de atendimento prestado expedidas pelos Conselhos de Direitos da Criança e do Adolescente, em todos os níveis. (Incluída pela Lei nº 12.010, de 2009)

§ 2º O registro terá validade máxima de 4 (quatro) anos, cabendo ao Conselho Municipal dos Direitos da Criança e do Adolescente, periodicamente, reavaliar o cabimento de sua renovação, observado o disposto no § 1º deste artigo. (Incluído pela Lei nº 12.010, de 2009)

1. **Registro de entidades não-governamentais:** o artigo 91 trata do registro de entidades não-governamentais para o exercício de suas atividades. De acordo com a alínea "e" do § 1º, a entidade terá seu pedido de registro negado se não obedecer às diretrizes fixadas pelo Conselho de Direitos da Criança e do Adolescente.

   Além disso, o § 2º fixa prazo de validade de 4 anos para o registro, que pode ser renovado, desde que a entidade demonstre que continua a preencher os requisitos legais para sua atuação.

Art. 92. As entidades que desenvolvam programas de acolhimento familiar ou institucional deverão adotar os seguintes **princípios**: (Redação dada pela Lei nº 12.010, de 2009)

I – **preservação dos vínculos familiares** e promoção da reintegração familiar; (Redação dada pela Lei nº 12.010, de 2009)

II – **integração em família substituta**, quando esgotados os recursos de manutenção na família natural ou extensa; (Redação dada pela Lei nº 12.010, de 2009)

III – atendimento personalizado e em pequenos grupos;

IV – desenvolvimento de atividades em regime de co-educação;

V – **não desmembramento de grupos de irmãos**;

VI – evitar, sempre que possível, a transferência para outras entidades de crianças e adolescentes abrigados;

VII – participação na vida da comunidade local;

VIII – preparação gradativa para o desligamento;

IX – participação de pessoas da comunidade no processo educativo.

§ 1º O **dirigente de entidade** que desenvolve programa de acolhimento institucional é equiparado ao **guardião**, para todos os efeitos de direito. (Incluído pela Lei nº 12.010, de 2009)

§ 2º Os dirigentes de entidades que desenvolvem programas de acolhimento familiar ou institucional remeterão à autoridade judiciária, no máximo a cada 6 (seis) meses, relatório circunstanciado acerca da situação de cada criança ou adolescente acolhido e sua família, para fins da reavaliação prevista no § 1º do art. 19 desta Lei. (Incluído pela Lei nº 12.010, de 2009)

§ 3º Os entes federados, por intermédio dos Poderes Executivo e Judiciário, promoverão conjuntamente a permanente qualificação dos profissionais que atuam direta ou indiretamente em programas de acolhimento institucional e destinados à colocação familiar de crianças e adolescentes, incluindo membros do Poder Judiciário, Ministério Público e Conselho Tutelar. (Incluído pela Lei nº 12.010, de 2009)

§ 4º Salvo determinação em contrário da autoridade judiciária competente, as entidades que desenvolvem programas de acolhimento familiar ou institucional, se necessário com o auxílio do Conselho Tutelar e dos órgãos de assistência social, estimularão o contato da criança ou adolescente com seus pais e parentes, em cumprimento ao disposto nos incisos I e VIII do *caput* deste artigo. (Incluído pela Lei nº 12.010, de 2009)

§ 5º As entidades que desenvolvem programas de acolhimento familiar ou institucional somente poderão receber recursos públicos se comprovado o atendimento dos princípios, exigências e finalidades desta Lei. (Incluído pela Lei nº 12.010, de 2009)

§ 6º O descumprimento das disposições desta Lei pelo dirigente de entidade que desenvolva programas de acolhimento familiar ou institucional é causa de sua destituição, sem prejuízo da apuração de sua responsabilidade administrativa, civil e criminal. (Incluído pela Lei nº 12.010, de 2009)

§ 7º Quando se tratar de criança de 0 (zero) a 3 (três) anos em acolhimento institucional, dar-se-á especial atenção à atuação de educadores de referência estáveis e qualitativamente significativos, às rotinas específicas e ao atendimento das necessidades básicas, incluindo as de afeto como prioritárias. (Incluído pela Lei nº 13.257, de 2016)

1. **Acolhimento institucional ou familiar:** os dois primeiros incisos do artigo 92 reafirmam a diretriz do Estatuto de forma mais enfática, que é a prioridade pela preservação dos vínculos familiares naturais, através

do trabalho junto a todos os membros da família, com o objetivo de **reintegrar** a criança ou adolescente – somente quando esgotadas essas tentativas, é que se deve buscar a família substituta.

Através do § 2º do artigo 92, foi estabelecida a obrigação de envio de relatórios à autoridade judiciária sobre a situação de cada criança ou adolescente e de sua família, no máximo, a cada 6 meses. Esse dispositivo faz menção ao artigo 19, § 1º, cuja redação foi modificada para reduzir o prazo de afastamento para 3 meses. Assim, a partir de uma interpretação sistemática, parece-me que atualmente as entidades devem enviar os relatórios a cada 3 meses.

O período de permanência da criança ou adolescente em programa de acolhimento institucional ou familiar não impede, por si só, o direito de visitação de pais e parentes. Pelo contrário, o contato com sua família deve ser estimulado, pois o que se busca – sempre prioritariamente – é a reintegração à família natural. Essa norma do § 4º do artigo 92 é a mesma contida para a guarda, no artigo 33, § 4º.

Aplicação em concurso

- **(Conselheiro Tutelar – Município de Sorocaba-SP – 2019 – Vunesp)** As antigas instituições chamadas orfanatos, reformatórios e educandários eram caracterizadas pela internação de centenas de crianças, muitas delas ali permanecendo até a maioridade. Esse recolhimento era sustentado pela ideia de que as famílias pobres não tinham condições de cuidar de seus filhos, devendo, portanto, entregá-los aos cuidados do Estado. A partir do ECA, o acolhimento institucional de crianças e adolescentes passou a ser medida protetiva. De acordo com o art. 92 (I) do Estatuto, as entidades que desenvolvem programas de acolhimento familiar ou institucional devem adotar entre os seus princípios a preservação dos vínculos familiares e

  A) estímulo à adoção precoce.

  B) recâmbio entre entidades.

  C) formação para o trabalho.

  D) promoção da reintegração familiar.

  Gabarito: letra D.

2. **Guarda e dirigente de programa de acolhimento institucional:** o parágrafo 1º do artigo 92 estabelece uma modalidade peculiar de guarda, que decorre não da sentença judicial, mas do múnus público decorrente do cargo exercido pela pessoa. Por ser equiparado ao guardião, o dirigente tem a obrigação de prestar assistência material, moral e educacional à criança ou adolescente, e pode opor-se a terceiros, inclusive aos pais (art. 33).

3. **Atenção especial de 0 a 3 anos:** o parágrafo 7º do artigo 92 destaca a necessidade de atenção especial para crianças de até 3 anos, que devem receber atenção especial de educadores estáveis e de boa qualidade, com foco no afeto.

4. **Acolhimento em caso de dúvida sobre paternidade – impossibilidade – posição do STJ:** a Corte examinou caso em que o juízo de primeiro grau havia determinado o acolhimento institucional de bebê de poucos meses de vida, porque havia dúvida sobre a paternidade. No entender do STJ, a medida foi teratológica, porque a criança estava sendo bem cuidada pelo pai registral e sua esposa, o que afasta a necessidade de acolhimento como medida de proteção (HC 503.125/SP, 3ª Turma, julgado em 21/05/2019).

Art. 93. As entidades que mantenham programa de acolhimento institucional poderão, em caráter excepcional e de urgência, acolher crianças e adolescentes sem prévia determinação da autoridade competente, fazendo **comunicação** do fato em até **24 (vinte e quatro) horas** ao Juiz da Infância e da Juventude, sob pena de responsabilidade. (Redação dada pela Lei nº 12.010, de 2009)

Parágrafo único. Recebida a comunicação, a autoridade judiciária, ouvido o Ministério Público e se necessário com o apoio do Conselho Tutelar local, tomará as medidas necessárias para promover a imediata reintegração familiar da criança ou do adolescente ou, se por qualquer razão não for isso possível ou recomendável, para seu encaminhamento a programa de acolhimento familiar, institucional ou a família substituta, observado o disposto no § 2º do art. 101 desta Lei. (Incluído pela Lei nº 12.010, de 2009)

1. **Acolhimento excepcional:** o artigo 93 trata do acolhimento excepcional de criança ou adolescente em caso de urgência. O prazo para comunicação ao Juízo da Infância e da Juventude, que era de dois dias úteis, foi reduzido para 24 horas. Diante da comunicação do acolhimento emergencial, o Juízo verificará a possibilidade de reintegração familiar – este é preferencial – ou a necessidade, excepcional, de inserção em programa de acolhimento familiar, institucional ou família substituta.

Aplicação em concurso

- **(FGV – Juiz de Direito – TJ – PR/2021)** Jennifer é mãe de Pablo, de 6 anos, sendo o genitor desconhecido. Jennifer combina com suas amigas de ir a um evento noturno no final de semana, deixando Pablo sozinho em casa. Durante a madrugada, em razão do choro intenso de Pablo, vizinhos acionam o Conselho Tutelar, que comparece ao local e aplica a medida protetiva emergencial de acolhimento institucional à criança. Na segunda-feira, após deliberação do colegiado, a Conselheira Tutelar ajuíza Representação por Infração Administrativa em face de Jennifer, com fulcro no Art. 249 da Lei n° 8.069/1990. A respeito desses fatos e considerando o disposto na Lei n° 8.069/1990, é correto afirmar que o acolhimento emergencial realizado pela Conselheira Tutelar é:

(A) incabível, porque não houve decisão judicial prévia determinando o afastamento da criança do convívio familiar;

(B) cabível, e Jennifer poderia requerer diretamente ao Ministério Público a revisão da decisão colegiada do Conselho Tutelar que decidiu pelo acolhimento de Pablo;

(C) incabível, porque não houve ajuizamento de ação contenciosa em face da genitora pelo Ministério Público;

(D) cabível, e o Conselho Tutelar possui legitimidade ativa para propor a Representação por Infração Administrativa;

(E) incabível, configurando sanção disciplinar e crime previsto na Lei n° 8.069/1990..

Gabarito: letra D.

Art. 94. As entidades que desenvolvem programas de internação têm as seguintes obrigações, entre outras:

I – **observar** os direitos e garantias de que são titulares os adolescentes;

II – **não restringir** nenhum direito que não tenha sido objeto de restrição na decisão de internação;

III – oferecer atendimento personalizado, em pequenas unidades e **grupos reduzidos**;

IV – preservar a identidade e oferecer ambiente de respeito e dignidade ao adolescente;

V – diligenciar no sentido do restabelecimento e da **preservação dos vínculos familiares**;

VI – comunicar à autoridade judiciária, periodicamente, os casos em que se mostre inviável ou impossível o reatamento dos vínculos familiares;

VII – oferecer instalações físicas em condições adequadas de habitabilidade, higiene, salubridade e segurança e os objetos necessários à higiene pessoal;

VIII – oferecer **vestuário e alimentação** suficientes e adequados à faixa etária dos adolescentes atendidos;

IX – oferecer cuidados médicos, psicológicos, odontológicos e farmacêuticos;

X – propiciar **escolarização** e **profissionalização**;

XI – propiciar atividades culturais, esportivas e de lazer;

XII – propiciar assistência religiosa àqueles que desejarem, de acordo com suas crenças;

XIII – proceder a estudo social e pessoal de cada caso;

XIV – reavaliar periodicamente cada caso, com intervalo máximo de seis meses, dando ciência dos resultados à autoridade competente;

XV – **informar**, periodicamente, o adolescente internado sobre sua **situação processual**;

XVI – comunicar às autoridades competentes todos os casos de adolescentes portadores de moléstias infecto-contagiosas;

XVII – fornecer comprovante de depósito dos pertences dos adolescentes;

XVIII – manter programas destinados ao apoio e acompanhamento de egressos;

XIX – providenciar os **documentos** necessários ao exercício da **cidadania** àqueles que não os tiverem;

XX – manter arquivo de anotações onde constem data e circunstâncias do atendimento, nome do adolescente, seus pais ou responsável, parentes, endereços, sexo, idade, acompanhamento da sua formação, relação de seus pertences e demais dados que possibilitem sua identificação e a individualização do atendimento.

§ 1º Aplicam-se, no que couber, as obrigações constantes deste artigo às entidades que mantêm programas de acolhimento institucional e familiar. (Redação dada pela Lei nº 12.010, de 2009)

§ 2º No cumprimento das obrigações a que alude este artigo as entidades utilizarão preferencialmente os recursos da comunidade.

Art. 94-A. As entidades, públicas ou privadas, que abriguem ou recepcionem crianças e adolescentes, ainda que em caráter temporário, devem ter, em seus quadros, profissionais capacitados a reconhecer e reportar ao Conselho Tutelar suspeitas ou ocorrências de maus-tratos. (Incluído pela Lei nº 13.046, de 2014)

1. **Entidade de internação e direitos do adolescente:** o artigo 94 disciplina as obrigações que competem às entidades que se ocupam da internação dos adolescentes. Sua leitura deve ser feita em paralelo com as garantias previstas nos artigos 121 a 125, que disciplinam a medida socioeducativa de internação. O descumprimento das obrigações impostas para essas

entidades viola diretamente os direitos dos adolescentes ali internados, daí o cabimento de ação civil pública pelo Ministério Público ou pela Defensoria Pública para corrigir as irregularidades das unidades de internação de adolescentes.

Na mesma linha do que indicado no artigo 70-B, a Lei n. 13.046/2014 incluiu o artigo 94-A ao Estatuto, com o objetivo de prever a necessidade de capacitação profissional daqueles que atuam em entidades de atendimento de crianças e adolescentes.

Seção II
Da Fiscalização das Entidades

Art. 95. As entidades governamentais e não-governamentais referidas no art. 90 serão **fiscalizadas** pelo Judiciário, pelo **Ministério Público** e pelos **Conselhos Tutelares.**

Art. 96. Os planos de aplicação e as prestações de contas serão apresentados ao estado ou ao município, conforme a origem das dotações orçamentárias.

1. **Fiscalização das entidades:** a fiscalização das entidades governamentais é feita pelo Judiciário, pelo Ministério Público e pelos Conselhos Tutelares (art. 95). Embora não prevista nesse rol, naturalmente a Defensoria Pública também tem legitimidade para fiscalização na medida em que tais entidades prestam serviços primordialmente a pessoas de baixo poder aquisitivo. Além disso, a Defensoria Pública é legitimada para buscar a tutela de direitos coletivos através da ação civil pública (art. 5º, Lei 7.347/85).

2. **Prestação de contas:** é preciso atentar para a diferenciação traçada pelo Estatuto nos artigos 95 e 96. A fiscalização das atividades materiais compete, nos termos do artigo 95, pelo Judiciário, pelo Ministério Público e pelos Conselhos Tutelares. Já a verificação da aplicação financeira dos recursos é feita, nos termos do artigo 96, pelos órgãos de controle do estado ou do município, conforme a origem do recurso.

Art. 97. São **medidas** aplicáveis às entidades de atendimento que descumprirem obrigação constante do art. 94, sem prejuízo da responsabilidade civil e criminal de seus dirigentes ou prepostos:

I – às entidades governamentais:

a) advertência;

b) afastamento provisório de seus dirigentes;

c) afastamento definitivo de seus dirigentes;

d) fechamento de unidade ou interdição de programa.

II – às entidades não-governamentais:

a) advertência;

b) suspensão total ou parcial do repasse de verbas públicas;

c) interdição de unidades ou suspensão de programa;

d) cassação do registro.

§ 1º Em caso de **reiteradas infrações** cometidas por entidades de atendimento, que coloquem em risco os direitos assegurados nesta Lei, deverá ser o fato comunicado ao Ministério Público ou representado perante autoridade judiciária competente para as providências cabíveis, inclusive suspensão das atividades ou dissolução da entidade. (Redação dada pela Lei nº 12.010, de 2009)

§ 2º As pessoas jurídicas de direito público e as organizações não governamentais **responderão** pelos **danos** que seus agentes causarem às crianças e aos adolescentes, caracterizado o descumprimento dos princípios norteadores das atividades de proteção específica. (Redação dada pela Lei nº 12.010, de 2009)

1. **Rol de medidas aplicáveis às entidades de atendimento:** é importante conhecer o rol de medidas aplicáveis, que é diverso para entidades governamentais e não-governamentais.
2. **Medidas aplicáveis à entidade e a seus dirigentes – posição do STJ:** o art. 97 apresenta um rol de medidas que podem ser aplicadas às entidades de atendimento que descumprem suas obrigações. Deve-se frisar que esse elenco é aplicável às entidades, e não aos dirigentes. A esses, são cabíveis as medidas previstas no art. 193, § 4º. Dessa forma, tem-se que não se pode aplicar multa à entidade, pois tal sanção traria maiores prejuízos aos beneficiários do serviço. Essa é a posição do Superior Tribunal de Justiça a respeito da matéria: REsp 489.522-SP, julgado em 19/8/2003.

Título II
Das Medidas de Proteção

Capítulo I
Disposições Gerais

Art. 98. As **medidas de proteção** à criança e ao adolescente são aplicáveis sempre que os **direitos** reconhecidos nesta Lei forem **ameaçados ou violados**:

I – por ação ou omissão da sociedade ou do Estado;

II – por falta, omissão ou abuso dos pais ou responsável;

III – em razão de sua conduta.

1. **Medidas de proteção:** o presente Título dispõe acerca das medidas de proteção aplicáveis a crianças e adolescente em situação de risco. A verificação da existência dessa situação é importante por duas razões: **(i)** aplicação de medidas específicas de proteção e **(ii)** fixação da competência do Juízo da Infância e Juventude.

Em primeiro lugar, é preciso compreender o que vem a ser situação de risco. Trata-se de hipóteses em que os direitos da criança ou adolescente estão ameaçados ou foram violados. Em outras palavras, quando se verificar que algum direito da criança ou do adolescente está ameaçado ou foi violado, tem-se a situação de risco que permite a aplicação de medidas de proteção. O objetivo das medidas de proteção, naturalmente, é sanar a violação do direito ou impedir que tal ocorra.

A referência do artigo 98 a direitos ameaçados ou violados tem relação com o princípio da inafastabilidade do controle judicial, previsto no art. 5º, inciso XXXV, da Constituição da República, segundo o qual "a lei não excluirá da apreciação do Poder Judiciário lesão ou ameaça a direito". Com a possibilidade de se buscar o Judiciário para sanar a mera ameaça ao direito, evita-se que a função desse Poder seja meramente reparatória, que atue sempre *post factum*, após a ocorrência da lesão. Conforme sempre frisado ao longo do livro, o Estatuto é voltado para a aplicação do **postulado da proteção integral**, de maneira que as medidas de proteção servem como mais um instrumento importante para tutelar de forma plena a criança e o adolescente. Por isso, é possível a aplicação de medidas de proteção quando se está diante, não só de uma violação, mas também de uma ameaça à violação do direito. É uma forma de **tutela** eminentemente **preventiva e protetiva**, extremamente importante no âmbito do Estatuto da Criança e do Adolescente.

Além disso, a ocorrência de situação de risco serve como critério de fixação de competência da Justiça da Infância e Juventude, conforme previsão do parágrafo único do artigo 148. O objetivo do dispositivo é maximizar a prestação jurisdicional à criança e ao adolescente. Diante de uma situação de risco, podem ser necessárias diferentes medidas de proteção e outras providências que precisam ser adotadas de forma coordenada e, ao concentrar a competência no Juízo da Infância e Juventude, a solução é mais eficaz.

Ao criar esse parâmetro de fixação de competência (art. 148, p.ú.), o Estatuto delimita as hipóteses que serão analisadas pelo Juízo da Infância e Juventude, não obstante algumas serem tipicamente vistas como demandas cuja competência é da vara de família. É o caso, por exemplo, de ações de guarda (alínea "a"), suprimento de consentimento para casamento ("c") e alimentos ("g").

Em outras palavras, tais demandas em geral são de competência da vara de família; se, porém, estiver caracterizada situação de risco (art. 98), então a competência é da Justiça da Infância e Juventude.

2. **Agentes:** o artigo 98 elenca os agentes responsáveis pelas lesões ou ameaças de lesões aos direitos da criança e do adolescente. São eles: a sociedade, o Estado, os pais, o responsável, a própria criança ou adolescente. Da leitura desse rol, é possível perceber como é ampla a proteção dada pelo Estatuto, pois crianças e adolescentes são protegidos até contra si próprios. Quando suas atitudes lhe são nocivas, ainda que não afetem terceiros, o Estatuto o alcança para protegê-lo. Mais uma vez se vê a materialização do conceito basilar do Estatuto, a proteção integral da criança e do adolescente. A aplicação de medidas de proteção tem lugar, por exemplo, quando a criança pratica um ato infracional, pois as medidas socioeducativas são aplicáveis apenas a adolescentes (art. 105).

   Em relação aos demais agentes, é possível relacioná-los com outros dispositivos do Estatuto. Por exemplo, para proteção dos direitos da criança e do adolescente contra atos da sociedade, são previstos crimes e infrações administrativas (arts. 225 a 258-C). Ao Estado, são impostos deveres perante crianças e adolescentes (art. 54) que, descumpridos, permitem a correção através de instrumentos de controle, como as ações individuais e coletivas, movidas pelo Ministério Público ou pela Defensoria Pública. Por sua vez, os pais e responsáveis têm o dever de sustento, guarda e educação (art. 22), cuja desobediência também traz consequências previstas no Estatuto – como a perda ou suspensão do poder familiar e a destituição do encargo de guardião ou tutor.

   Enfim, na esteira da previsão do artigo 18, *"é dever de todos velar pela dignidade da criança e do adolescente, pondo-os a salvo de qualquer tratamento desumano, violento, aterrorizante, vexatório ou constrangedor"*. E, diante de situação concreta de ameaça ou violação a direitos da criança e do adolescente, seja quem for o agente causador, é possível a adoção das medidas de proteção previstas no Estatuto.

Capítulo II
Das Medidas Específicas de Proteção

Art. 99. As medidas previstas neste Capítulo poderão ser aplicadas isolada ou cumulativamente, bem como substituídas a qualquer tempo.

Art. 100. Na aplicação das medidas levar-se-ão em conta as necessidades pedagógicas, preferindo-se aquelas que visem ao fortalecimento dos vínculos familiares e comunitários.

1. Necessidades pedagógicas – posição do STJ: conforme estabelece o artigo 100, o objetivo do Estatuto é fortalecer os vínculos familiares e comunitários, sendo esse o norte a ser seguido. Dessa forma, a aplicação de medidas de proteção deve atender às necessidades pedagógicas da criança ou adolescente, a fim justamente de fortalecer os vínculos, e não os enfraquecer.

Nesse contexto, o STJ esclareceu que **não cabe acolhimento institucional,** quando há pessoa da família extensa interessada em assumir os cuidados com a criança ou adolescente. (HC 440.752/PR, 3ª Turma, julgado em 24/04/2018)

Aplicação em concurso

- **(Agente Educador – Município do Rio de Janeiro-RJ – 2019)** O ECA (Lei nº 8.069/90) recomenda que ao ser escolhida a medida de proteção adequada a uma criança ou a um adolescente, deve ser dada preferência àquela que corresponda ao seguinte objetivo:

  A) estimular a participação do menor no mercado de trabalho, com atendimento psicológico especializado

  B) atender às necessidades pedagógicas apropriadas e fortalecer os seus vínculos familiares e comunitários

  C) promover restrições para coibir a prática de novos atos que acarretem medidas socioeducativas

  D) prevenir os maus tratos e promover atendimento psicológico especializado

  Gabarito: letra B.

Parágrafo único. São também **princípios** que regem a aplicação das medidas: (Incluído pela Lei nº 12.010, de 2009)

I – condição da criança e do adolescente como **sujeitos de direitos**: crianças e adolescentes são os titulares dos direitos previstos nesta e em outras Leis, bem como na Constituição Federal; (Incluído pela Lei nº 12.010, de 2009)

II – **proteção integral** e prioritária: a interpretação e aplicação de toda e qualquer norma contida nesta Lei deve ser voltada à proteção integral e prioritária dos direitos de que crianças e adolescentes são titulares; (Incluído pela Lei nº 12.010, de 2009)

III – **responsabilidade** primária e solidária do **poder público**: a plena efetivação dos direitos assegurados a crianças e a adolescentes por esta Lei e pela Constituição Federal, salvo nos casos por esta expressamente ressalvados, é de responsabilidade primária e solidária das 3 (três) esferas de governo, sem prejuízo da municipalização do atendimento e da possibilidade da execução de programas por entidades não governamentais; (Incluído pela Lei nº 12.010, de 2009)

IV – **interesse superior** da criança e do adolescente: a intervenção deve atender prioritariamente aos interesses e direitos da criança e do adolescente, sem prejuízo da consideração que for devida a outros interesses legítimos no âmbito da pluralidade dos interesses presentes no caso concreto; (Incluído pela Lei nº 12.010, de 2009)

V – **privacidade**: a promoção dos direitos e proteção da criança e do adolescente deve ser efetuada no respeito pela intimidade, direito à imagem e reserva da sua vida privada; (Incluído pela Lei nº 12.010, de 2009)

VI – **intervenção precoce**: a intervenção das autoridades competentes deve ser efetuada logo que a situação de perigo seja conhecida; (Incluído pela Lei nº 12.010, de 2009)

VII – **intervenção mínima**: a intervenção deve ser exercida exclusivamente pelas autoridades e instituições cuja ação seja indispensável à efetiva promoção dos direitos e à proteção da criança e do adolescente; (Incluído pela Lei nº 12.010, de 2009)

VIII – proporcionalidade e **atualidade**: a intervenção deve ser a necessária e adequada à situação de perigo em que a criança ou o adolescente se encontram no momento em que a decisão é tomada; (Incluído pela Lei nº 12.010, de 2009)

IX – **responsabilidade parental**: a intervenção deve ser efetuada de modo que os pais assumam os seus deveres para com a criança e o adolescente; (Incluído pela Lei nº 12.010, de 2009)

X – **prevalência da família**: na promoção de direitos e na proteção da criança e do adolescente deve ser dada prevalência às medidas que os mantenham ou reintegrem na sua família **natural** ou extensa ou, se isso não for possível, que promovam a sua integração em família adotiva; (Redação dada pela Lei nº 13.509, de 2017)

XI – obrigatoriedade da informação: a criança e o adolescente, respeitado seu estágio de desenvolvimento e capacidade de compreensão, seus pais ou responsável devem ser informados dos seus direitos, dos motivos que determinaram a intervenção e da forma como esta se processa; (Incluído pela Lei nº 12.010, de 2009)

XII – oitiva obrigatória e participação: a criança e o adolescente, em separado ou na companhia dos pais, de responsável ou de pessoa por si indicada, bem como os seus pais ou responsável, têm direito a ser ouvidos e a participar nos atos e na definição da medida de promoção dos direitos e de proteção, sendo sua opinião devidamente considerada pela autoridade judiciária competente, observado o disposto nos §§ 1º e 2º do art. 28 desta Lei. (Incluído pela Lei nº 12.010, de 2009)

1. **Rol de princípios:** o parágrafo único ao artigo 100 elenca doze princípios pertinentes à aplicação das medidas de proteção. Embora estejam inseridos dentro do capítulo pertinente às medidas específicas de proteção, esse rol transmite valores, mandados de otimização, que devem permear todo o Estatuto, todo o sistema jurídico da criança e do adolescente.

   Mais do que indicar o modo de aplicação das medidas de proteção, esse rol de princípios deve informar a atuação de todos os atores envolvidos com a tutela da criança e do adolescente – juiz, promotores de justiça, defensores públicos, advogados, membros do Conselho Tutelar e das equipes interdisciplinares, membros dos Poderes Públicos, do Executivo e do Legislativo.

   O próprio texto legal tratou de delinear o conteúdo dos princípios.

Princípios do direito da criança e do adolescente

- condição de sujeito de direitos
- proteção integral e prioritária
- responsabilidade primária e solidária do Poder Público
- interesse superior da criança e do adolescente
- privacidade
- intervenção precoce
- intervenção mínima
- proporcionalidade e atualidade
- responsabilidade parental
- prevalência da família
- obrigatoriedade da informação
- oitiva obrigatória e participação

Aplicação em concurso

- **(Conselheiro Tutelar – Município de Sorocaba-SP – 2019 – Vunesp)** O adolescente JAS, cumprindo medida de liberdade assistida, procura o Conselho Tutelar, ao qual relata situação de ameaça de morte. Embora o adolescente esteja em acompanhamento no Centro de Referência Especializado de Assistência Social e o referido Conselho possa solicitar sua inserção no Programa de Proteção a Crianças e Adolescentes Ameaçados de Morte (PPCAAM), o conselheiro reconhece como situação de perigo a permanência do adolescente em seu local de moradia, durante final de semana prolongado. Decide-se pelo acolhimento institucional do adolescente, entendendo que tal decisão obedecia a um dos princípios que regem a aplicação de medidas específicas de proteção, previsto no art. 100 (VI) do ECA, qual seja:

  A) intervenção precoce.

  B) responsabilidade primária.

  C) proporcionalidade.

  D) privacidade.

  Gabarito: letra A.

Art. 101. Verificada qualquer das hipóteses previstas no art. 98, a autoridade competente poderá determinar, dentre outras, as seguintes medidas:

I – encaminhamento aos pais ou responsável, mediante termo de responsabilidade;

II – orientação, apoio e acompanhamento temporários;

III – matrícula e frequência obrigatórias em estabelecimento oficial de ensino fundamental;

IV – inclusão em serviços e programas oficiais ou comunitários de proteção, apoio e promoção da família, da criança e do adolescente; (Redação dada pela Lei nº 13.257, de 2016)

V – requisição de tratamento médico, psicológico ou psiquiátrico, em regime hospitalar ou ambulatorial;

VI – inclusão em programa oficial ou comunitário de auxílio, orientação e tratamento a alcoólatras e toxicômanos;

VII – acolhimento institucional; (Redação dada pela Lei nº 12.010, de 2009)

VIII – inclusão em programa de acolhimento familiar; (Redação dada pela Lei nº 12.010, de 2009)

IX – colocação em família substituta. (Incluído pela Lei nº 12.010, de 2009)

1. **Medidas específicas de proteção:** o Estatuto traz a previsão de um rol de medidas específicas de proteção no art. 101. Como deixa clara a redação do *caput* desse dispositivo, trata-se de elenco meramente exemplificativo, *numerus apertus*. Tais medidas podem ser aplicadas tanto a crianças quanto a adolescentes. O cumprimento das medidas de proteção é feito pelo Conselho Tutelar (art. 136, inciso I).

Aplicação em concurso

- **(Conselheiro Tutelar – Município de Sorocaba-SP – 2019 – Vunesp)** A Lei nº 8.069/90 estabelece as medidas socioeducativas aplicáveis ao autor de ato infracional. Fixa também as garantias individuais, entre as quais: a apreensão somente em flagrante, o recolhimento mediante ordem judicial fundamentada, a internação provisória e o direito ao devido processo legal. Conforme define o artigo 105 do ECA, à conduta descrita como crime ou contravenção penal, ou seja, ao ato infracional, praticado por criança, corresponderá a aplicação das medidas de proteção, entre elas:

  A) liberdade assistida.

  B) orientação, apoio e acompanhamento temporários.

  C) advertência e responsabilização dos pais.

  D) obrigação de reparar o dano.

  Gabarito: letra B.

2. **Concessão de medidas de proteção *ex officio* – posição do STJ:** as medidas de proteção podem ser concedidas, inclusive, de ofício pelo magistrado (RMS 36.949-SP, julgado em 13/3/2012).

§ 1º O **acolhimento** institucional e o acolhimento familiar são medidas **provisórias e excepcionais**, utilizáveis como forma de **transição para reintegração familiar ou**, não sendo esta possível, para **colocação em família substituta**, **não** implicando **privação de liberdade**. (Incluído pela Lei nº 12.010, de 2009)

1. **Acolhimento:** o § 1º do artigo 101 destaca que o acolhimento é utilizável como transição para a reintegração familiar e, somente se esta não for possível, como colocação em família substituta. Além disso, a parte final do dispositivo destaca que essa medida eminentemente protetiva não se confunde com privação de liberdade.

A mesma linha de ação está consagrada também no § 4º do artigo 101, que trata do plano de atendimento daquele que foi recebido em programa de acolhimento institucional ou familiar.

§ 2º Sem prejuízo da tomada de medidas emergenciais para proteção de vítimas de violência ou abuso sexual e das providências a que alude o art. 130 desta Lei, o afastamento da criança ou adolescente do convívio familiar é de competência exclusiva da autoridade judiciária e importará na deflagração, a pedido do Ministério Público ou de quem tenha legítimo interesse, de procedimento judicial contencioso, no qual se garanta aos pais ou ao responsável legal o exercício do contraditório e da ampla defesa. (Incluído pela Lei nº 12.010, de 2009)

1. **Proteção à vítima de abuso sexual:** o § 2º do artigo 101 traz disposição específica acerca da situação de criança ou adolescente vítima de violência ou abuso sexual. A competência para determinar o afastamento de criança ou adolescente do seio de sua família natural é da autoridade judiciária. O Ministério Público ou um particular que tenha legítimo interesse – como, por exemplo, um parente, assistido pela Defensoria Pública ou por advogado particular – pode iniciar o processo de colocação em família substituta.

§ 3º Crianças e adolescentes somente poderão ser **encaminhados** às instituições que executam programas de acolhimento institucional, governamentais ou não, por meio de uma **Guia de Acolhimento**, expedida pela autoridade judiciária, na qual obrigatoriamente constará, dentre outros: (Incluído pela Lei nº 12.010, de 2009)

I – sua identificação e a qualificação completa de seus pais ou de seu responsável, se conhecidos; (Incluído pela Lei nº 12.010, de 2009)

II – o endereço de residência dos pais ou do responsável, com pontos de referência; (Incluído pela Lei nº 12.010, de 2009)

III – os nomes de parentes ou de terceiros interessados em tê-los sob sua guarda; (Incluído pela Lei nº 12.010, de 2009)

IV – os motivos da retirada ou da não reintegração ao convívio familiar. (Incluído pela Lei nº 12.010, de 2009)

1. **Guia de acolhimento:** em situação de **excepcional** emergência, conforme estabelece o artigo 93, a criança ou adolescente em situação de risco pode ser acolhida em entidade de **acolhimento** institucional **sem prévia determinação** da autoridade judiciária. Fora desses casos, para que se

faça o acolhimento institucional, há a necessidade de expedição de Guia de Acolhimento, cujos requisitos estão elencados nos incisos do § 3º do artigo 101.

§ 4º Imediatamente após o acolhimento da criança ou do adolescente, a entidade responsável pelo programa de acolhimento institucional ou familiar elaborará um **plano individual de atendimento**, visando à reintegração familiar, ressalvada a existência de ordem escrita e fundamentada em contrário de autoridade judiciária competente, caso em que também deverá contemplar sua colocação em família substituta, observadas as regras e princípios desta Lei. (Incluído pela Lei n. 12.010, de 2009)

§ 5º O plano individual será elaborado sob a responsabilidade da equipe técnica do respectivo programa de atendimento e levará em consideração a opinião da criança ou do adolescente e a oitiva dos pais ou do responsável. (Incluído pela Lei nº 12.010, de 2009)

§ 6º Constarão do plano individual, dentre outros: (Incluído pela Lei nº 12.010, de 2009)

I – os resultados da avaliação interdisciplinar; (Incluído pela Lei nº 12.010, de 2009)

II – os compromissos assumidos pelos pais ou responsável; e (Incluído pela Lei nº 12.010, de 2009)

III – a previsão das atividades a serem desenvolvidas com a criança ou com o adolescente acolhido e seus pais ou responsável, com vista na reintegração familiar ou, caso seja esta vedada por expressa e fundamentada determinação judicial, as providências a serem tomadas para sua colocação em família substituta, sob direta supervisão da autoridade judiciária. (Incluído pela Lei nº 12.010, de 2009)

1. **Plano individual de atendimento:** quando a criança ou adolescente é encaminhada a programa de acolhimento institucional ou familiar, deve ser estabelecido um plano de atendimento à sua situação peculiar, a ser elaborado pela equipe técnica do programa. A opinião da criança ou adolescente, de acordo com sua capacidade de discernimento, e dos pais deve ser levada em consideração. É do que tratam os parágrafos 4º a 6º acima transcritos.

Aplicação em concurso

- **(Promotor de Justiça – MP-GO – 2019)** Acerca das medidas de proteção previstas no artigo 101, incisos VII e VIII, do Estatuto da Criança e do Adolescente, assinale a alternativa incorreta:

A) O abrigamento, a partir da Lei n. 12.010/09 passou a ser chamado de Acolhimento Institucional, devido à necessidade de compatibilização do termo com o Plano Nacional de Promoção, Proteção e Defesa do Direito à Convivência Familiar (Resolução CNAS/CONANDA n. 01/2006);

B) A equipe técnica da unidade de acolhimento deverá, no prazo de 30 (trinta) dias contados do acolhimento da criança ou do adolescente, elaborar o PIA - Plano Individual de Atendimento, visando à reintegração familiar, levando em consideração a posição dos pais e responsáveis, bem como a opinião da criança ou do adolescente;

C) O acolhimento institucional e o acolhimento familiar são medidas provisórias e excepcionais, utilizáveis como forma de transição para reintegração familiar ou, não sendo esta possível, para colocação em família substituta, não implicando em privação de liberdade;

D) O afastamento de crianças e adolescentes do convívio familiar é de competência exclusiva da autoridade judiciária, sem prejuízo da tomada de medidas emergenciais para proteção de vítimas de violência ou abuso sexual e das providências a que alude o artigo 130 do Estatuto da Criança e do Adolescente, e importará na deflagração de procedimento judicial contencioso, no qual se garanta aos pais e responsáveis o exercício do contraditório e da ampla defesa.

Gabarito: letra B.

§ 7º O acolhimento familiar ou institucional ocorrerá no **local mais próximo à residência dos pais** ou do responsável e, como parte do processo de reintegração familiar, sempre que identificada a necessidade, a família de origem será incluída em programas oficiais de orientação, de apoio e de promoção social, sendo facilitado e estimulado o contato com a criança ou com o adolescente acolhido. (Incluído pela Lei nº 12.010, de 2009)

§ 8º Verificada a possibilidade de reintegração familiar, o responsável pelo programa de acolhimento familiar ou institucional fará imediata comunicação à autoridade judiciária, que dará vista ao Ministério Público, pelo prazo de 5 (cinco) dias, decidindo em igual prazo. (Incluído pela Lei nº 12.010, de 2009)

§ 9º Em sendo constatada a **impossibilidade de reintegração** da criança ou do adolescente à família de origem, após seu encaminhamento a programas oficiais ou comunitários de orientação, apoio e promoção social, será enviado relatório fundamentado ao Ministério Público, no qual conste a descrição pormenorizada das providências tomadas e a expressa recomendação, subscrita pelos técnicos da entidade ou responsáveis pela execução da política municipal de garantia do direito à convivência familiar, para a **destituição**

do poder familiar, ou destituição de tutela ou guarda. (Incluído pela Lei nº 12.010, de 2009)

1. **Reintegração à família:** o acolhimento deve ser realizado em local próximo da residência dos pais ou responsável, para permitir e estimular o contato da criança ou adolescente abrigado (§ 7º). Além disso, dentro da ideia de se *trabalhar a família*, pais, responsáveis e irmãos devem ser incluídos em programas oficiais de orientação, apoio e promoção social. Tão logo a família esteja apta a ser reunida novamente, o programa de acolhimento deve comunicar ao Juízo da Infância e da Juventude.

   Somente se forem frustradas as tentativas de melhoria de condições de toda a família através dos programas oficiais, ou seja, somente depois de esgotadas as possibilidades de reintegração familiar, o programa de acolhimento deve encaminhar **relatório ao Ministério Público** para que este tome a providências referentes à destituição do poder familiar, da tutela ou da guarda (§ 9º).

§ 10. Recebido o relatório, o Ministério Público terá o prazo de **15 (quinze) dias** para o ingresso com a ação de destituição do poder familiar, salvo se entender necessária a realização de estudos complementares ou de outras providências indispensáveis ao ajuizamento da demanda. (Redação dada pela Lei nº 13.509, de 2017)

§ 11. A autoridade judiciária manterá, em cada comarca ou foro regional, um cadastro contendo informações atualizadas sobre as crianças e adolescentes em regime de acolhimento familiar e institucional sob sua responsabilidade, com informações pormenorizadas sobre a situação jurídica de cada um, bem como as providências tomadas para sua reintegração familiar ou colocação em família substituta, em qualquer das modalidades previstas no art. 28 desta Lei. (Incluído pela Lei nº 12.010, de 2009)

§ 12. Terão acesso ao cadastro o Ministério Público, o Conselho Tutelar, o órgão gestor da Assistência Social e os Conselhos Municipais dos Direitos da Criança e do Adolescente e da Assistência Social, aos quais incumbe deliberar sobre a implementação de políticas públicas que permitam reduzir o número de crianças e adolescentes afastados do convívio familiar e abreviar o período de permanência em programa de acolhimento. (Incluído pela Lei nº 12.010, de 2009)

1. **Cadastro de crianças e adolescentes em programas de acolhimento:** a Justiça da Infância e da Juventude deve criar e manter um cadastro atualizado das crianças e adolescentes em programas de acolhimento institucional e familiar, ao qual terão acesso o Ministério Público, o

Conselho Tutelar, o órgão gestor de Assistência Social e os Conselhos Municipais de Direitos da Criança e do Adolescente e da Assistência Social (§ 12). Não se entende por que não consta a Defensoria Pública neste rol. Afinal, a imensa maioria das famílias envolvidas com programas de acolhimento é pobre, hipossuficiente. Se a missão constitucional da Defensoria Pública é prestar assistência jurídica ao hipossuficiente, é certo que deve atuar junto aos demais órgãos já citados na promoção e implementação desses programas.

Art. 102. As medidas de proteção de que trata este Capítulo serão acompanhadas da **regularização do registro civil**.

§ 1º Verificada a inexistência de registro anterior, o assento de nascimento da criança ou adolescente será feito à vista dos elementos disponíveis, mediante requisição da autoridade judiciária.

§ 2º Os registros e certidões necessários à regularização de que trata este artigo são isentos de multas, custas e emolumentos, gozando de absoluta prioridade.

§ 3º Caso ainda não definida a **paternidade**, será deflagrado procedimento específico destinado à sua **averiguação**, conforme previsto pela Lei nº 8.560, de 29 de dezembro de 1992. (Incluído pela Lei nº 12.010, de 2009)

§ 4º Nas hipóteses previstas no § 3º deste artigo, é **dispensável** o ajuizamento de ação de investigação de paternidade pelo Ministério Público se, após o não comparecimento ou a recusa do suposto pai em assumir a paternidade a ele atribuída, a **criança** for **encaminhada para adoção**. (Incluído pela Lei nº 12.010, de 2009)

§ 5º Os registros e certidões necessários à inclusão, a qualquer tempo, do nome do pai no assento de nascimento são isentos de multas, custas e emolumentos, gozando de absoluta prioridade. (Incluído pela Lei nº 13.257, de 2016)

§ 6º São **gratuitas**, a qualquer tempo, a averbação requerida do reconhecimento de paternidade no assento de nascimento e a certidão correspondente. (Incluído pela Lei nº 13.257, de 2016)

1. **Medida de proteção e regularização de registro civil:** o artigo 102 determina que, no bojo da aplicação das medidas de proteção, seja feita a regularização do registro civil. Essa determinação do Estatuto está diretamente ligada a uma constatação da realidade social de nossas crianças e adolescente: é imenso o número de crianças e adolescentes que não têm registro de nascimento. Por isso, ao cuidar de ameaça ou lesão aos direitos das crianças e adolescentes, soluciona-se também essa questão.

O registro civil regular possibilita à criança e ao adolescente, no futuro, o exercício de seus direitos de cidadão, pois lhe permite obter carteira de identidade, CPF, título de eleitor, carteira de motorista etc. Para sua regularização, o juízo da infância e juventude se vale normalmente da declaração de nascido vivo (DNV), a que fizemos referência em comentários ao art. 10, inciso IV, dentro do Título II (Dos direitos fundamentais), Capítulo I (Do direto à vida e à saúde).

Por fim, o § 2º do art. 102 estabelece a gratuidade dos serviços referentes à regularização do registro de nascimento da criança ou do adolescente. Trata-se de disposição que está em consonância com o art. 5º, inciso LXXVI, alínea "a", da Constituição da República, onde se determina que "são gratuitos para os reconhecidamente pobres, na forma da lei: a) o registro civil de nascimento". De fato, na prática forense se constata que a falta de registro civil de nascimento ocorre justamente dentre aquelas famílias menos abastadas, de menor grau de instrução e poder econômico.

O § 3º determina que se intente a ação de investigação de paternidade, regulada pela Lei nº 8.560/92, o que fica dispensado quando a criança for encaminhada para adoção (§ 4º).

Vale destacar a atenção dada pela Lei n. 13.257/2016 à questão da regularização do registro civil. Os parágrafos 5º e 6º, incluídos por essa lei, preveem a gratuidade para certidões e registros voltados à inclusão do nome do pai no assento de nascimento, bem como a averbação do reconhecimento de paternidade.

Aplicação em concurso

- **(Promotor de Justiça – MP-SC – 2019)** [Julgue o item]

  O Estatuto da Criança e do Adolescente, quanto às medidas específicas de proteção, estabelece que são gratuitas, a qualquer tempo, a averbação requerida do reconhecimento de paternidade no assento de nascimento e a certidão correspondente.

  Gabarito: o item está certo.

Título III
Da Prática de Ato Infracional

Capítulo I
Disposições Gerais

Art. 103. Considera-se **ato infracional** a conduta descrita como **crime ou contravenção penal.**

1. **Ato infracional:** após disciplinar as medidas de proteção aplicáveis a crianças e adolescentes em situação de risco, o Estatuto passa a tratar, no Título III, da prática do ato infracional pelo adolescente, onde serão examinados seus direitos individuais, suas garantias processuais e as medidas socioeducativas que lhe são aplicáveis.

Crime é o ato típico, antijurídico e culpável. Essa é a definição majoritária na doutrina (dentre muitos, Cezar Roberto Bittencourt e Rogério Greco). Um dos elementos que compõem a culpabilidade é a imputabilidade, ou seja, uma pessoa inimputável (que não possui imputabilidade) não comete crime. Nosso sistema jurídico estabelece que o menor de 18 anos é inimputável e está sujeito à legislação especial, precisamente o Estatuto da Criança e do Adolescente. É o que determina a Constituição da República (art. 228), sendo seguida pelas normas infraconstitucionais do Código Penal (art. 27) e do próprio Estatuto (art. 104).

Daí se extrai que a criança ou adolescente não pratica delito, mas sim ato infracional análogo (ou equiparado) a crime ou contravenção (art. 103).

Art. 104. São penalmente **inimputáveis** os **menores de dezoito anos**, sujeitos às medidas previstas nesta Lei.

Parágrafo único. Para os efeitos desta Lei, deve ser considerada a idade do adolescente à **data do fato.**

1. **Tempo do ato infracional:** para verificar se foi praticado crime ou ato infracional, deve-se observar a idade da pessoa à data do fato (art. 104, p.ú.). Se a pessoa comete o ato quando era criança ou adolescente (menor de 18 anos), então houve ato infracional, sujeito ao Estatuto da Criança e do Adolescente. Se já havia completado 18 anos, então comete crime, a ser punido segundo as leis penais (Código Penal, Código de Processo Penal e Leis penais extravagantes).

Acerca do tempo em que o ato é praticado, o Estatuto e o Código Penal adotam o mesmo princípio, o da atividade. Vale dizer, considera-se praticado o crime/ato infracional no momento da ação ou da omissão, ainda que outro seja o resultado (Cód. Penal, art. 4º; Estatuto, art. 104, p.ú.). Dessa forma, se o adolescente, na véspera de completar 18 anos, atira na vítima, que fica agonizando no hospital e falece dias depois, quando o adolescente já completara a maioridade, ser-lhe-á aplicado o Estatuto, pois a ação (atirar) foi praticada quando era inimputável.

Não pode haver dúvidas: ainda que o adolescente complete 18 anos no dia seguinte à prática do ato infracional, sua conduta será apurada com base no Estatuto da Criança e do Adolescente – que é aplicável também a quem já completou a maioridade conforme frisado em comentários feitos no início do livro, acerca do parágrafo único do art. 2º, no Título das disposições preliminares.

Art. 105. Ao **ato infracional** praticado por **criança** corresponderão as medidas previstas no **art. 101**.

1. **Criança também pode praticar ato infracional:** é preciso destacar que a criança também pratica ato infracional, mas a ela não são aplicáveis medidas socioeducativas, apenas medidas de proteção, conforme determina o art. 105. Ao adolescente, podem ser aplicadas medidas socioeducativas ou medidas de proteção (art. 112).

2. **Medida de proteção X medida socioeducativa:** ambas não se confundem. A medida de proteção é aplicável a criança ou adolescente, sempre que verificada hipótese de lesão ou ameaça de lesão a seus direitos. Estão previstas no art. 101, em rol exemplificativo, *numerus apertus*.

   Por sua vez, a medida socioeducativa é aplicável ao adolescente que pratica ato infracional análogo a crime ou contravenção. Suas modalidades estão previstas nos incisos I a VI, do art. 112, cujo rol é taxativo, *numerus clausus*.

Confira-se o quadro abaixo:

Pessoa	Legislação aplicável	Ato praticado	Medida
Criança (até 12 anos incompletos)	Estatuto da Criança e do Adolescente	Ato infracional	Medida de proteção
Adolescente (12 anos completos a 18 incompletos)	Estatuto da Criança e do Adolescente	Ato infracional	Medida de proteção e medida socioeducativa
Maior capaz (18 anos completos)	Código Penal, Código de Processo Penal e Leis penais extravagantes	Crime ou contravenção	Pena privativa de liberdade, restritiva de direitos e multa

Capítulo II
Dos Direitos Individuais

1. **Direitos individuais:** o presente capítulo trata dos direitos individuais do adolescente que comete ato infracional. Através de sua análise, é possível perceber que o Estatuto trouxe garantias ao adolescente que já estavam previstas na Constituição da República para os presos. Como a situação de ambos, maior e adolescente, é semelhante – na medida em que estão privados de sua liberdade –, o Estatuto elencou as mesmas garantias já previstas na Constituição, a fim de que não restassem dúvidas sobre a preservação de direitos fundamentais ao adolescente.

O rol de direitos do adolescente não está limitado aos dispositivos deste Capítulo. Há outros espalhados pelo Estatuto, inclusive alguns que não encontram correspondência com os direitos dos presos. Como exemplos, temos o art. 178 do Estatuto, que garante ao adolescente o direito de não ser conduzido ou transportado em compartimento fechado de veículo policial, e o art. 185, que veda o cumprimento de internação em estabelecimento prisional.

Além dos direitos previstos no Estatuto, outros foram acrescidos ao sistema de proteção dos adolescentes por meio da Lei n. 12.594/2012, cujo artigo 49 elenca novo rol.

A leitura e interpretação de ambos conjuntamente são indispensáveis para boa compreensão do tema.

2. **Termos jurídicos próprios do Estatuto:** a linguagem jurídica utilizada pelo Estatuto é peculiar e diversa daquela contida nas Leis penais, de modo que o aplicador do direito deve ficar atento a tais distinções. Em relação ao adolescente, não se fala em flagrante delito, mas sim em flagrante de ato infracional. O adolescente não é preso, senão apreendido. Não se lhe imputa um crime; atribui-se-lhe um ato infracional. E não cumpre pena; a ele é imposta medida socioeducativa, dentre outros termos que serão apresentados oportunamente. Os dispositivos deste capítulo, por exemplo, trazem garantias contidas na Constituição ao tratar do preso, mas com redação que se adapta às peculiaridades do regime jurídico do adolescente.

Leis penais	Estatuto da Criança e do Adolescente
Crime e contravenção	Ato infracional
Flagrante delito	Flagrante de ato infracional
Mandado de prisão	Mandado de busca e apreensão
Maior preso	Adolescente apreendido
Prisão provisória	Internação provisória
Imputação de crime	Atribuição de ato infracional
Pena	Medida socioeducativa
Denúncia	Representação
Réu	Representado
Interrogatório	Audiência de apresentação
Sumário de acusação e de defesa	Audiência em continuação
Defesa prévia	Defesa prévia

Art. 106. Nenhum adolescente será **privado de sua liberdade** senão em **flagrante** de ato infracional **ou** por **ordem escrita** e fundamentada da autoridade judiciária competente.

Parágrafo único. O adolescente tem direito à identificação dos responsáveis pela sua apreensão, devendo ser informado acerca de seus direitos.

1. **Privação de liberdade:** a liberdade é direito fundamental previsto na Constituição da República (art. 5º, *caput*). Como todo direito, não é absoluto e excepcionalmente pode ser suprimido. A exceção ao direito de liberdade do adolescente está prevista no art. 106 do Estatuto – que tem redação análoga ao inciso LXI, art. 5º, da Constituição, que determina que *"ninguém será preso senão em flagrante delito ou por ordem escrita e fundamentada de autoridade judiciária competente, [...]"*. Assim, tem-se que há duas hipóteses legítimas de privação de liberdade: **(i)** o flagrante e **(ii)** a ordem judiciária.

2. **Flagrante de ato infracional:** em relação ao flagrante, há a necessidade de se valer dos conceitos estabelecidos pelo Código de Processo Penal. Seu art. 302 estabelece o seguinte:

   > Art. 302. Considera-se em flagrante delito quem:
   >
   > I – está cometendo a infração penal;
   >
   > II – acaba de cometê-la;
   >
   > III – é perseguido, logo após, pela autoridade, pelo ofendido ou por qualquer pessoa, em situação que faça presumir ser autor da infração;
   >
   > IV – é encontrado, logo depois, com instrumentos, armas, objetos ou papéis que façam presumir ser ele autor da infração.

   Diante da configuração das situações do art. 302 do CPP, o adolescente é apreendido em flagrante de ato infracional e deve ser encaminhado à autoridade policial com atribuição para lavrar a ocorrência (Estatuto, art. 172).

3. **Ordem da autoridade judiciária:** a outra hipótese que permite a privação de liberdade do adolescente é a ordem escrita e fundamentada da autoridade judiciária competente (art. 106, parte final). Essa determinação do Estatuto – cuja redação é semelhante ao inciso LXI, art. 5º, da Constituição – apenas reforça a determinação constitucional de que toda decisão judicial deve ser fundamentada. Trata-se da materialização do princípio constitucional da motivação da decisão judicial (CRFB, art. 93, IX). Decisão sem fundamentação é nula, por ser inconstitucional – ainda mais em se tratando de ordem de privação de liberdade de um adolescente.

Para que seja determina a apreensão provisória do adolescente, a decisão deve-se fundar em três requisitos, elencados no parágrafo único do art. 108: **(i)** indícios suficientes de autoria; **(ii)** materialidade; e **(iii)** imperiosa necessidade da medida.

4. **Súmula 718 do STF:** sobre a questão da fundamentação a ordem de apreensão do adolescente, vale destacar o entendimento do Supremo Tribunal Federal, que rechaça a fundamentação judicial baseada na gravidade abstrata do delito.

   > **Súm. 718.** A opinião do julgador sobre a gravidade em abstrato do crime não constitui motivação idônea para a imposição de regime mais severo do que o permitido segundo a pena aplicada.

5. **Identificação dos responsáveis pela apreensão:** o parágrafo único do art. 106 estabelece que o adolescente tem direito de saber quais foram as pessoas responsáveis pela sua apreensão e de ser informado sobre seus direitos. Novamente, tem-se no Estatuto um dispositivo que prevê direitos fundamentais existentes na Constituição da República. Este parágrafo único congrega as garantias do art. 5º, incisos LXIII e LXIV, respectivamente: "o preso será informado de seus direitos [...]" e "*o preso tem direito à identificação dos responsáveis por sua prisão [...]*".

> **Art. 107.** A **apreensão** de qualquer adolescente e o local onde se encontra recolhido serão incontinenti comunicados à autoridade judiciária competente e à família do apreendido ou à pessoa por ele indicada.
>
> Parágrafo único. Examinar-se-á, desde logo e sob pena de responsabilidade, a **possibilidade de liberação imediata**.

1. **Comunicação à família:** o art. 107 garante ao adolescente o direito de que sua apreensão será comunicada à autoridade judiciária competente e à sua família ou a pessoa por ele indicada. Trata-se de direito fundamental previsto na Constituição para o preso, no art. 5º, inciso LXII: "*a prisão de qualquer pessoa e o local onde se encontre serão comunicados imediatamente ao juiz competente e à família do preso ou à pessoa por ele indicada*".

2. **Liberação imediata:** o parágrafo único do art. 107 determina que se examine a possibilidade de liberação imediata do adolescente. Esse dispositivo guarda relação com os incisos LXV e LXVI, do art. 5º, da Constituição, que tratam, respectivamente, do relaxamento da prisão ilegal e da concessão de liberdade provisória. O adolescente pode ser

liberado quando sua apreensão tiver sido ilegal (exemplo: ordem de autoridade incompetente), ou quando, apreendido em flagrante de ato infracional, possa ser reintegrado prontamente à família (art. 174). O adolescente não está submetido ao pagamento de fiança.

Art. 108. A internação, antes da sentença, pode ser determinada pelo **prazo máximo de quarenta e cinco dias.**

Parágrafo único. A decisão deverá ser fundamentada e basear-se em indícios suficientes de autoria e materialidade, demonstrada a necessidade imperiosa da medida.

1. **Internação provisória:** como visto acima, o adolescente pode ser apreendido em flagrante de ato infracional ou por ordem da autoridade judiciária (art. 106). Uma vez apreendido o adolescente em qualquer dessas situações, deve-se verificar a possibilidade sua liberação imediata (art. 107, p.ú. e art. 174). Não sendo liberado, o adolescente permanece internado durante o processo de apuração do ato infracional que lhe foi atribuído. O prazo máximo de internação provisória a que o adolescente está submetido é de 45 dias, conforme determinam os artigos 108 e 183.

   Decorrido esse prazo, sem que o processo tenha chegado ao fim, o adolescente deve ser posto imediatamente em liberdade. Sua não-liberação nessa situação acarreta constrangimento ilegal, sanável por *Habeas Corpus*.

   Estamos aqui diante de uma garantia instituída pelo Estatuto que não tem correspondência direta com um direito fundamental previsto no art. 5º da Constituição para o preso. Inegavelmente, porém, está em consonância com os princípios constitucionais da liberdade (art. 5º, *caput*), da duração razoável do processo (art. 5º, LXVIII) e da prioridade absoluta de atendimento de crianças e adolescentes (art. 227). Trata-se de peculiaridade referente ao regime jurídico do Estatuto da Criança e do Adolescente, que prima pela tutela plena de crianças e adolescentes. O prazo é curto e de aplicação rigorosa, porque a privação de liberdade do adolescente deve atender aos princípios da brevidade, da excepcionalidade e do respeito à sua condição peculiar de pessoa em desenvolvimento (art. 121).

2. **Improrrogabilidade do prazo de internação provisória – posição do STJ:** o prazo de internação provisória do adolescente é improrrogável, independentemente da fase em que se encontrar o processo de apuração do ato infracional.

No regime jurídico das Leis Penais, consolidou-se o entendimento de que, se o processo está em fase de alegações finais, não há que se falar em excesso de prazo. Essa é previsão contida na súmula 52 do Superior Tribunal de Justiça: *"Encerrada a instrução criminal, fica superada a alegação de constrangimento por excesso de prazo."*

Tal entendimento, porém, não é aplicável no regime jurídico do Estatuto da Criança e do Adolescente. Em diversos julgados, a Corte expressamente afirma que o prazo de 45 dias não pode ser prorrogado. (HC 306.667/SP, 6ª Turma, julgado em 24/02/2015).

3. **Fundamentação adequada da internação provisória – posição do STJ:** o STJ destaca que a internação provisória decretada pelo juízo não pode estar baseada na gravidade abstrata do delito (ex.: tráfico de drogas). É preciso identificar no caso concreto quais as circunstâncias e elementos de convicção que levam à decretação da decisão extrema de limitação da liberdade do adolescente (AgRg no RHC 93.649/SP, 5ª Turma, julgado em 20/09/2018).

4. **Internação provisória e ato infracional passível de internação – posição do STJ:** ao analisar a aplicação do artigo 108, o STJ destacou que a internação provisória deve estar alinhada com a medida que o adolescente pode vir a receber ao final do procedimento. Vale dizer, o ato praticado deve, em tese, autorizar a internação ao final do procedimento para que se justifique a internação provisória (HC 518.631/SP, 6ª Turma, julgado em 15/10/2019).

Art. 109. O adolescente **civilmente identificado não** será submetido a **identificação compulsória** pelos órgãos policiais, de proteção e judiciais, salvo para efeito de confrontação, havendo dúvida fundada.

1. **Identificação compulsória:** o art. 109 apresenta o direito de o adolescente civilmente identificado não ser submetido a identificação compulsória nos órgãos policiais. Trata-se de direito também previsto na Constituição – art. 5º, inciso LVIII: *"o civilmente identificado não será submetido a identificação criminal, salvo nas hipóteses previstas em lei."*

   Há lei específica acerca da matéria, que disciplina a identificação criminal: Lei n. 12.037/2009.

Capítulo III
Das Garantias Processuais

Art. 110. Nenhum adolescente será **privado de sua liberdade sem o devido processo legal.**

1. **Garantias processuais:** o presente capítulo disciplina as garantias processuais que tocam ao adolescente durante o processo de apuração da atribuição de ato infracional.

2. **Devido processo legal, contraditório e ampla defesa:** o artigo 110 estabelece de forma expressa que o adolescente goza da garantia do devido processo legal, previsto constitucionalmente no art. 5º, inciso LIV: "ninguém será privado da liberdade ou de seus bens sem o devido processo legal".

Segundo a lição da doutrina, os demais princípios processuais decorrem do princípio do devido processo legal, verdadeiro postulado constitucional. Assim, tem-se que ao adolescente são também garantidos os princípios do contraditório e da ampla defesa (CRFB, art. 5º, inciso LV), como desdobramentos daquele princípio reitor. O artigo 111, ao apresentar um rol de garantias processuais do adolescente, procura materializar esses princípios.

O princípio da ampla defesa estabelece que a parte deve ter oportunidade de provar suas alegações de forma plena – especialmente no âmbito penal e de apuração de ato infracional, pois é o direito de liberdade que está ameaçado de ser suprimido. O inciso II, do art. 111 prevê expressamente que o adolescente tem garantida a produção de todas as provas necessárias à sua defesa.

Por sua vez, o princípio do contraditório significa a possibilidade de a parte influir na formação da convicção do julgador, ou seja, de atuar para alcançar determinado fim no processo. O adolescente tem garantido o direito de ser ouvido pessoalmente pela autoridade judiciária (inciso V), bem como o de confrontar-se com vítimas e testemunhas.

Esses são exemplos de que o Estatuto busca dar efetividade aos princípios processuais constitucionais, de modo a possibilitar a tutela plena do adolescente – sempre dentro da ideia de que a principal diretriz do Estatuto é a proteção integral da criança e do adolescente.

Em relação à defesa técnica, essa pode ser prestada por advogado constituído pelo adolescente (representado ou assistido por seus pais, conforme o caso) ou pela Defensoria Pública, cuja atuação é de suma importância para garantir os direitos dos adolescentes no curso do processo.

Aplicação em concurso

- **(Conselheiro Tutelar – Município de São José do Rio Preto-SP – 2019 – Vunesp)** Em se tratando dos direitos individuais das crianças e dos adolescentes, o ECA prevê que nenhum adolescente será privado de sua liberdade senão em flagrante de ato infracional ou por ordem escrita e fundamentada da autoridade judiciária competente. Há, ainda, um outro critério definidor da privação da liberdade, como prescreve o art. 110, ou seja, nenhum adolescente será privado de sua liberdade

  A) por meio de orientação verbal.

  B) uma vez verificada a incompetência do advogado.

  C) sem o devido processo legal.

  D) antes da formalização do ato aos responsáveis.

  E) mesmo se apresentando espontaneamente.

  Gabarito: letra C.

Art. 111. São asseguradas ao adolescente, entre outras, as seguintes **garantias:**

I – pleno e formal conhecimento da atribuição de ato infracional, mediante citação ou meio equivalente;

II – igualdade na relação processual, podendo **confrontar-se com vítimas** e testemunhas e produzir todas as provas necessárias à sua defesa;

III – **defesa técnica** por advogado;

IV – **assistência judiciária gratuita e integral** aos necessitados, na forma da lei;

V – **direito de ser ouvido** pessoalmente pela autoridade competente;

VI – **direito de solicitar a presença de seus pais** ou responsável em qualquer fase do procedimento.

1. **Rol do art. 111:** o elenco de garantias processuais do artigo 111 é meramente exemplificativo. Essas são algumas das manifestações mais comuns dos princípios processuais constitucionais.

   Há situações, porém, surgidas a partir de casos concretos, em que, para atender aos princípios constitucionais do contraditório e da ampla defesa, outras garantias processuais são outorgadas ao adolescente. É o que se verifica nos dois tópicos abaixo.

2. **Direito de ser ouvido pessoalmente e regressão de medida – Súmula 265 do STJ:** ao tratar da medida socioeducativa de internação, o Estatuto estabeleceu, no art. 122, as hipóteses de sua aplicação. Dentre elas, há a imposição da medida extrema para os casos de *"descumprimento reiterado e injustificável da medida anteriormente imposta"* (inciso III). Vale dizer, se o adolescente deixa de cumprir uma medida socioeducativa (ex: prestação de serviços à comunidade) de forma reiterada e injustificada, o juízo pode determinar a aplicação da medida de internação pelo prazo máximo de três meses (art. 122, § 1º). É o que se chama de regressão da medida socioeducativa, pois ocorre a substituição de uma medida mais branda por uma extremamente gravosa, a internação, que priva a liberdade do adolescente.

   Na prática forense, começaram a surgir situações em que era aplicada a regressão da medida socioeducativa para internação, mas ficava posteriormente comprovado que o adolescente deixou de cumprir a medida inicialmente imposta por motivos alheios à sua vontade – ou, ainda, demonstrava-se que a medida fora devidamente cumprida, mas não comunicada ao juízo. Corriqueiramente, o adolescente acabava apreendido e internado por três meses, sem que se conseguisse comprovar a inadequação da decisão.

   Para **evitar** a aplicação de **regressões indevidas**, o Superior Tribunal de Justiça editou súmula que aplica os princípios do contraditório e da ampla defesa – a *fortiori*, do devido processo legal – no contexto da decisão de regressão da medida socioeducativa. Trata-se da súmula 265:

   > **Súmula 265**. É necessária a oitiva do menor infrator antes de decretar-se a regressão da medida socioeducativa.

   Embora não previsto expressamente entre as garantias elencadas pelo art. 111, o Superior Tribunal de Justiça entendeu que o adolescente tem o direito de ser ouvido e de influir na decisão do magistrado acerca da regressão de sua medida socioeducativa. Tem-se aqui um exemplo de aplicação prática dos princípios processuais constitucionais.

   Hoje essa questão está consolidada inclusive no âmbito do direito positivo, pois o § 1º do art. 122 prevê que a regressão somente pode ser decretada após o devido processo legal.

3. **Confissão do adolescente e desistência de provas – Súmula 342 do STJ:** instaurado o processo para apuração de ato infracional, o juiz designa audiência de apresentação para oitiva do adolescente. No cotidiano forense, verificou-se que alguns promotores de justiça e juízes, diante da confissão do adolescente de que havia praticado o ato infracional, desistiam da oitiva de testemunhas de acusação e da produção de quais-

quer outras provas e aplicavam prontamente a medida socioeducativa cabível – inclusive a medida extrema de internação.

Instado a se manifestar diversas vezes sobre o assunto, o Superior Tribunal de Justiça entendeu inadmissível essa prática, na medida em que há flagrante violação do devido processo legal – e consequentemente do contraditório e da ampla defesa. A matéria surgia constantemente em julgados da Corte. Posteriormente, para sedimentar seu entendimento, editou-se a seguinte súmula:

> **Súmula 342.** No procedimento para aplicação de medida sócio-educativa, é nula a desistência de outras provas em face da confissão do adolescente.

Mais uma vez, a Corte deu aplicação a princípios processuais constitucionais independentemente de previsões infraconstitucionais acerca do assunto. De fato, não se pode admitir que a confissão do adolescente seja o único meio de prova para lhe impor medida socioeducativa. Compete ao Ministério Público comprovar devidamente a autoria e a materialidade do ato infracional, o que não se consegue apenas através da confissão. Inclusive porque, quando o adolescente confessa a prática de ato infracional diverso e mais brando do que aquele atribuído pelo *parquet*, este se esmera para buscar subsídios probatórios que amparem sua representação. É o que comumente ocorre quando o Ministério Público atribui ao adolescente a prática de ato infracional análogo ao crime de tráfico de drogas, mas, ao ser ouvido na audiência de apresentação, o adolescente afirma que portava a droga para consumo próprio.

Além disso, o adolescente pode vir a confessar a prática do ato infracional por estar sob ameaça de terceiros – ou, ainda, por estar acertado com alguns companheiros para livrar outros colegas. E também há a hipótese de o adolescente ser novamente ouvido pelo juízo em outra audiência e modificar sua versão dos fatos.

Enfim, são inúmeras as razões que podem levar o adolescente a confessar a prática de um ato infracional, razões essas legítimas e ilegítimas. Portanto, independentemente do que for dito pelo adolescente ao ser ouvido pelo juízo em sua audiência de apresentação, é preciso dar sequência à instrução probatória.

Aplicação em concurso

- **(Procurador – Município de Francisco Morato-SP – 2019 - Vunesp)** Considerando o disposto na Súmula 342 do Superior Tribunal de Justiça e o disposto no artigo 186 do Estatuto da Criança e do Adolescente, quanto às consequências no procedimento de apuração de ato infracional, é correto afirmar que

A) o Superior Tribunal de Justiça restringiu a obrigação do devido processo legal nos procedimentos de apuração, apenamento e execução de medida socioeducativa restritiva de liberdade.

B) a confissão do adolescente não será suficiente para aplicação de medida socioeducativa e a desistência de outras provas, nela justificada, enseja nulidade.

C) a confissão do adolescente, feita na presença do juiz, implica admissão absoluta de culpa e pode dispensar a produção ou colheita de outros meios de prova.

D) a decisão que julga procedente a representação oferecida contra adolescente confesso não é passível de recurso se homologada a desistência quanto à produção de outras provas, a pedido das partes.

E) é válida a sentença de procedência de representação baseada exclusivamente em confissão do adolescente.

Gabarito: letra B.

4. **Direito de solicitar a presença dos pais:** o adolescente deve ser criado ao lado de sua família – preferencialmente natural ou ainda a substituta. É a família que serve de alicerce ao desenvolvimento adequado da criança e do adolescente. Coerente com essa diretriz, o Estatuto prevê o direito do adolescente de solicitar **a presença de seus pais** ou responsável em qualquer fase do procedimento (art. 111, VII).

Capítulo IV
Das Medidas Socioeducativas

Seção I
Disposições Gerais

Art. 112. Verificada a prática de ato infracional, a autoridade competente poderá aplicar ao adolescente as seguintes **medidas**:

I – **advertência**;

II – **obrigação de reparar o dano**;

III – **prestação de serviços à comunidade**;

IV – **liberdade assistida**;

V – inserção em regime de **semiliberdade**;

VI – **internação** em estabelecimento educacional;

VII – qualquer uma das previstas no art. 101, I a VI.

§ 1º A medida aplicada ao adolescente levará em conta a sua **capacidade de cumpri-la**, as **circunstâncias** e a **gravidade da infração**.

1. **Medidas socioeducativas:** este capítulo disciplina as diversas modalidades de medidas socioeducativas que podem ser impostas aos adolescentes que praticam atos infracionais. Há seis medidas previstas no Estatuto, que serão estudadas separadamente à frente. Esse rol é taxativo, de modo que não pode ser ampliado a critério da autoridade judiciária.

   Conforme já destacado anteriormente, as **crianças**, não obstante praticarem atos infracionais, estão sujeitas **apenas a medidas de proteção** (art. 105), ao passo em que aos **adolescentes** são aplicáveis as **medidas socioeducativas** (art. 112, I a VI) e também as **medidas de proteção** (inciso VII).

   O Estatuto prevê os critérios para aplicação das medidas ao adolescente, a saber: capacidade de cumprir a medida, as circunstâncias e a gravidade da infração (art. 112, § 1º).

Aplicação em concurso

- **(Agente Educador – Município do Rio de Janeiro-RJ – 2019)** Dentre as medidas socioeducativas que podem ser aplicadas ao adolescente pela prática de ato infracional, inclui-se a:

  A) internação em estabelecimento educacional acrescido de aplicação de multa

  B) advertência aos pais ou responsáveis e acompanhamento psicológico

  C) advertência, multa ou detenção

  D) prestação de serviços à comunidade

  Gabarito: letra D.

2. **Objetivos das medidas socioeducativas – Sinase:** a Lei n. 12.594/2012 estabeleceu o Sistema Nacional de Atendimento Socioeducativo, Sinase. Em seu artigo 1º, § 2º são estabelecidos os objetivos das medidas, a saber:

Objetivos das medidas socioeducativas	– responsabilização do adolescente quanto às consequências lesivas do ato infracional, sempre que possível incentivando sua reparação
	– integração social e garantia de seus direitos individuais e sociais, por meio do cumprimento de seu plano individual de atendimento
	– desaprovação da conduta infracional

§ 2º **Em hipótese alguma** e sob pretexto algum, será admitida a prestação de **trabalho forçado.**

1. **Vedação de trabalhos forçados:** o parágrafo segundo do art. 112 veda peremptoriamente a prestação de trabalhos forçados. Trata-se de dispositivo com redação análoga à previsão constitucional contida no art. 5º, inciso XLVII, alínea "c": "não haverá penas: c) de trabalhos forçados". Mais uma vez, o objetivo do Estatuto foi deixar claro que a vedação constitucional, embora se refira ao cumprimento de pena, é aplicável ao adolescente que comete ato infracional.

§ 3º Os adolescentes portadores de **doença ou deficiência mental** receberão tratamento individual e especializado, em local adequado às suas condições.

1. **Adolescente doente ou com deficiência mental:** o art. 112, § 3º determina que seja dado tratamento individual e especializado, em local adequado às condições dos adolescentes doentes ou com deficiências mentais. O objetivo do dispositivo é tutelar adequadamente o adolescente que se encontra em peculiar estado de saúde.

Art. 113. Aplica-se a este Capítulo o disposto nos arts. 99 e 100.

1. **Cumulação e substituição de medidas:** é perfeitamente **possível** a cumulação de medidas socioeducativas e de proteção a um adolescente, com base nos artigos 113 e 99. Por exemplo, verificada a prática de ato infracional pelo adolescente, podem-lhe ser impostas cumulativamente as medidas socioeducativas de prestação de serviços à comunidade e liberdade assistida (art. 112, III e IV) e a medida de proteção consistente

na matrícula e frequência obrigatórias em estabelecimento oficial de ensino fundamental (art. 112, VII, c/c art. 101, III). Além da possibilidade de aplicá-las **isolada ou cumulativamente**, as medidas também podem ser substituídas a qualquer tempo (art. 113 c/c art. 99). Nesse caso, em atenção ao princípio do contraditório, deve-se dar a oportunidade de o adolescente e seu defensor público (ou advogado) se manifestarem acerca da pertinência e adequação da substituição da medida. Segue-se aqui a mesma linha de raciocínio desenvolvida anteriormente, quando tratamos da súmula 265 do STJ.

Art. 114. A imposição das medidas previstas nos incisos II a VI do art. 112 pressupõe a existência de **provas suficientes da autoria e da materialidade** da infração, ressalvada a hipótese de remissão, nos termos do art. 127.

Parágrafo único. A **advertência** poderá ser aplicada sempre que houver prova da materialidade e **indícios suficientes da autoria**.

1. **Autoria e materialidade da infração:** o art. 114 estabelece que a aplicação de medidas socioeducativas demanda comprovação de autoria e materialidade. O dispositivo materializa o princípio do devido processo legal, na medida em que, para impor ao adolescente o cumprimento de medida socioeducativa, é necessário que se estabeleça um processo em contraditório, com garantia de ampla defesa, a fim de apurar a atribuição feita pelo Ministério Público de cometimento de ato infracional. Após a oitiva do adolescente, da produção de provas (testemunhas do MP e da defesa, perícias) e de alegações finais, enfim, após o desenvolvimento regular e válido de um processo, diante da "existência de provas suficientes da autoria e da materialidade da infração" (art. 114 *caput*), então poderá o juiz impor ao adolescente o cumprimento de medida socioeducativa.

   O art. 114 contém uma garantia de cunho processual ao adolescente. Dentro desse contexto, vale relembrar a **súmula 342** do Superior Tribunal de Justiça, que tem plena relação com o tema em exame: "No procedimento para aplicação de medida socioeducativa, é nula a desistência de outras provas em face da **confissão** do adolescente."

   Há, porém, duas exceções, a **remissão** e a **advertência**.

   Conforme estabelece a parte final do *caput* do art. 114, nas hipóteses de remissão, dispensa-se a comprovação de autoria e a materialidade da infração. O instituto da remissão será devidamente analisado no exame do capítulo V (Da remissão), ainda dentro do Título que ora estudamos (Da prática do ato infracional). Por ora, basta justificar a exceção contida nesse dispositivo. A remissão significa uma forma de perdão dado ao adolescente, não tem efeito de antecedente e, principalmente, não implica o reconhecimento ou a comprovação da responsabilidade. Isso significa que não se atribui propriamente o ato ao adolescente; opta-se por não verificar tais questões. Daí a possibilidade de cumulação da remissão com uma medida socioeducativa (diversa da internação e da semiliberdade) sem que haja plena comprovação de autoria e materialidade. Para maiores esclarecimentos, remetemos o leitor para os comentários dos artigos 126 a 128, referente ao Capítulo V, do Estatuto.

A outra exceção à necessidade de comprovação de autoria e materialidade para aplicação de medida socioeducativa é a aplicação da advertência. Estabelece o parágrafo único do art. 114 que basta a prova da materialidade e "indícios suficientes de autoria" para aplicação da advertência. Trata-se de exceção que permite a aplicação da medida socioeducativa mais branda, a advertência, que consiste em simples admoestação verbal.

2. **Prescrição das medidas socioeducativas – súmula 338 do STJ:** quando o adolescente está apreendido, o Estatuto estabelece um prazo limite de 45 dias para o encerramento do procedimento (art. 183). Decorrido o prazo sem o encerramento do processo, o adolescente deve ser posto em liberdade. Não há um prazo legal para encerramento do processo quando o adolescente já está em liberdade.

A **grande maioria** dos processos de apuração de ato infracional atribuído a adolescente **não se encerra** em 45 dias. Seja pelo volume de processos nas varas especializadas, seja pela complexidade para solução de alguns processos, o trâmite processual invariavelmente se arrasta por anos. Diante desse quadro, começaram a surgir discussões acerca da aplicação da prescrição penal no âmbito do Estatuto da Criança e do Adolescente.

Instado a se manifestar sobre o tema, o Superior Tribunal de Justiça recorrentemente entendia aplicável o instituto da prescrição às medidas socioeducativas. Diante do entendimento consolidado, o Superior Tribunal de Justiça editou súmula a respeito da matéria:

> **Súm. 338.** A prescrição penal é aplicável nas medidas socioeducativas.

O fundamento do STJ para aplicação da prescrição das medidas socioeducativas é o de que, além do escopo pedagógico, tais medidas também são repressivas, punitivas. Logo, não se pode conceder ao Estado o direito de aplicá-las eternamente. Essa linha de argumentação é encontrada em diversos julgados da Corte, dentre ele um transcrito logo abaixo, na análise da forma de cálculo da prescrição.

Aplicação em concurso

- **(Cespe – Promotor de Justiça – MPE – SC/2021)** Quanto às medidas socioeducativas previstas no Estatuto da Criança e do Adolescente, julgue os itens seguintes, considerando, ainda, a jurisprudência do STJ.

  As normas do Código Penal referentes à prescrição são aplicáveis aos procedimentos de atos infracionais previstos no Estatuto da Criança e do Adolescente.

  Gabarito: o item está certo.

3. **Forma de cálculo da prescrição – posição do STJ:** a prescrição das medidas socioeducativas já é entendimento pacífico e sumulado no Superior Tribunal de Justiça. Resta compreender a forma de seu cálculo. Como a matéria não está disciplinada no Estatuto da Criança e do Adolescente, os critérios de cálculo foram estabelecidos pela jurisprudência.

   O STJ não se utiliza dos prazos estabelecidos para os crimes nas leis penais, ou seja, **não são aplicados** os **prazos** previstos como pena máxima – nem pena ideal – para um **crime** de homicídio, roubo ou tráfico de drogas. A Corte se vale da tabela de contagem de prazos da parte geral do Código Penal, com o **tempo de cumprimento da medida socioeducativa** previsto no Estatuto.

   Dentre os artigos do Código Penal que regulam a prescrição, dois possuem especial destaque para o cálculo da prescrição das medidas socioeducativas: os artigos 109 e 115.

   A primeira parte do art. 115 estabelece que "são reduzidos de metade os prazos de prescrição quando o criminoso era, ao tempo do crime, menor de 21 (vinte e um) anos". No âmbito do Estatuto da Criança e do Adolescente, a apuração de atribuição de ato infracional sempre diz respeito a adolescente, logo, alguém menor de 21 anos à data do fato. Portanto, os prazos prescricionais são **sempre reduzidos de metade** para o cálculo das medidas socioeducativas.

   Por sua vez, o art. 109 do Código Penal apresenta uma tabela para contagem de prazos prescricionais. Tais prazos são aplicáveis tanto para medidas privativas de liberdade (internação e semiliberdade), quanto para as restritivas de direitos (obrigação de reparar o dano, prestação de serviços à comunidade e liberdade assistida), de acordo com a determinação do parágrafo único, do art. 109, do Código Penal.

   Para o cálculo da prescrição da medida socioeducativa, deve-se analisar o tempo de cumprimento de medida imposto na sentença e consultar a tabela do artigo 109 para verificar a ocorrência do prazo prescricional.

4. **Exemplo de prescrição em medida restritiva de direitos – posição do STJ:** é imposta ao adolescente a medida socioeducativa de liberdade assistida pelo prazo de 1 ano. O art. 109, inciso V, do Código Penal estabelece o prazo prescricional em 4 anos quando a *pena* é igual a 1 ano e não excede a 2. Com a redução de prazo do art. 115, tem-se que o prazo prescricional da medida socioeducativa imposta ao adolescente é de 2 anos. Essa é a fórmula de cálculo aplicada pelo Superior Tribunal de Justiça (HC 192.312/SP, 6ª Turma, julgado em 07/02/2013).

5. **Exemplo de prescrição em medida privativa de liberdade – posição do STJ:** no caso das medidas de semiliberdade e internação, não se estabelece prazo fixo de cumprimento de medida (Estatuto, art. 121, § 2º), podendo variar do mínimo de 6 meses ao máximo de 3 anos (art. 121, § 3º). Assim, para o cálculo da prescrição, é utilizado o prazo máximo de 3 anos, que importa em prazo prescricional de 8 anos (CP, art. 109, IV). Reduzido à metade (art. 115), tem-se que o prazo prescricional das medidas privativas de liberdade é de 4 anos Esse também é o entendimento consolidado STJ (AgRg no REsp 1870407/SC, 6ª Turma, julgado em 27/10/2020).

Seção II
Da Advertência

Art. 115. A advertência consistirá em **admoestação verbal**, que será reduzida a termo e assinada.

1. **Advertência:** o art. 115 deixa claro que a advertência nada mais é do que uma admoestação verbal feita ao adolescente. Trata-se da medida socioeducativa mais branda prevista pelo Estatuto e pode ser aplicada independentemente de prova cabal acerca da autoria (art. 114, p.ú.).

Seção III
Da Obrigação de Reparar o Dano

Art. 116. Em se tratando de ato infracional com **reflexos patrimoniais**, a autoridade poderá determinar, se for o caso, que o adolescente **restitua** a coisa, promova o **ressarcimento do dano**, ou, por outra forma, **compense o prejuízo** da vítima.

Parágrafo único. Havendo manifesta impossibilidade, a medida poderá ser substituída por outra adequada.

1. **Obrigação de reparar o dano:** o artigo 116 estabelece a medida socioeducativa de reparação do dano causado pelo adolescente. Sua aplicação é bastante reduzida na prática, porque poucos são os que efetivamente trabalham ou tem renda própria para poder ressarcir a vítima dos prejuízos financeiros causados pelo ato infracional. Um adolescente de 13 anos, por exemplo, sequer pode trabalhar; um de 14, apenas como aprendiz. Daí a dificuldade de sua aplicação.

   Deve-se ter presente que a medida socioeducativa é imposta ao adolescente; ele é o responsável por seu cumprimento, não seus pais ou responsáveis. No âmbito da responsabilidade civil, os pais têm efetivamente o dever de reparar os danos causados por seus filhos (Código Civil, art. 932, inciso I), mas não no regime jurídico da apuração de atos infracionais atribuídos a adolescentes. À luz do Estatuto, a medida socioeducativa é imposta ao adolescente, não a seus pais. Por isso, para aplicação da medida de obrigação de reparação do dano, deve o juiz considerar a efetiva capacidade do adolescente de cumpri-la. Inclusive, o parágrafo único do art. 116 deixa claro que a medida pode ser substituída por outra, caso haja manifesta impossibilidade de seu cumprimento pelo adolescente.

Seção IV
Da Prestação de Serviços à Comunidade

Art. 117. A prestação de serviços comunitários consiste na realização de **tarefas gratuitas** de interesse geral, por **período não excedente a seis meses**, junto a entidades assistenciais, hospitais, escolas e outros estabelecimentos congêneres, bem como em programas comunitários ou governamentais.

Parágrafo único. As tarefas serão atribuídas conforme as **aptidões do adolescente**, devendo ser cumpridas durante **jornada máxima de oito horas semanais**, aos sábados, domingos e feriados ou em dias úteis, de modo a **não prejudicar a frequência à escola ou** à jornada normal de **trabalho**.

1. **Prestação de serviços à comunidade:** inicialmente, é preciso deixar claro que a prestação de serviços à comunidade, como uma das modalidades de medida socioeducativa, **não se confunde com a prestação de trabalhos forçados** – expressamente proibida pela Constituição da República (art. 5º, inciso XLVII, alínea "c") e pelo Estatuto (art. 112, § 2º).

   A distinção está na natureza do serviço prestado. Os **trabalhos forçados** possuem **caráter desumano**, cuja natureza do serviço é desproporcional à capacidade de prestação daquele que é punido. Viola, sobretudo, a dignidade da pessoa humana.

Por sua vez, a **prestação de serviços à comunidade** serve para que o adolescente desenvolva em si um **senso cívico**, ou seja, que apura sua percepção de **cidadania**, pois o serviço é realizado em **entidades assistenciais, hospitais, escolas** etc.

A **jornada máxima** é de **8 horas semanais**, a serem prestadas em horário compatível com sua frequência escolar ou atividades profissionais.

2. **Prazo de cumprimento da medida socioeducativa:** o prazo máximo para prestação de serviços à comunidade é de seis meses. Não se podem confundir os prazos estabelecidos para a liberdade assistida e a prestação de serviços à comunidade. Este é de, no máximo, 6 meses; aquele é de, no mínimo, 6 meses (art. 118, § 2º).

Medida socioeducativa	Prazo
Prestação de serviços à comunidade	Máximo de 6 meses (art. 117)
Liberdade assistida	Mínimo de 6 meses (art. 118, § 2º)

Seção V
Da Liberdade Assistida

Art. 118. A **liberdade assistida** será adotada sempre que se afigurar a medida mais adequada para o fim de **acompanhar, auxiliar e orientar** o adolescente.

§ 1º A autoridade designará pessoa capacitada para acompanhar o caso, a qual poderá ser recomendada por entidade ou programa de atendimento.

§ 2º A liberdade assistida será fixada pelo **prazo mínimo de seis meses**, podendo a qualquer tempo ser prorrogada, revogada ou substituída por outra medida, ouvido o orientador, o Ministério Público e o defensor.

Art. 119. Incumbe ao orientador, com o apoio e a supervisão da autoridade competente, a realização dos seguintes encargos, entre outros:

I – promover socialmente o adolescente e sua família, fornecendo-lhes orientação e inserindo-os, se necessário, em programa oficial ou comunitário de auxílio e assistência social;

II – supervisionar a frequência e o aproveitamento escolar do adolescente, promovendo, inclusive, sua matrícula;

III – diligenciar no sentido da profissionalização do adolescente e de sua inserção no mercado de trabalho;

IV – apresentar relatório do caso.

1. **Liberdade assistida:** os artigos 118 e 119 disciplinam a medida socioeducativa de liberdade assistida. Trata-se da medida mais rígida dentre as não-privativas de liberdade, pois importa em maior número de obrigações para o adolescente. Durante o período de liberdade assistida, o adolescente é acompanhado por uma equipe interdisciplinar de uma entidade de atendimento, responsável por promover socialmente o adolescente e sua família, supervisionar sua frequência e aproveitamento escolar, diligenciar acerca de sua profissionalização e inserção no mercado de trabalho (art. 119, incisos I, II e III). A equipe de atendimento deve apresentar relatórios à autoridade judiciária (art. 119, IV) para que se avalie a necessidade de sua prorrogação, substituição ou mesmo do encerramento do período de liberdade assistida (art. 118, § 2º).

   Conforme previsão do § 1º do artigo 90, o programa da entidade de atendimento, seja governamental ou privada, deve ser inscrito no Conselho Municipal dos Direitos da Criança e do Adolescente.

2. **Prazo de cumprimento da medida socioeducativa – posição do STJ:** conforme frisado anteriormente, quando analisada a medida de prestação de serviços à comunidade, é importante atentar para o prazo de cumprimento da liberdade assistida, cujo período mínimo é de 6 meses (art. 118, § 2º). Remete-se o leitor à tabela apresentada anteriormente.

   Conforme entendimento do STJ, na falta de previsão de prazo máximo de cumprimento da liberdade assistida, aplica-se a regra da internação, que fixa em 3 anos o prazo máximo de cumprimento de medida socioeducativa: HC 172.017/SP, 5ª Turma, julgado em 05/05/2011.

3. **Cumprimento após 18 anos – súmula do STJ:** o STJ identificou divergência jurisprudencial a respeito do cumprimento da medida socioeducativa de liberdade assistida por adolescentes que completavam 18 anos. O artigo 121, § 5º do Estatuto prevê expressamente que somente com 21 anos ocorre a extinção do cumprimento da medida de internação. Não há dispositivo expressa sobre o tema para a liberdade assistida. Daí a divergência de entendimento no Judiciário. A matéria deve ser pacificada agora com a súmula 605, que determina o cumprimento da medida até 21 anos. Confira-se:

   > **Súmula 605.** A superveniência da maioridade penal não interfere na apuração de ato infracional nem na aplicabilidade de medida socioeducativa em curso, inclusive na liberdade assistida, enquanto não atingida a idade de 21 anos.

Aplicação em concurso

- **(Cespe – Promotor de Justiça – MPE – SC/2021)** Quanto às medidas socioeducativas previstas no Estatuto da Criança e do Adolescente, julgue os itens seguintes, considerando, ainda, a jurisprudência do STJ.

  A superveniência da maioridade penal encerra as apurações de ato infracional e a aplicação de medidas socioeducativas em curso.

  Gabarito: o item está errado.

Seção VI
Do Regime de Semiliberdade

Art. 120. O regime de semiliberdade pode ser determinado **desde o início, ou** como forma de **transição** para o meio aberto, possibilitada a realização de **atividades externas, independentemente de autorização** judicial.

§ 1º São obrigatórias a escolarização e a profissionalização, devendo, sempre que possível, ser utilizados os recursos existentes na comunidade.

§ 2º A medida **não comporta prazo determinado** aplicando-se, no que couber, as disposições relativas à internação.

1. **Semiliberdade:** essa é uma medida socioeducativa que priva, em parte, a liberdade do adolescente. De fato, assemelha-se ao regime semiaberto de cumprimento de pena de maiores capazes. O adolescente trabalha e estuda durante o dia e, no período noturno, fica recolhido em entidade especializada.

2. **Semiliberdade X Internação:** há semelhanças e diferenças entre a semiliberdade e a internação. Ambas importam em cerceamento da liberdade do adolescente – logicamente a de internação cerceia mais a liberdade do que a semiliberdade. Além disso, **as duas** são fixadas **sem prazo determinado**. O adolescente é periodicamente avaliado para verificar a possibilidade de substituição de sua medida socioeducativa por outra mais branda (ex.: liberdade assistida) ou mesmo para extinção definitiva do seu cumprimento.

   Importante diferença diz respeito à realização de **atividades externas**. Na **semiliberdade**, a realização de atividades externas, como o trabalho ou frequência a curso profissionalizante, **não dependem de autorização** judicial. Em contrapartida, na medida de **internação**, a participação em atividades externas **depende de autorização** da equipe técnica da entidade e pode ser totalmente proibida pela autoridade judicial.

Em relação à escolarização e à profissionalização, o adolescente em **semiliberdade** tem obrigação de **buscar sua formação** estudantil e profissional durante o dia. Na **internação**, como o adolescente cumpre a medida dentro da entidade, a **escolarização e a profissionalização são ali prestadas**, sendo obrigatória a participação nas atividades pedagógicas.

Característica peculiar da **semiliberdade** é sua utilização como forma de **transição** do adolescente **para o meio aberto**. É comum ser imposta ao adolescente a medida extrema de internação e, após avaliações positivas da equipe técnica da entidade, substituir-se essa medida por semiliberdade, a fim de possibilitar maior contato do adolescente com a sociedade. Dessa forma, obtém-se sua ressocialização.

Por sua vez, a **internação** é aplicada como medida extrema para as hipóteses em **rol taxativo** de ato infracional praticado com violência ou grave ameaça, reiteração no cometimento de infrações graves ou descumprimento reiterado e injustificável de medida anterior (art. 122). A semiliberdade "não está sujeita a nenhum rol taxativo, mas deve adequar-se à capacidade do adolescente em cumpri-la, às circunstâncias e à gravidade da infração" (STJ – AgRg no HC 623.096/SP, 6ª Turma, julgado em 24/11/2020).

A medida socioeducativa de internação será examinada profundamente no próximo tópico, mas já é possível apresentar um quadro comparativo entre as duas medidas.

Semiliberdade	Internação
Imposta desde o início ou como forma de transição para o meio aberto	Imposta desde o início ou diante do descumprimento reiterado e injustificável de medida anterior
Atividades externas não dependem de autorização judicial	Atividades externas dependem de autorização da equipe técnica da entidade, mas podem ser vedadas pela autoridade judiciária.
Obriga à escolarização e à profissionalização	Recebe escolarização e profissionalização dentro da entidade
Prazo de cumprimento indeterminado	Prazo de cumprimento indeterminado
Reavaliações periódicas, no máximo, a cada 6 meses	Reavaliações periódicas, no máximo, a cada 6 meses
Reduz o direito de liberdade	Suprime o direito de liberdade

3. **Autorização judicial para realização de atividades externas – posições do STF e do STJ:** a vedação de realização de atividades externas e de visitação à família depende de fundamentação expressa e razoável do juízo. Esse entendimento está consolidado tanto no STF (HC 98518/RJ, julgado em 25/05/2010), quanto no STJ (HC 311.885/RS, 6ª Turma, julgado em 10/02/2015).

4. **Idade para liberação compulsória – posições do STF e do STJ:** nos artigos do Estatuto referentes à semiliberdade, não há menção ao prazo de liberação compulsória. Conforme afirmamos em passagens anteriores, o adolescente está sujeito à aplicação das medidas socioeducativas até completar 21 anos. Assim, deve-se ter claro que as medidas socioeducativas podem ser aplicadas até essa idade. Nesse sentido, manifestou-se o Supremo Tribunal Federal: HC 90129/RJ, julgado em 10/04/2007. O STJ segue a mesma linha.

Seção VII
Da Internação

Art. 121. A internação constitui **medida privativa da liberdade**, sujeita aos **princípios** de **brevidade, excepcionalidade e respeito à condição peculiar** de pessoa em desenvolvimento.

1. **Internação:** essa é a medida socioeducativa mais gravosa para o adolescente, pois lhe cerceia amplamente a liberdade. A disciplina do Estatuto para essa medida é bastante extensa e será detidamente analisada no presente capítulo.

2. **Prescrição:** é aplicável o instituto da prescrição das medidas de internação, conforme frisado anteriormente, em comentários aos artigos 112 a 114 (Capítulo IV, Título III, Livro II), para onde remetemos o leitor.

3. **Princípios pertinentes à internação:** o art. 121 estabelece três **princípios reitores** da medida socioeducativa de internação: **brevidade, excepcionalidade e respeito à condição peculiar de pessoa em desenvolvimento.**

   Por **brevidade**, deve-se entender que a medida de internação somente deve ser imposta e cumprida pelo adolescente durante um período curto, o estritamente necessário para que reflita sobre a gravidade de suas ações e comece a ressocializar-se. Tão logo se verifique avanço em sua formação pessoal, melhoria de seu caráter, a medida deve ser substituída por outra menos gravosa (ex: semiliberdade ou liberdade assistida) ou mesmo encerrado seu cumprimento. A aferição é feita pela autoridade judiciária, **no máximo a cada seis meses** (art. 121, § 2º), com o auxílio de relatórios e pareceres realizados pela equipe interdisciplinar que atende as entidades onde o adolescente cumpre a medida. Além disso, o prazo máximo de cumprimento da medida de internação é de 3 anos, independentemente da gravidade do ato infracional por ele cometido (art. 121, §§ 3º e 4º).

O **princípio da excepcionalidade** denota que a medida de internação deve ser aplicada com extrema cautela, em situações peculiares especificamente previstas em lei. Há regra expressa no Estatuto que consagra esse princípio. Trata-se do parágrafo segundo do art. 122, segundo o qual a medida de internação somente é aplicada quando outra não se mostrar adequada. Vale dizer, se o caso concreto demonstra que o adolescente pode ressocializar-se plenamente em meio aberto, através, por exemplo, da liberdade assistida ou da semiliberdade, então **afasta-se a aplicação da medida extrema de internação** – ainda que se esteja diante de uma situação que autorizaria, em tese, essa medida (art. 122, incisos I, II e III).

Por fim, tem-se o princípio da **condição peculiar de pessoa em desenvolvimento**. Esse princípio guarda relação com o principal postulado do Estatuto da Criança e do Adolescente, a proteção integral. Mesmo com a privação de liberdade decorrente da internação, é preciso tutelar de forma ampla o adolescente, pois a internação não tem o caráter punitivo da pena aplicada a maiores capazes. O objetivo da imposição da medida socioeducativa de internação é ressocializar o adolescente. Para isso, o Estatuto prevê um rol de direitos garantidos ao adolescente privado de sua liberdade (art. 124), dentre os quais se destacam o direito de receber escolarização e profissionalização (inciso XI), de realização de atividades culturais, esportivas e de lazer (XII) e de receber os documentos pessoais indispensáveis à vida em sociedade (XVI).

Os princípios elencados no art. 121 não são meras exortações teóricas, pois estão materializados em dispositivos do próprio Estatuto.

4. **Princípio da atualidade na aplicação de medidas socioeducativas – posição do STJ:** o princípio da atualidade (art. 10, p.ú., inc. VIII) já serviu de fundamento para o STJ afastar a imposição de medida socioeducativa (AgRg no HC 516.454/SP, 6ª Turma, julgado em 01/10/2019).

§ 1º Será permitida a realização de **atividades externas, a critério da equipe técnica** da entidade, salvo expressa determinação judicial em contrário.

1. **Realização de atividades externas:** esse é um dos traços distintivos entre a semiliberdade e a internação. Naquela, a realização de atividades externas não depende de autorização judicial. No caso da internação, o art. 121, § 1º estabelece que a realização de atividades externas é possível, a critério da equipe técnica da entidade onde o adolescente cumpre a medida, mas **pode ser vedada** expressamente **pela autoridade judiciária**.

   O § 7º ao artigo 121 permite ao juízo rever a decisão sobre a realização de atividades externas a qualquer momento.

§ 2º A medida **não comporta prazo determinado**, devendo sua manutenção ser **reavaliada**, mediante decisão fundamentada, no máximo a **cada seis meses**.

§ 3º Em **nenhuma hipótese** o período máximo de internação **excederá a três anos**.

§ 4º Atingido o limite estabelecido no parágrafo anterior, o adolescente deverá ser liberado, colocado em regime de semiliberdade ou de liberdade assistida.

§ 5º A liberação será **compulsória aos vinte e um anos** de idade.

§ 6º Em qualquer hipótese a desinternação será precedida de autorização judicial, ouvido o Ministério Público.

§ 7º A determinação judicial mencionada no § 1º poderá ser revista a qualquer tempo pela autoridade judiciária. (Redação dada pela Lei nº 12.594, de 2012)

1. **Prazo de cumprimento da medida – posição do STJ:** na sentença judicial que impõe ao adolescente a medida socioeducativa de internação, o magistrado não fixa um prazo para seu cumprimento. A manutenção da medida é constantemente reavaliada, no máximo a cada seis meses, através de decisão judicial (art. 121, § 2º) – que, naturalmente, deve ser fundamentada (CRFB, art. 93, IX). Como dito anteriormente, o juízo forma sua convicção a partir de informações prestadas em relatórios e pareceres da equipe interdisciplinar que compõe os quadros das entidades de internação.

   O juízo não está, porém, vinculado à conclusão desses pareceres – conforme entendimento do STJ (HC 437.119/RJ, 6ª Turma, julgado em 12/06/2018).

   Além disso, é possível – e até mesmo adequado – que periodicamente o magistrado realize audiências com os adolescentes internados, pois o contato pessoal e direto entre ambos é importante para formar a convicção pessoal do julgador.

Não é correto dizer que o prazo mínimo de cumprimento da medida de internação é de seis meses. O parágrafo segundo do art. 121 é claro ao determinar que a reavaliação deve ocorrer, no máximo, a cada 6 meses. Logo, pode ser feita reavaliação em período menor de tempo.

Embora não haja prazo mínimo, o Estatuto fixa **prazos máximos** para o cumprimento da medida de internação definidos por dois marcos distintos: (i) o **tempo de cumprimento** e (ii) a **idade** do adolescente.

O adolescente pode permanecer internado pelo **prazo máximo de 3 anos** (ar. 121, § 3º), se a internação decorreu de ato infracional cometido com violência ou grave ameaça a pessoa ou por reiteração no cometimento de infrações graves (art. 122, incisos I e II, respectivamente).

Se a internação ocorreu por **descumprimento reiterado** e injustificável de medida anteriormente imposta (art. 122, III), hipótese chamada de regressão da medida, o prazo máximo de cumprimento é de **3 meses** (122, § 1º).

Por fim, **independentemente do tempo** de cumprimento da medida, o adolescente é **colocado em liberdade ao completar 21 anos** (art. 121, §5º). A idade fixada pelo Estatuto não foi revogada pela entrada em vigor do Código Civil de 2002. A liberação compulsória do adolescente não ocorre aos 18 anos, por ter alcançado a maioridade, mas sim aos 21 anos, exatamente como determina o parágrafo 5º do art. 121 – entendimento consolidado no STJ (AgRg no REsp 1872380/SC6ª Turma, julgado em 25/08/2020.

Aplicação em concurso

- **(Agente Educador – Município do Rio de Janeiro-RJ – 2019)** A medida socioeducativa privativa de liberdade não poderá exceder o prazo máximo de:

  A) 6 meses

  B) 1 ano

  C) 2 anos

  D) 3 anos

  Gabarito: letra D.

2. **Liberação compulsória e distúrbio psiquiátrico – posição do STJ:** a idade de 21 anos fixada pelo § 5º do artigo 121 do Estatuto é aplicável também ao caso da adolescente que sofre de distúrbios psiquiátricos.

O critério aqui é objetivo, não se podendo impor outros requisitos de ordem subjetiva para a não desinternação da pessoa. Sobre o tema, manifestou-se o STJ: HC 113.371-PI, julgado em 28/4/2009.

Art. 122. A medida de internação **só poderá ser aplicada** quando:

1. **Sistemática de aplicação da medida de internação:** o art. 122 do Estatuto apresenta o rol de três incisos com as hipóteses que permitem a aplicação da medida de internação.

   Deve-se perceber que o *caput* do art. 122 utiliza a expressão "só poderá ser aplicada quando". Daí se extrai que o rol de hipóteses que autorizam a imposição da medida de internação é **taxativo**, *numerus clausus*. Se a situação do adolescente não estiver enquadrada em nenhum dos incisos do art. 122, não pode ser aplicada a medida de internação.

   Outro ponto a ser destacado – já frisado anteriormente, quando tratamos dos princípios atinentes à internação –, também decorrente da redação do *caput*, é o de que a imposição da medida socioeducativa de **internação não é obrigatória, ainda que presente uma das hipóteses dos incisos do art. 122.**

   Esse dispositivo não contém um verbo impositivo; tem-se aí uma **faculdade**. Em outras palavras, se constasse do *caput* uma redação tal qual "a medida de internação *deve ser* aplicada quando:", então essa medida seria de aplicação obrigatória. Como o verbo nuclear é "poderá", a aplicação da internação fica a critério do julgador. Some-se a isso o parágrafo segundo do art. 122, que prevê: "em nenhuma hipótese será aplicada a internação, havendo outra medida adequada".

   Portanto, o art. 122 traz em si dois comandos claros: **(i)** para aplicação da internação, somente nas hipóteses expressamente previstas; **(ii)** ainda que diante dessas hipóteses, pode ser aplicada medida diversa, menos gravosa.

2. **Hipóteses de aplicação da medida de internação:** os incisos do art. 122 elencam as situações que permitem ao juízo impor ao adolescente a medida socioeducativa de internação. São elas: ato infracional cometido mediante grave ameaça ou violência a pessoa (inciso I); reiteração no cometimento de outras infrações graves (II); e descumprimento reiterado da medida anteriormente imposta (III).

   Deve-se atentar que o Estatuto não se utiliza de conceitos penais como crime hediondo, equiparado a hediondo, crime de menor potencial ofensivo etc.

Vejamos cada hipótese separadamente.

> I – tratar-se de ato infracional cometido mediante **grave ameaça ou violência** a pessoa;

1. **Ato infracional cometido mediante grave ameaça ou violência a pessoa:** é a hipótese do inciso I do art. 122. O conceito é autoexplicativo. Permite-se a imposição de medida de internação se o ato infracional é praticado mediante grave ameaça ou violência a pessoa. Exemplos: homicídio, roubo, latrocínio, extorsão mediante sequestro, estupro etc. Nessa hipótese, ainda que o adolescente não tenha antecedentes infracionais, ou seja, ainda que seja seu primeiro processo por ato infracional, é possível a aplicação da medida de internação.

   Ainda que o ato infracional seja apenas tentado, desde que se trate de tipo penal/infracional praticado mediante grave ameaça ou violência, é possível a aplicação da medida socioeducativa de internação.

   Na legislação penal, há crimes considerados **graves**, hediondos e equiparados a hediondos, cujas penas são elevadas, mas que **não são praticados com grave ameaça ou violência**. É o que se verifica inúmeros tipos penais, como furto qualificado, epidemia, receptação, apropriação indébita, adulteração de produto destinado a fins terapêuticos ou medicinais, crimes contra a Administração Pública, tráfico de drogas, porte de arma de fogo etc.

   Em todos esses casos, **não é cabível a medida socioeducativa de internação** com base no inciso I do art. 122. Quer dizer, a gravidade do ato, do ponto de vista da legislação penal, é irrelevante para fundamentar a medida de internação.

   Esse ponto é especialmente relevante em relação ao tráfico de drogas (Lei 11.343/2006, art. 33), pois se trata de crime equiparado a hediondo (CRFB, art. 5, XLIII; Lei 8.072/90, art. 2º), cuja pena é elevada (reclusão de 5 a 15 anos e multa de 500 a 1.500 dias-multa), mas que não é praticado mediante grave ameaça ou violência a pessoa. O Superior Tribunal de Justiça constantemente enfrenta a questão, pois juízos de tribunais inferiores impõem a medida de internação ao argumento de que o ato infracional equiparado ao tráfico de drogas é gravíssimo.

   O entendimento do STJ é firme e pacífico no sentido de que **não é possível a imposição de medida socioeducativa de internação no caso de tráfico de drogas**.

Súmula 492. O ato infracional análogo ao tráfico de drogas, por si só, não conduz obrigatoriamente à imposição de medida socioeducativa de internação do adolescente.

Dentro do regime jurídico do Estatuto, podemos afirmar que a opinião do julgador de que o tráfico de drogas é um ato grave não serve de fundamento para aplicação da medida extrema de internação, uma vez que não há violência ou grave ameaça em sua prática (STF – súmula 718).

Esse **raciocínio** anterior também é **válido para o porte ilegal de arma de fogo** de uso permitido ou restrito (Lei 10.826/2003, artigos 14 e 16). São atos infracionais cuja consumação não importa em grave ameaça ou violência a pessoa, razão por que não é possível a aplicação da medida de internação com base no inciso I do art. 122 do Estatuto da Criança e do Adolescente.

Aplicação em concurso

- **(Cespe – Promotor de Justiça – MPE – SC/2021)** Quanto às medidas socioeducativas previstas no Estatuto da Criança e do Adolescente, julgue os itens seguintes, considerando, ainda, a jurisprudência do STJ.

  Adolescente que praticar ato análogo ao tráfico de drogas será necessariamente submetido à medida socioeducativa de internação.

  Gabarito: o item está errado.

II – por **reiteração** no cometimento de outras infrações graves;

1. **Reiteração no cometimento de outras infrações graves:** a segunda hipótese de aplicação da medida de internação é para a reiteração no cometimento de outras infrações graves. Nesse caso, ainda que o adolescente tenha praticado ato infracional sem grave ameaça ou violência a pessoa, é possível a imposição da medida de internação. O requisito legal é: **reiteração de infrações.** E aqui é preciso indicar que o STJ oscila bastante sua interpretação do tema. Ano a ano fazemos a verificação do entendimento da 5ª e da 6ª Turmas do STJ, a fim de buscar alguma racionalidade para as decisões da Corte.

   A 5ª Turma tem adotado o entendimento de que o requisito da *reiteração* não está ligado diretamente a um número mínimo de atos infracionais anteriores, para isso se apoiando em manifestação do STF (AgRg no HC 528.501/SP, 5ª Turma, julgado em 17/10/2019).

No último ano, a 6ª Turma passou a seguir esse entendimento: *"para a configuração da reiteração de atos infracionais graves, prevista no inciso II do art. 122 do ECA, **suficiente** é a prática de **nova conduta após prévia aplicação de medida socioeducativa**, salvo falta de contemporaneidade ou menor relevância da prática infracional antecedente"* (AgRg no HC 598.030/AL, 6ª Turma, julgado em 17/11/2020). Na mesma linha, atos que estão ainda em apuração não servem para fundamentar a internação.

2. **Pequena quantidade de drogas como fundamento para afastar a internação – posição do STJ:** em julgado recente, o STJ considerou que a pequena quantidade de droga era um fator relevante para se afastar a imposição da medida extrema de internação (HC 523.913/RS, 6ª Turma, julgado em 22/10/2019).

Aplicação em concurso

- **(Juiz de Direito – TJ-AL – 2019 – FCC)** Rogério, pela prática de ato infracional equiparado a dano (primeiro ato), recebeu remissão como forma de exclusão do processo com medida socioeducativa de advertência. Um mês antes de completar 18 anos, Rogério é flagrado na prática de ato infracional equiparado a tráfico de drogas (segundo ato). Segundo o que dispõe a lei, sua interpretação pelo Supremo Tribunal Federal e as teses de orientação jurisprudencial mais recentes divulgadas pelo Superior Tribunal de Justiça (STJ), é correto afirmar que

  A) foi descabida a aplicação de advertência quando do primeiro ato, uma vez que somente a remissão suspensiva e a remissão extintiva admitem a cumulação com medida socioeducativa em meio aberto.

  B) o primeiro ato infracional (dano), compreendido na remissão, não serve para caracterizar a reiteração que autorize a internação pelo segundo ato, mas prevalece para fins de antecedentes, podendo influenciar na definição da medida mais adequada e de seu tempo de duração.

  C) a medida de semiliberdade pode ser aplicada diante do segundo ato, já que a imposição de tal medida não se vincula à taxatividade estabelecida no art. 122 da Estatuto da Criança e do Adolescente (Lei n° 8.069/90) em relação à internação.

  D) é vedada, segundo a Súmula 492 do STJ, a aplicação de medida socioeducativa de internação pelo segundo ato por não comportar violência ou grave ameaça à pessoa.

  E) com o alcance da maioridade civil ou penal de Rogério, a medida a ele aplicada pelo segundo ato deve ser extinta, exceto se se tratar de medida de internação.

  Gabarito: letra C

III – por **descumprimento reiterado e injustificável** da medida anteriormente imposta.

§ 1º O prazo de internação na hipótese do inciso III deste artigo não poderá ser superior a 3 (três) meses, devendo ser decretada judicialmente após o devido processo legal. (Redação dada pela Lei nº 12.594, de 2012)

1. **Descumprimento reiterado e injustificável da medida anteriormente imposta – regressão:** a terceira hipótese que permite a imposição da medida de internação é a do inciso III do art. 122. Trata-se da ocorrência da **regressão**, ou seja, a substituição de uma medida menos gravosa pela internação, devido ao seu descumprimento reiterado e injustificado pelo adolescente. Por exemplo, ao final do processo de apuração de ato infracional, são impostas ao adolescente as medidas socioeducativas de prestação de serviços à comunidade e liberdade assistida, mas o adolescente deixa de cumpri-las mesmo advertido diversas vezes. Diante de sua recalcitrância, é possível a regressão da medida.

   Mais uma vez, é preciso ter bastante atenção com os termos utilizados pelo Estatuto. O descumprimento deve ser **"reiterado" e "injustificável"**. Por isso, uma vez intimado para dar início ao cumprimento da medida, se o adolescente não se apresenta para a atividade (ex: prestação de serviços à comunidade), a regressão não pode ser determinada de forma imediata. É preciso que o descumprimento seja reiterado e injustificado. Portanto, o adolescente deve ser **intimado para justificar por que não cumpriu a medida**. Deve-se-lhe conceder **nova oportunidade** para cumprimento. Somente então, ante **novo descumprimento**, poderá o juízo aplicar a **regressão** da medida socioeducativa com base no inciso III do art. 122.

   Em passagem anterior, ao tratarmos das garantias processuais do adolescente (art. 111), mencionamos a aplicação da súmula 265 do Superior Tribunal de Justiça, que trata justamente da regressão:

   > **Súmula 265.** É necessária a oitiva do menor infrator antes de decretar-se a regressão da medida sócio-educativa.

   Antes de se decretar a regressão da medida, é necessário ouvir o adolescente exatamente em atendimento ao contraditório e à ampla defesa, princípios decorrentes do devido processo legal.

   Esse assunto estava sumulado pelo STJ e posteriormente passou a constar expressamente no parágrafo primeiro do artigo 122.

Além disso, essa necessidade decorre da expressão "injustificável", contida no inciso III do art. 122. É possível – e muito comum na prática – que o adolescente deixe de cumprir a medida por circunstâncias alheias à sua vontade. Nesse caso, o juízo deve ponderar sobre a substituição da medida (não pela internação!) ou sobre a alteração de sua forma de cumprimento para adequar às possibilidades do adolescente.

Por fim, há que se destacar o prazo para cumprimento da medida de internação decorrente de regressão. Quando a internação é baseada no inciso III do art. 122, o prazo máximo de internação é de 3 meses, conforme determina o art. 122, § 1º. Esse prazo não pode ser extrapolado, sob pena de se caracterizar constrangimento ilegal, sanável via *Habeas Corpus*.

Importante notar que o § 1º do art. 122 menciona que o prazo máximo em caso de regressão é de 3 meses, de maneira que o juízo pode determinar o cumprimento da medida de internação por um prazo menor. O critério para sua fixação deve ser pautado pela **razoabilidade**. Se o adolescente já cumpriu metade do prazo fixado em sua medida socioeducativa, é coerente que a regressão seja imposta por um período aproximado de 45 dias – que é justamente metade do prazo máximo de cumprimento de internação por regressão.

Aplicação em concurso

- (Cespe – Promotor de Justiça – MPE – SC/2021) Quanto às medidas socioeducativas previstas no Estatuto da Criança e do Adolescente, julgue os itens seguintes, considerando, ainda, a jurisprudência do STJ.

  A oitiva do adolescente infrator é necessária para a decretação de regressão de medida socioeducativa.

  Gabarito: o item está certo.

§ 2º. **Em nenhuma hipótese será aplicada a internação, havendo outra medida adequada.**

1. **Excepcionalidade da medida de internação – posições do STF e do STJ:** o art. 122, § 2º determina que a medida de internação não será aplicada quando outra medida se mostrar adequada para a ressocialização do adolescente. Esse dispositivo materializa o princípio da excepcionalidade da medida de internação, previsto no *caput* do art. 121.

   Assim, para que seja determinada a medida de internação, é necessário que o juízo demonstre na sentença com argumentos sólidos e concretos que não há outra medida adequada ao caso concreto (STF, RHC 116947, 2ª Turma, julgado em 18/12/2013)

Se outra medida mais branda se mostrar efetiva, então esta deverá ser aplicada (STJ, HC 297.290/SP, 6ª Turma, julgado em 07/10/2014).

Art. 123. A internação deverá ser cumprida em entidade exclusiva para adolescentes, em local distinto daquele destinado ao abrigo, obedecida rigorosa separação por critérios de idade, compleição física e gravidade da infração.

Parágrafo único. Durante o período de internação, inclusive provisória, serão obrigatórias atividades pedagógicas.

1. **Cumprimento da medida de internação em entidade própria – posição do STJ:** conforme prevê o artigo 123, a internação deve ser cumprida em entidade exclusiva para adolescentes. Não é admissível o cumprimento da medida em estabelecimento penal, ainda que segregado dos detentos maiores de idade. O entendimento do STJ é bastante rigoroso nesse sentido. Se não houver vaga em estabelecimento próprio, o adolescente deve esperar a vaga cumprindo medida socioeducativa de liberdade assistida (RHC 92.302/MG, 5ª Turma, julgado em 09/10/2018).

Art. 124. São **direitos do adolescente** privado de liberdade, entre outros, os seguintes:

I – entrevistar-se pessoalmente com o representante do Ministério Público;

II – **peticionar diretamente** a qualquer autoridade;

III – avistar-se reservadamente com seu defensor;

IV – ser informado de sua situação processual, sempre que solicitada;

V – ser tratado com respeito e dignidade;

VI – **permanecer internado na mesma localidade** ou naquela mais próxima ao domicílio **de seus pais** ou responsável;

VII – receber visitas, ao menos, semanalmente;

VIII – corresponder-se com seus familiares e amigos;

IX – ter acesso aos objetos necessários à higiene e asseio pessoal;

X – habitar alojamento em condições adequadas de higiene e salubridade;

XI – **receber escolarização e profissionalização**;

XII – realizar atividades culturais, esportivas e de lazer:

XIII – ter acesso aos meios de comunicação social;

XIV – receber assistência religiosa, segundo a sua crença, e desde que assim o deseje;

XV – manter a posse de seus objetos pessoais e dispor de local seguro para guardá-los, recebendo comprovante daqueles porventura depositados em poder da entidade;

XVI – receber, quando de sua desinternação, os documentos pessoais indispensáveis à vida em sociedade.

§ 1º **Em nenhum caso haverá incomunicabilidade.**

§ 2º A autoridade judiciária poderá suspender temporariamente a visita, inclusive de pais ou responsável, se existirem motivos sérios e fundados de sua prejudicialidade aos interesses do adolescente.

Art. 125. É dever do Estado zelar pela integridade física e mental dos internos, cabendo-lhe adotar as medidas adequadas de contenção e segurança.

1. **Direitos do adolescente privado de sua liberdade:** o artigo 124 enumera, em rol exemplificativo, os direitos do adolescente que foi internado. A esse rol devem ser acrescidos os direitos trazidos e estabelecidos pela Lei do Sinase.

Aplicação em concurso

- **(Agente Educador – Município do Rio de Janeiro-RJ – 2019)** Segundo o ECA (Lei nº 8.069/90), é direito do adolescente privado de liberdade:

  A) visitar sua família toda semana

  B) receber visitas íntimas semanalmente

  C) permanecer internado na mesma localidade onde foi cometido o ato infracional

  D) ser informado de sua situação processual, sempre que solicitar

  Gabarito: letra D.

2. **Internação em local próximo da residência dos pais – posição do STJ:** nos termos do que estabelece o inciso VI do artigo 124, o adolescente tem direito a ser internado em estabelecimento localizado próximo à residência de seus pais ou responsável, regra cujo objetivo é proporcionar um processo de ressocialização mais rápido, por privilegiar a convivência do adolescente com sua família. Essa também é a diretriz seguida pela Lei do Sinase, nos artigos 35, IX e 49. Nos casos de aplicação da medida de internação, é pos-

sível o encaminhamento do adolescente a entidade em comarca diversa, quando não existir vaga no estabelecimento mais próximo – conforme entendimento do STJ (HC 339.439/SP, 5ª Turma, julgado em 15/12/2015).

3. **Aplicação do princípio da insignificância – posições do STF e do STJ:** o princípio da insignificância pode ser aplicado no âmbito do Estatuto da Criança e do Adolescente. Essa é posição já consolidada no Supremo Tribunal Federal (HC 98381/RS, 20.10.2009).

Em caso de ato infracional praticado com violência ou grave ameaça ou quando há reiteração da conduta infracional, o STJ não admite a aplicação do princípio da insignificância (HC 292.824/SP, 5ª Turma, julgado em 30/06/2015).

Aplicação em concurso

- **(Cespe – Promotor de Justiça – MPE – SC/2021)** Quanto às medidas socioeducativas previstas no Estatuto da Criança e do Adolescente, julgue os itens seguintes, considerando, ainda, a jurisprudência do STJ.

  O princípio da insignificância pode incidir em processos relativos à prática de atos infracionais por crianças e adolescentes.

  Gabarito: o item está certo.

Capítulo V
Da Remissão

Art. 126. Antes de iniciado o procedimento judicial para apuração de ato infracional, o representante do **Ministério Público** poderá conceder a **remissão**, como forma de **exclusão do processo**, atendendo às circunstâncias e consequências do fato, ao contexto social, bem como à personalidade do adolescente e sua maior ou menor participação no ato infracional.

Parágrafo único. Iniciado o procedimento, a concessão da **remissão pela autoridade judiciária** importará na **suspensão ou extinção do processo**.

1. **Remissão:** trata-se de um perdão dado ao adolescente. Se concedido antes de propositura da demanda, é feito pelo Ministério Público e acarreta a exclusão do processo (art. 126). Se o processo de apuração de ato infracional já tiver sido iniciado, a remissão é feita pela autoridade judiciária e implica em suspensão ou extinção do processo (art. 126, p.ú.). A remissão pode ser concedida pela autoridade judiciária em qualquer fase do processo anterior à sentença (art. 188).

Autor da remissão	Consequência processual
Ministério Público	Exclusão do processo
Autoridade judiciária	Suspensão ou extinção do processo

Aplicação em concurso

- **(Juiz de Direito – TJ-RS – 2018 – Vunesp)** Em relação ao Juízo da Infância e da Juventude, ao Ministério Público, à Defensoria e ao Advogado, assinale a alternativa correta.

  D) Compete ao Ministério Público conceder a remissão como forma de exclusão do processo.

  Gabarito: o item está certo.

2. **Recurso cabível:** contra a decisão que concede a remissão ao adolescente, é cabível o recurso de apelação.
3. **Descumprimento da medida e retomada do processo – posição do STJ:** a Corte entendeu não haver constrangimento ilegal na retomada do processo de apuração de ato infracional, quando remissão foi concedida como forma de suspensão do processo e o adolescente deixou de cumprir a medida imposta (HC 402.997/PR, 5ª Turma, julgado em 22/03/2018).

Art. 127. A remissão **não implica** necessariamente o **reconhecimento** ou comprovação da **responsabilidade, nem prevalece para** efeito de **antecedentes**, podendo **incluir** eventualmente a aplicação de qualquer das **medidas** previstas em lei, **exceto** a colocação em regime de **semiliberdade e a internação.**

Art. 128. A medida aplicada por força da remissão poderá ser revista judicialmente, a qualquer tempo, mediante pedido expresso do adolescente ou de seu representante legal, ou do Ministério Público.

1. **Remissão cumulada com medida socioeducativa – súmula 108 do STJ:** o art. 127 possibilita a concessão de remissão cumulada com medida socioeducativa, desde que não a semiliberdade e a internação.

   O Superior Tribunal de Justiça esclareceu que a aplicação cumulativa de remissão e medida socioeducativa pode ser proposta pelo Ministério Público (art. 201, I), mas deve contar com a adesão e concordância do adolescente e de seu defensor público (ou advogado particular), em atendimento aos princípios do contraditório, da ampla defesa e, a *fortiori*, do devido processo legal. Sua aplicação é feita exclusivamente pelo juiz. Sobre o assunto, foi editada a seguinte súmula.

> **Súmula 108.** A aplicação de medidas sócio-educativas ao adolescente, pela prática de ato infracional, é da competência exclusiva do juiz.

O juízo pode discordar da concessão da remissão pelo Ministério Público, hipótese em que deverá remeter os autos ao Procurador-Geral de Justiça (art. 181, § 2º).

2. **Reconhecimento de responsabilidade e fixação de antecedentes:** o art. 127 descreve duas importantes características da remissão. A primeira é que sua aceitação **não importa** o **reconhecimento de responsabilidade**, ou seja, o adolescente pode concordar com a remissão sem que isso signifique o reconhecimento de que praticou o ato infracional. Deve-se reparar que o Estatuto não utilizou o termo "reconhecimento de culpa", expressão pertinente ao regime jurídico penal. É o maior capaz que tem culpabilidade. O adolescente, por ser inimputável, não possui culpabilidade. Daí a menção a responsabilidade.

   Além disso, a remissão **não vale como antecedente** na ficha do adolescente. Essa característica é importante especialmente em relação à aplicação da medida de internação com base no inciso II do art. 122. Se o adolescente recebe uma remissão e posteriormente comete um ato infracional sem grave ameaça ou violência, não lhe pode ser imposta a medida socioeducativa de internação – STJ, HC 602.225/SP, 5ª Turma, julgado em 15/09/2020.

3. **Defesa técnica na remissão cumulada com medida socioeducativa – posição do STJ:** o STJ considera necessária a defesa técnica do adolescente nos casos em que a remissão será cumulada com medida socioeducativa. Trata-se de proteção às garantias constitucionais do contraditório e da ampla defesa (AgInt no REsp 1824227/BA, 5ª Turma, julgado em 08/10/2019).

4. **Revogação da remissão por descumprimento da medida – posição do STJ:** conforme estabelece o artigo 128, a remissão pode ser revista a qualquer tempo, seja a pedido do adolescente ou seu representante, seja pelo Ministério Público. Uma das hipóteses para pedido de revogação pelo MP é o descumprimento reiterado de medidas socioeducativas que tenham sido aplicadas com a remissão. (AgInt no HC 507.934/DF, 6ª Turma, julgado em 17/09/2019)

Título IV
Das Medidas Pertinentes aos Pais ou Responsável

Art. 129. São medidas aplicáveis aos **pais ou responsável**:

I – encaminhamento a serviços e programas oficiais ou comunitários de proteção, apoio e promoção da família; (Redação dada dada pela Lei nº 13.257, de 2016)

II – inclusão em programa oficial ou comunitário de auxílio, orientação e tratamento a alcoólatras e toxicômanos;

III – encaminhamento a **tratamento psicológico ou psiquiátrico**;

IV – encaminhamento a cursos ou programas de orientação;

V – **obrigação de matricular o filho** ou pupilo e acompanhar sua frequência e aproveitamento escolar;

VI – obrigação de encaminhar a criança ou adolescente a tratamento especializado;

VII – advertência;

VIII – **perda da guarda**;

IX – **destituição da tutela**;

X – **suspensão ou destituição do poder familiar**. (Expressão substituída pela Lei nº 12.010, de 2009)

Parágrafo único. Na aplicação das medidas previstas nos incisos IX e X deste artigo, observar-se-á o disposto nos arts. 23 e 24.

Art. 130. Verificada a hipótese de **maus-tratos, opressão ou abuso sexual** impostos pelos pais ou responsável, a autoridade judiciária poderá determinar, como **medida cautelar**, o **afastamento do agressor da moradia** comum.

Parágrafo único. Da medida cautelar constará, ainda, a fixação provisória dos alimentos de que necessitem a criança ou o adolescente dependentes do agressor. (Incluído pela Lei nº 12.415, de 2011)

1. **Medidas pertinentes a pais ou responsável:** as medidas previstas neste Título IV são dirigidas a pais ou responsável que deixam de cumprir suas obrigações legais e viola os direitos das crianças e adolescentes que estão sob sua responsabilidade. Sobre o assunto, remetemos o leitor aos comentários feitos no início da obra, acerca dos direitos fundamentais da criança e do adolescente (Título II do Estatuto), especialmente no que se refere ao direito a convivência familiar, família natural e substituta.

2. **Afastamento cautelar e fixação de alimentos:** especificamente em relação ao presente Título, o destaque mais importante se refere à previsão do artigo 130, que permite ao juízo determinar o afastamen-

to do agressor da moradia, como medida cautelar, quando se verificar maus-tratos, opressão ou abuso sexual de pais ou responsável.

Além dessa medida de cautelar e de sanções civis, como a **perda da guarda ou do poder familiar**, naturalmente o agressor está sujeito a sanções penais, previstas no próprio Estatuto e nas Leis Penais.

Por fim, vale destacar que o parágrafo único ao artigo 130 permite a fixação de alimentos provisórios em favor da criança ou adolescente, a serem suportados pelo agressor.

Título V
Do Conselho Tutelar

Capítulo I
Disposições Gerais

Art. 131. O Conselho Tutelar é órgão **permanente** e **autônomo, não jurisdicional**, encarregado pela sociedade de zelar pelo cumprimento dos direitos da criança e do adolescente, definidos nesta Lei.

1. **Conselho Tutelar:** trata-se de órgão integrante do Poder Executivo municipal – sem natureza jurisdicional (art. 131), não obstante seu trabalho trazer consequências que serão discutidas no Judiciário. É o que ocorre, por exemplo, quando o Conselho Tutelar representa ao Ministério Público acerca de situações de negligência dos pais que acarretarão a perda ou suspensão do poder familiar (art. 136, XI). Sua atuação pode ser questionada pela autoridade judiciária da comarca em que o Conselho Tutelar exerce suas atribuições (art. 137).

Art. 132. Em **cada Município** e em cada Região Administrativa do Distrito Federal haverá, no **mínimo, 1 (um) Conselho Tutelar** como órgão integrante da administração pública local, composto de 5 (cinco) membros, escolhidos pela população local para mandato de 4 (quatro) anos, permitida recondução por novos processos de escolha. (Redação dada pela Lei nº 13.824, de 2019)

1. **Número mínimo de Conselhos Tutelares:** O Estatuto determina a existência de, ao menos, um Conselho Tutelar em cada município brasileiro – ou em cada região administrativa do Distrito Federal (art. 132). Naturalmente, nos municípios maiores, nas capitais dos estados, é imprescindível a existência de mais Conselhos Tutelares para que sua função possa ser bem desempenhada.

Nas disposições finais e transitórias do Estatuto, o art. 262 determina que, enquanto não instalado o Conselho Tutelar, suas atribuições cabem à autoridade judiciária.

2. **Composição:** o Conselho Tutelar é formado por 5 membros, escolhidos pela própria sociedade para mandato de 4 anos, permitida a recondução, mediante novo processo de escolha (art. 132). Anteriormente, o conselheiro tutelar somente poderia participar de uma reeleição. Em 2019, o Estatuto foi modificado para permitir seguidas reeleições.

Art. 133. Para a **candidatura a membro** do Conselho Tutelar, serão exigidos os seguintes requisitos:

I – reconhecida **idoneidade moral**;

II – **idade superior a vinte e um anos**;

III – **residir no município**.

1. **Idade para se tornar conselheiro:** o art. 133, inciso II estabelece que a idade mínima para se candidatar a membro do Conselho Tutelar é de 21 anos. Com o advento do Código Civil de 2002, houve discussões acerca da revogação desse dispositivo, que ficaria alterado para 18 anos, idade em que a pessoa alcança a maioridade. A **jurisprudência** majoritária se firmou no sentido de que continua plenamente válida a disposição do Estatuto da Criança e do Adolescente acerca da **idade mínima (21 anos)** para candidatura a membro do Conselho Tutelar – nesse ponto **prevalece a lei específica**.

Aplicação em concurso

- **(Conselheiro Tutelar – Município de São José do Rio Preto-SP – 2019 – Vunesp)** O Conselho Tutelar é um órgão encarregado pela sociedade de zelar pelo cumprimento dos direitos da criança e do adolescente, conforme definição legal. Trata-se de um órgão de grande importância, pois responde por situações que envolvem crianças e adolescentes, compreendidos como pessoas em desenvolvimento e sujeitos de direitos. Nesse sentido, há uma série de critérios para exercício da função de Conselheiro Tutelar e, conforme prescreve o art. 133 do ECA, para a candidatura a membro conselheiro, serão exigidos os seguintes requisitos: idade superior a vinte e um anos; residir no município e

  A) afinidade com a temática foco do trabalho.

  B) interesse em atividade laboral estável.

  C) disposição para atender situações complexas.

D) desejo de justiça social.

E) reconhecida idoneidade moral.

Gabarito: letra E.

2. **Idoneidade moral e crime de improbidade administrativa – posição do STJ:** a Corte examinou caso interessante em que a conselheira tutelar atuou em favor de namorado preso seria levado a júri popular. A conduta foi considerada incompatível com a idoneidade moral que se exige para o cargo de conselheiro tutelar, além de caracterizar crime de improbidade administrativa (AREsp 1487918/MG, 2ª Turma, julgado em 24/09/2019).

Art. 134. Lei municipal ou distrital disporá sobre o **local, dia e horário de funcionamento** do Conselho Tutelar, inclusive quanto à **remuneração** dos respectivos membros, aos quais é assegurado o **direito** a: (Redação dada pela Lei nº 12.696, de 2012)

I - **cobertura previdenciária**; (Incluído pela Lei nº 12.696, de 2012)

II - gozo de **férias** anuais remuneradas, acrescidas de 1/3 (um terço) do valor da remuneração mensal; (Incluído pela Lei nº 12.696, de 2012)

III - **licença-maternidade**; (Incluído pela Lei nº 12.696, de 2012)

IV - **licença-paternidade**; (Incluído pela Lei nº 12.696, de 2012)

V - **gratificação natalina**. (Incluído pela Lei nº 12.696, de 2012)

Parágrafo único. Constará da lei orçamentária municipal e da do Distrito Federal previsão dos recursos necessários ao funcionamento do Conselho Tutelar e à remuneração e formação continuada dos conselheiros tutelares. (Redação dada pela Lei nº 12.696, de 2012)

1. **Direitos mínimos dos membros do Conselho Tutelar:** o artigo 134 estabelece um rol mínimo de direitos dos membros do Conselho Tutelar, a saber:

– cobertura previdenciária;

– férias anuais;

– licença-maternidade e licença-paternidade;

– gratificação natalina.

2. **Lei orçamentária municipal:** conforme estabelece o parágrafo único, as despesas de funcionamento do Conselho Tutelar devem ser suporta-

das pelo erário municipal (ou distrital), o que significa que não podem ser utilizados recursos do fundo municipal de direito da criança e do adolescente.

Aplicação em concurso

- **(Conselheiro Tutelar – Município de São José do Rio Preto-SP – 2019 – Vunesp)** O Estatuto da Criança e do Adolescente (ECA) determina, dentre outros aspectos e com objetividade, as condições de trabalho, o modo de funcionamento do Conselho Tutelar e também as responsabilidades e os direitos dos Conselheiros. O art. 134 do ECA prevê que, por meio de lei municipal ou distrital, serão definidos o local, dia e horário de funcionamento do Conselho Tutelar, e ainda a remuneração dos conselheiros, assegurando o direito à cobertura previdenciária, ao gozo de férias anuais remuneradas, acrescidas de um terço do valor da remuneração mensal, à licença-maternidade, licença-paternidade e gratificação natalina. O parágrafo único do mesmo artigo especifica que constarão na lei orçamentária municipal e a do Distrito Federal a previsão dos recursos necessários ao funcionamento do Conselho Tutelar e à remuneração dos conselheiros e de sua

  A) organização da equipe.

  B) manutenção digna.

  C) formação continuada.

  D) assessoria técnica.

  E) despesa de representação.

  Gabarito: letra C.

Art. 135. O **exercício efetivo** da função de conselheiro constituirá **serviço público relevante** e estabelecerá presunção de **idoneidade moral**. (Redação dada pela Lei nº 12.696, de 2012)

1. **Comentário:** o exercício da função de conselheiro caracteriza serviço público relevante e estabelece **presunção** de **idoneidade** moral. Com o advento da Lei n. 12.696/2012, foi revogada a previsão de prisão especial para o conselheiro até a decisão final em processo criminal.

PRINCIPAIS CARACTERÍSTICAS DO CONSELHO TUTELAR
– órgão autônomo e permanente, não jurisdicional; – mínimo de um Conselho por município (ou por região adm. no DF); – composição: 5 membros, com idoneidade moral, mais de 21 anos de idade e residência no município, eleitos pela comunidade local, na forma da lei municipal; – mandato do conselheiro: 4 anos com possibilidade de reconduções seguidas mediante novo processo eletivo;
– eleição unificada em todo o país no primeiro domingo de outubro do ano seguinte à eleição presidencial; posse dos conselheiros em 10 de janeiro do ano seguinte; – remuneração: obrigatória, com pagamento cobertura previdenciária, terço de férias, licenças maternidade e paternidade e gratificação natalina; – lei municipal (ou distrital) deve prever ainda local, dia e horário de funcionamento; – os recursos para seu funcionamento e a remuneração dos membros devem constar de lei orçamentária municipal (ou distrital); – consequências do exercício da função (serviço público relevante): presunção de idoneidade moral; – suas decisões podem ser revistas pela autoridade judiciária, sendo cabível o recurso de apelação.

Capítulo II
Das Atribuições do Conselho

Art. 136. São **atribuições do Conselho Tutelar:**

I – **atender as crianças e adolescentes** nas hipóteses previstas nos arts. 98 e 105, aplicando as medidas previstas no art. 101, I a VII;

II – **atender e aconselhar os pais** ou responsável, aplicando as medidas previstas no art. 129, I a VII;

III – promover a execução de suas decisões, podendo para tanto:

a) requisitar serviços públicos nas áreas de saúde, educação, serviço social, previdência, trabalho e segurança;

b) representar junto à autoridade judiciária nos casos de descumprimento injustificado de suas deliberações.

IV – **encaminhar ao Ministério Público** notícia de fato que constitua **infração administrativa ou penal** contra os direitos da criança ou adolescente;

V – encaminhar à autoridade judiciária os casos de sua competência;

VI – **providenciar** a **medida** estabelecida pela autoridade judiciária, dentre as previstas no **art. 101**, de I a VI, para o adolescente autor de ato infracional;

VII – expedir notificações;

VIII – **requisitar certidões de nascimento e de óbito** de criança ou adolescente quando necessário;

IX – **assessorar o Poder Executivo** local na elaboração da **proposta orçamentária** para planos e programas de atendimento dos direitos da criança e do adolescente;

X – representar, em nome da pessoa e da família, contra a violação dos direitos previstos no art. 220, § 3º, inciso II, da Constituição Federal;

XI – **representar** ao Ministério Público para efeito das ações de **perda ou suspensão do poder familiar**, após esgotadas as possibilidades de manutenção da criança ou do adolescente junto à família natural. (Redação dada pela Lei nº 12.010, de 2009)

XII – promover e incentivar, na comunidade e nos grupos profissionais, ações de divulgação e treinamento para o reconhecimento de sintomas de maus-tratos em crianças e adolescentes. (Incluído pela Lei nº 13.046, de 2014)

Parágrafo único. Se, no exercício de suas atribuições, o Conselho Tutelar entender necessário o **afastamento do convívio familiar**, **comunicará** incontinenti o fato **ao Ministério Público**, prestando-lhe informações sobre os motivos de tal entendimento e as providências tomadas para a orientação, o apoio e a promoção social da família. (Incluído pela Lei nº 12.010, de 2009)

1. **Comentário:** o rol de atribuições do Conselho Tutelar é cobrado com alguma frequência, notadamente em concursos que exigir decorar o texto normativo, sem grande raciocínio. Daí a necessidade de o leitor ler e reler constantemente esse dispositivo.

Aplicação em concurso

- **(Conselheiro Tutelar – Município de São José do Rio Preto-SP – 2019 – Vunesp)** JCS, 16 anos, mora com a família, na periferia de uma grande metrópole. A mãe, trabalha como diarista; o pai, desempregado há 2 meses, recebe seguro desemprego, entretanto não consegue suprir as necessidades familiares. Dependente de álcool, frequenta reuniões do AA, porém, reiteradas vezes, dada a abstinência, mostra-se agressivo e violento com a família. Por sua vez, JCS falta constantemente à escola, tem seu rendimento prejudicado e vive às voltas com sua turminha, sem motivação para os estudos. Ao tomar conhecimento dessa situação, seu pai, acometido de forte crise, agride-o até que desfaleça. É nesse momento que chega sua tia e depara-se com a cena. Entre sentimento de pânico e de ajuda, carrega o adolescente, com o apoio da vizinhança, e o conduz ao Conselho Tutelar. Lá chegando, de imediato, foi atendida, e o conselheiro de plantão, conforme atribuições que lhe são devidas,

A) requisitou serviços públicos na área de saúde.

B) procedeu sua colocação em família substituta.

C) aplicou medida socioeducativa em meio aberto.

D) permaneceu no aguardo de ambulância.

E) determinou imediata apreensão do pai.

Gabarito: letra A.

Art. 137. As **decisões do Conselho Tutelar** somente poderão ser **revistas pela autoridade judiciária** a pedido de quem tenha legítimo interesse.

1. **Revisão das decisões do Conselho Tutelar:** é feita pela autoridade judiciária (art. 137).

Aplicação em concurso

- **(Conselheiro Tutelar – Município de São José do Rio Preto-SP – 2019 – Vunesp)** Sra. MLA comparece ao Conselho Tutelar, atendendo convocação desse orgão, em virtude de denúncia de negligência em relação a suas duas filhas. Trabalhando como diarista e sem conseguir vaga em creche, deixa as crianças sozinhas em casa, contando apenas com uma vizinha, para situações de emergência. Compõe à denúncia a informação de que as crianças necessitam de alimentação, roupas e remédios. A Sra. MLA mostra-se bastante assustada, pois essa mesma vizinha a alertou que as crianças podem ser encaminhadas para abrigo ou família substituta pelo Conselho Tutelar. Inconformado com a situação, o Conselheiro Tutelar, responsável pelo atendimento, representa ao Ministério Público para efeito de suspensão do poder familiar. Por contrariar interesse de MLA, ela solicitará revisão da decisão, conforme art. 137 do ECA,

A) à autoridade judiciária.

B) ao conselho de direitos.

C) ao tutor nomeado.

D) ao gestor do programa.

E) ao legislativo local.

Gabarito: letra A.

Capítulo III
Da Competência

Art. 138. Aplica-se ao Conselho Tutelar a regra de competência constante do art. 147.

Capítulo IV
Da Escolha dos Conselheiros

Art. 139. O processo para a escolha dos membros do Conselho Tutelar será estabelecido em lei municipal e realizado sob a responsabilidade do Conselho Municipal dos Direitos da Criança e do Adolescente, e a **fiscalização do Ministério Público.** (Redação dada pela Lei nº 8.242, de 12.10.1991)

§ 1º O **processo de escolha** dos membros do Conselho Tutelar ocorrerá em **data unificada** em todo o território nacional a cada 4 (quatro) anos, no **primeiro domingo** do mês de outubro do ano subsequente ao da eleição presidencial. (Incluído pela Lei nº 12.696, de 2012)

§ 2º A posse dos conselheiros tutelares ocorrerá no dia 10 de janeiro do ano subsequente ao processo de escolha. (Incluído pela Lei nº 12.696, de 2012)

§ 3º No processo de escolha dos membros do Conselho Tutelar, é vedado ao candidato doar, oferecer, prometer ou entregar ao eleitor **bem ou vantagem pessoal** de qualquer natureza, inclusive brindes de pequeno valor. (Incluído pela Lei nº 12.696, de 2012)

1. **Eleição unificada:** o processo de seleção de membros do Conselho Tutelar deve ocorrer de forma unificada no Brasil todo em data prevista no próprio Estatuto: **primeiro domingo** do mês de **outubro** do ano subsequente ao da eleição presidencial (art. 139, §1º). A **posse** no cargo ocorre em **10 de janeiro do ano seguinte** (§ 2º).

A eleição ocorre sob a responsabilidade do Conselho Municipal de Direitos da Criança e do Adolescente, com fiscalização do Ministério Público.

No processo de eleição dos membros do Conselho Tutelar, é expressamente vedado ao candidato doar, oferecer, prometer ou entregar ao eleitor bem ou vantagem pessoal de qualquer natureza, ainda que brindes de pequeno valor (§ 3º). O objetivo é coibir a compra de votos na eleição para o Conselho.

Capítulo V
Dos Impedimentos

Art. 140. São **impedidos** de servir no mesmo Conselho **marido e mulher, ascendentes e descendentes, sogro e genro ou nora, irmãos, cunhados, durante o cunhadio, tio e sobrinho, padrasto ou madrasta e enteado.**

Parágrafo único. Estende-se o impedimento do conselheiro, na forma deste artigo, em relação à **autoridade judiciária** e ao **representante do Ministério Público** com atuação na Justiça da Infância e da Juventude, em exercício na comarca, foro regional ou distrital.

1. **Impedimentos:** não podem servir no mesmo órgão marido e mulher, ascendente e descendente, sogro e genro ou nora, irmãos, cunhados (durante o cunhadio), tio e sobrinho, padrasto ou madrasta e enteado (art. 140). O impedimento vale também para o conselheiro em relação ao juiz e ao membro do MP do Juízo da Infância e Juventude, em exercício na comarca, foro regional ou distrital (art. 140, p.ú.).

Título VI
Do Acesso à Justiça

Capítulo I
Disposições Gerais

Art. 141. É garantido o acesso de toda criança ou adolescente à Defensoria Pública, ao Ministério Público e ao Poder Judiciário, por qualquer de seus órgãos.

1. **Acesso à Justiça:** o presente Título consagra no Estatuto uma série de garantias previstas também na Constituição da República. Em sede constitucional, temos no art. 5º, por exemplo, o inciso XXXIV, alínea "a", que consagra o direito de petição, que significa o direito de qualquer cidadão de se dirigir aos Poderes Públicos diretamente e deles obter resposta à sua manifestação. O *caput* do art. 141 prevê no Estatuto exatamente esse direito de petição, na medida em que garante a toda criança e adolescente o acesso à Defensoria Pública, ao Ministério Público e ao Judiciário.

§ 1º. A **assistência judiciária gratuita** será prestada aos que dela necessitarem, através de defensor público ou advogado nomeado.

1. **Assistência jurídica gratuita:** de acordo com a Constituição, em seu art. 134, é papel da Defensoria Pública a orientação jurídica e a defesa dos necessitados. Assim, todos aqueles que não tenham condições financeiras que contratar advogado podem recorrer a essa Instituição. O Estatuto prevê no parágrafo primeiro do art. 141 que a **assistência judiciária gratuita** será prestada por defensor público ou por advogado nomeado. A referência feita a advogado se deve ao fato de que alguns estados da federação ainda não têm Defensorias Públicas devidamente instaladas e aparelhadas de forma a prestar sua função constitucional plenamente – há estados, inclusive, que sequer criaram suas defensorias pública, o que demonstra um certo desprezo pelo cidadão e pela Constituição da República. Lamentavelmente, diante da deficiência das defensorias públicas, há a necessidade de nomeação de advogados para assumir esse múnus público de defesa do hipossuficiente. Daí a previsão do Estatuto.

   É importante lembrar que o acesso à Justiça das pessoas necessitadas, através da Defensoria Pública, não é favor ou benesse concedida pelo Poder Executivo à população. Trata-se de direito fundamental, expressamente previsto pela Constituição, no art. 5º, inciso LXXIV: "*o Estado prestará assistência jurídica integral e gratuita aos que comprovarem insuficiência de recursos*". É dentro desse contexto de acesso à Justiça que existe a Defensoria Pública que "é instituição essencial à função jurisdicional do Estado, incumbindo-lhe a orientação jurídica e a defesa, em todos os graus, dos necessitados [...]" (art. 134).

   Dentro desse quadro constitucional, compreende-se a previsão do parágrafo segundo do art. 141 do Estatuto, que prevê a isenção de custas e emolumentos nas ações de competência da Justiça da Infância e Juventude – ressalvada a hipótese de litigância de má-fé.

§ 2º As ações judiciais da competência da Justiça da Infância e da Juventude são **isentas de custas e emolumentos**, ressalvada a hipótese de litigância de má-fé.

1. **Alcance da gratuidade de Justiça – posição do STJ:** a previsão do art. 141, § 2º estabelece a isenção de custas e emolumentos para as ações que tramitam na Justiça da Infância e da Juventude. A questão está em saber a extensão de tal gratuidade, se é indiscriminada ou se dirigida apenas às demandas que envolvam propriamente a criança ou o adolescente.

O Superior Tribunal de Justiça enfrentou a matéria e decidiu que a isenção de custas e emolumentos não é aplicável aos processos de expedição de alvará para shows: REsp 982.728-RJ, julgado em 19/3/2009.

Art. 142. Os **menores de dezesseis anos** serão **representados** e os **maiores de dezesseis** e menores de vinte e um anos **assistidos** por seus pais, tutores ou curadores, na forma da legislação civil ou processual.

Parágrafo único. A autoridade judiciária dará **curador especial** à criança ou adolescente, sempre que os interesses destes colidirem com os de seus pais ou responsável, ou quando carecer de representação ou assistência legal ainda que eventual.

1. **Capacidade civil e capacidade processual da criança e do adolescente:** o art. 142 se refere à capacidade da criança ou adolescente de ir a Juízo. A capacidade pode ser examinada no plano do direito civil e no do direito processual.

No direito civil, a capacidade se divide em duas: **(i)** capacidade de direito; e **(ii)** capacidade de fato. A primeira, capacidade de direito, é a "faculdade abstrata de gozar de direitos". Todas as pessoas a têm. A segunda, capacidade de fato, é a "aptidão para utilizar os direitos na vida civil, exercendo-os por si mesmo, sem necessidade de assistência ou representação". (Gustavo Tepedino, Heloisa Helena Barboza e Maria Celina Bodin de Moraes. *Código Civil interpretado conforme a Constituição da República, vol. I*. Rio de Janeiro: Renovar, 2007, p. 5)

Na esfera do direito processual, a capacidade se divide em três planos: **(i)** capacidade de ser parte; **(ii)** capacidade de estar em juízo; e **(iii)** capacidade postulatória. A primeira, capacidade de ser parte, decorre da capacidade de direito, *"todo aquele que tiver aptidão para ser sujeito de direitos e obrigação terá capacidade de ser parte"*. A segunda, capacidade de estar em juízo, é o *"reflexo processual da capacidade de fato ou de exercício, regida pelo Direito Civil"* e pode ser suprida mediante representação ou assistência. A terceira, capacidade postulatória, cabe ao advogado e significa a "aptidão para dirigir petições ao Estado-juiz" (Alexandre Freitas Câmara. *Lições de Direito Processual Civil, vol. I*. Rio de Janeiro: Lumen Juris, 2001, p. 204-205).

Os menores de 16 anos são absolutamente incapazes, enquanto os maiores de 16 e menores de 18 anos são relativamente incapazes (Código Civil, artigos 3º, I e 4º, I, respectivamente). Os absolutamente incapazes são representados em Juízo por seus pais ou responsável; os relativamente incapazes, assistidos. A referência do dispositivo do Estatuto à legislação processual remete aos artigos 70 e 71 do novo Código de Processo Civil, que tratam da capacidade processual.

É importante notar a revogação parcial do art. 142 do Estatuto da Criança e do Adolescente, que faz referência à assistência de menores até 21 anos de idade. Com o advento do Código Civil de 2002, a maioridade civil passou a ser alcançada aos 18 anos (art. 5º), de modo a pessoa fica habilitada à prática de todos os atos da vida civil, inclusive a processual.

2. **Curador especial – posição do STJ:** em regra, a representação e a assistência são prestadas pelos pais ou responsável da criança ou adolescente. Há situações, porém, em que os interesses do adolescente são conflitantes com os de seus pais ou responsável, ou esses estão temporariamente ausentes. Nesses casos, o parágrafo único do art. 142 do Estatuto determina a nomeação de um curador especial – o dispositivo está em consonância com o art. 9º, inciso I do Código de Processo Civil.

   O exercício da curadoria especial compete à Defensoria Pública, conforme determina sua Lei Orgânica – Lei Complementar 80/94, art. 4º, inciso VI.

Art. 143. É **vedada** a **divulgação** de atos judiciais, policiais e administrativos que digam respeito a crianças e adolescentes a que se atribua autoria de **ato infracional.**

Parágrafo único. Qualquer notícia a respeito do fato **não poderá identificar a criança ou adolescente**, vedando-se fotografia, referência a nome, apelido, filiação, parentesco, residência e, **inclusive, iniciais do nome e sobrenome.** (Redação dada pela Lei nº 10.764, de 12.11.2003)

Art. 144. A expedição de cópia ou certidão de atos a que se refere o artigo anterior somente será deferida pela autoridade judiciária competente, se demonstrado o interesse e justificada a finalidade.

1. **Divulgação de atos referentes a crianças e adolescentes:** o artigo 143 estabelece a proibição de divulgação de atos judiciais, policiais e administrativos que se refiram a atos infracionais praticados por criança ou adolescente. Por sua vez, o parágrafo único estabelece que a notícia sobre o fato não pode identificar o adolescente de forma alguma. O objetivo da norma é preservar sua imagem. O descumprimento desses comandos caracteriza infrações administrativas, previstas no art. 247, *caput* e § 1º.

Há um conflito entre os princípios constitucionais da liberdade de imprensa e da proteção integral da criança e do adolescente – dentro do qual se inclui o direito de imagem. O Estatuto fez uma opção clara pela prevalência do direito do adolescente.

Inclusive, conforme prevê o art. 144, cópias e certidões de processos relativos a atos infracionais somente serão expedidos após deferimento da autoridade judiciária e desde que demonstrado o adequado interesse.

2. **Divulgação do nome e danos morais – posição do STJ:** o Superior Tribunal de Justiça teve oportunidade de indicar que a violação dos dispositivos em análise gera reparação por danos morais, pois não prevalece a liberdade de informar da imprensa (AgRg no REsp 1354696/PR, 3ª Turma, julgado em 23/10/2014).

3. **Divulgação de fotografia em reportagem jornalística gera danos morais – posição do STJ:** a utilização de imagem de adolescente usuária de crack gera dano moral. Embora a imagem tenha sido desfocada, foi possível identificar a adolescente, o que lhe ofende a imagem, por conta do abuso do direito de informar (AgInt no AREsp 1018992/SP, 4ª Turma, julgado em 20/08/2019)

4. **Demonstração de interesse e justificativa da finalidade – posição do STJ:** é importante destacar que essa vedação à divulgação de informações do artigo 143 não é absoluta e pode ceder diante da demonstração de interesse e justificativa da necessidade, conforme prevê o artigo 144. Em 2021, o STJ analisou caso que tratou do tema, nos seguintes termos:

> 1. O art. 143 do Estatuto da Criança e do Adolescente estabelece, como regra geral, a vedação à divulgação de atos judiciais, policiais e administrativos que digam respeito à apuração de atos infracionais. Esta disposição, em primeiro juízo, obsta o acesso de terceiros aos referidos autos.
>
> 2. Todavia, a vedação contida no art. 143 do Estatuto da Criança e do Adolescente não é absoluta, sendo mitigada, conforme se extrai do art. 144 deste mesmo diploma normativo, nas hipóteses em que há interesse jurídico e justificada finalidade no pleito de acesso aos autos. Nesse caso, presentes interesse e finalidade justificadas, deverá a autoridade judiciária deferir a extração de cópias ou certidões dos atos do processo infracional.
>
> 3. No caso, a Recorrente comprovou seu interesse jurídico, pois é mãe da adolescente apontada como infratora e foi vítima do ato infracional imputado à filha. Ademais, a Recorrente apresentou finalidade justificada ao pleitear o seu acesso aos autos do processo de

apuração do ato infracional, consignando a utilidade dos documentos nele produzidos para servirem como provas em ação de deserdação.

4. Uma vez que o Estatuto da Criança e do Adolescente exige a justificação da finalidade para a qual se defere o pleito de acesso aos autos e de extração de cópias do processo de apuração de ato infracional, é certo que a concessão do pedido está vinculada a esta finalidade (no caso, instrução de ação de deserdação), não podendo a Recorrente utilizar os documentos obtidos para finalidade diversa, sob pena de responsabilização cível e penal.

5. Recurso ordinário provido para conceder a segurança, determinando ao Juízo da Vara da Infância e da Adolescência de Campo Grande/MS que permita o acesso da Recorrente aos autos do Processo de Apuração de Ato Infracional n. 0020018-05.2018.8.12.0001 e a extração das cópias dos documentos destinados exclusivamente a instruir ação de deserdação contra a autora do ato infracional.

(RMS 65.046/MS, Rel. Min. Laurita Vaz, 6ª Turma, julgado em 01/06/2021, DJe 16/06/2021)

Capítulo II
Da Justiça da Infância e da Juventude

Seção I
Disposições Gerais

Art. 145. Os estados e o Distrito Federal poderão criar **varas especializadas** e exclusivas da infância e da juventude, cabendo ao Poder Judiciário estabelecer sua proporcionalidade por número de habitantes, dotá-las de infraestrutura e dispor sobre o atendimento, inclusive em plantões.

1. **Organização da Justiça da Infância e Juventude:** o artigo 145 informa que os estados e o Distrito Federal poderão criar varas especializadas para os processos que envolvam infância e juventude. **Não** se trata de comando **cogente**, pois a competência constitucional para organização judiciária é dos estados e do distrito federal. Vale dizer, lei federal não poderia determinar a criação de varas especializadas, sob pena de usurpação de competência, em violação ao art. 125 e seu parágrafo primeiro. É de se ressaltar que a maioria dos estados da federação pesquisados possuem varas especializadas da infância e juventude nas comarcas de maior densidade demográfica.

Seção II
Do Juiz

Art. 146. A autoridade a que se refere esta Lei é o Juiz da Infância e da Juventude, ou o juiz que exerce essa função, na forma da lei de organização judiciária local.

Art. 147. A **competência** será determinada:

I – pelo **domicílio dos pais** ou responsável;

II – pelo **lugar onde se encontre a criança ou adolescente**, à falta dos pais ou responsável.

1. **Critérios de fixação de competência:** o artigo 147 estabelece que a competência se dá pelo local de domicílio dos pais ou responsável ou pelo local onde se encontre a criança ou adolescente. Perceba-se que o inciso II, que trata do lugar onde se encontra a criança, é residual em relação ao inciso I – como demonstra a expressão "à falta dos pais ou responsável". O objetivo da previsão é aproximar o juízo do local onde, provavelmente, as provas para o deslinde do litígio serão colhidas.

2. **Competência: domicílio do detentor da guarda – posição do STJ:** o dispositivo faz menção a responsável, o que engloba naturalmente o guardião legal. A esse respeito, o Superior Tribunal de Justiça editou súmula:

   > **Súmula 383.** A competência para processar e julgar as ações conexas de interesse de menor é, em princípio, do foro do domicílio do detentor de sua guarda.

   A súmula é reiteradamente citada em julgamentos posteriores. ConfiA súmula é reiteradamente citada em julgamentos posteriores (CC 149.886/RN, 2ª Seção, julgado em 25/04/2018).

3. **Art. 147 Estatuto x art. 87 CPC – posição do STJ:** a Corte examinou qual regra deve prevalecer em ação de alienação parental cumulada com pedido de guarda e regulamentação de visitas. Como a criança mudou de domicílio, surgiu a dúvida sobre a perpetuação da jurisdição ou a aplicação do princípio do juízo imediato. O entendimento foi de que deve prevalecer a regra especial, do Estatuto (AgInt nos EDcl no CC 160.102/SC, 2ª Seção, julgado em 14/05/2019).

§ 1º. Nos casos de **ato infracional**, será competente a autoridade do **lugar da ação ou omissão**, observadas as regras de conexão, continência e prevenção.

1. **Competência no processo de apuração de ato infracional:** no que se refere à apuração de ato infracional, o critério de fixação da competência é o lugar da ação ou omissão, ou seja, local onde houve a conduta infracional, observadas as regras referentes a conexão, continência e prevenção (art. 147, § 1º).

§ 2º A execução das medidas poderá ser **delegada** à autoridade competente da **residência dos pais** ou responsável, ou do local onde sediar-se a entidade que abrigar a criança ou adolescente.

1. **Cumprimento de medida em local diverso da infração:** é **possível** se determinar que o adolescente cumpra a **medida socioeducativa** que lhe foi imposta em **comarca diversa** daquela em que tramitou o processo de apuração do ato infracional. É o que prevê o art. 147, § 2º.

   A possibilidade de o cumprimento da medida socioeducativa ser feito em local diverso tem por objetivo atender também ao **fortalecimento dos vínculos familiares e comunitários** (art. 100 – Lei n. 12.594/2012, art. 35, IX). Comumente o adolescente pratica ato infracional em **local diverso de seu domicílio** e o cumprimento da medida nessa localidade acabaria por afastá-lo de sua família. Exatamente para evitar o afastamento e o esfacelamento da família é que o Estatuto prevê a possibilidade de delegação do cumprimento de medidas, o que se dá através da expedição de cartas precatórias. Em última análise, o que se espera é sempre obter a ressocialização do adolescente.

2. **Execução da medida X análise de revogação da remissão – posição do STJ:** a Corte analisou situação interessante em que o juízo sentenciante concedeu remissão imprópria com aplicação de medida socioeducativa; em seguida, delegou o cumprimento ao juízo onde estavam os pais do adolescente. Como o adolescente não foi localizado, o juízo delegatário revogou a remissão. Ao analisar a matéria, o STJ considerou a postura incorreta e ressaltou que o juízo da execução tem competência tão somente para fazer cumprir a medida socioeducativa. Não localizado o adolescente para cumprimento, compete ao juízo delegatória devolver os autos ao juízo sentenciante (CC 160.215/GO, 3ª Seção, julgado em 26/09/2018).

§ 3º Em caso de infração cometida através de transmissão simultânea de rádio ou televisão, que atinja mais de uma comarca, será competente, para aplicação da penalidade, a autoridade judiciária do local da sede estadual da emissora ou rede, tendo a sentença eficácia para todas as transmissoras ou retransmissoras do respectivo estado.

1. **Competência no Estatuto da Criança e do Adolescente:** o art. 147 estabelece os **critérios** de fixação de competência territorial nos incisos I, II e §§ 1º e 3º. São eles: **domicílio dos pais** ou responsável; **lugar onde se encontre a criança ou adolescente**, na falta de pais ou responsável; **local da ação ou omissão do ato infracional**; **sede estadual da emissora** em caso de transmissão que atinja mais de uma comarca.

Art. 148. A **Justiça da Infância e da Juventude** é competente para:

I - conhecer de representações promovidas pelo Ministério Público, para **apuração de ato infracional** atribuído a adolescente, aplicando as medidas cabíveis;

II - conceder a **remissão**, como forma de suspensão ou extinção do processo;

III - conhecer de pedidos de **adoção e seus incidentes**;

IV - conhecer de ações civis fundadas em interesses individuais, difusos ou coletivos afetos à criança e ao adolescente, observado o disposto no art. 209;

V - conhecer de ações decorrentes de **irregularidades em entidades de atendimento**, aplicando as medidas cabíveis;

VI - **aplicar penalidades administrativas** nos casos de infrações contra norma de proteção à criança ou adolescente;

VII - conhecer de **casos encaminhados pelo Conselho Tutelar**, aplicando as medidas cabíveis.

Parágrafo único. Quando se tratar de criança ou adolescente nas hipóteses do **art. 98**, é também **competente a Justiça da Infância e da Juventude** para o fim de:

a) conhecer de pedidos de **guarda e tutela**;

b) conhecer de ações de **destituição do poder familiar**, perda ou modificação da tutela ou guarda; (Expressão substituída pela Lei nº 12.010, de 2009)

c) suprir a capacidade ou o consentimento para o casamento;

d) conhecer de pedidos baseados em discordância paterna ou materna, em relação ao exercício do poder familiar; (Expressão substituída pela Lei nº 12.010, de 2009)

e) conceder a emancipação, nos termos da lei civil, quando faltarem os pais;

f) designar curador especial em casos de apresentação de queixa ou representação, ou de outros procedimentos judiciais ou extrajudiciais em que haja interesses de criança ou adolescente;

g) conhecer de **ações de alimentos**;

h) determinar o cancelamento, a retificação e o suprimento dos **registros de nascimento e óbito**.

1. **Critérios de fixação de competência:** o artigo 148 elenca, nos incisos do *caput* e do parágrafo único, uma série ações cuja competência é da Justiça da Infância e Juventude. Trata-se de competência em razão da matéria. Há uma distinção muito importante entre o rol do *caput* e do parágrafo único – já apresentada em comentários ao Título II (Das medidas de proteção), mais especificamente ao examinar o art. 98, que trata da situação de risco da criança ou adolescente.

   Naquele ponto, frisamos que a ameaça ou a violação aos direitos da criança podem advir de conduta comissivas ou omissivas do Estado, dos pais ou responsável e da própria criança ou adolescente. A caracterização da situação de risco é importante em dois aspectos: permite a aplicação das medidas de proteção e serve como critério de fixação de competência.

   As hipóteses dos incisos do *caput* do artigo 148 **não dependem da caracterização da situação de risco da criança ou do adolescente**. Em outras palavras, a competência da Justiça da Infância e Juventude é determinada para aquelas hipóteses independentemente da situação em que se encontrar o adolescente.

   Por sua vez, o elenco dos incisos do **parágrafo único** apresenta situações que, em sua maioria, competiriam às varas de família, como, por exemplo, suprimento de capacidade ou consentimento para casamento e ação de alimentos. Entretanto, pela caracterização da situação de risco, a competência recai sobre o Juízo da Infância e Juventude.

   Todos os incisos do *caput* apresentam demandas cuja disciplina é, quase integralmente, do próprio Estatuto. Já no rol do parágrafo único encontram-se tanto ações cuja disciplina é a do Estatuto (ex.: pedidos de guarda e tutela; destituição do poder familiar), quanto outras cujo processamento é estabelecido por legislações distintas (ex: emancipação, ação de alimentos).

   Portanto, é possível afirmar que o Estatuto da Criança e do Adolescente tem aplicação e regula processos que não necessariamente tramitam na

Justiça da Infância e Juventude. Para exemplificar, basta citar um pedido de guarda numa vara de família, ou uma tutela na vara de órfãos – desde que a criança ou adolescente não esteja em situação de risco.

Por fim, vale destacar que o rol do art. 148 não é exaustivo, pois o próprio Estatuto prevê em outros dispositivos alguns procedimentos de competência da Justiça da Infância e Juventude que não constam daquele elenco, como, por exemplo, a autorização para viajar (arts. 83 a 85) e a obtenção de alvarás (art. 149).

2. **Competência para aplicação das infrações administrativas:** é preciso fazer uma importante distinção entre **(i)** apuração de crimes cometidos contra crianças e adolescente, **(ii)** atos infracionais praticados por crianças e adolescentes e **(iii)** infrações administrativas. Em relação aos crimes, seus agentes são pessoas maiores, de modo que a competência para processar e julgar seus atos é das varas criminais – confira-se a ressalva abaixo acerca da possibilidade de ampliação da competência por lei estadual.

   Aos Juizados da Infância e Juventude compete julgar os atos infracionais e as infrações administrativas, de acordo com o artigo 148, incisos I e VI, respectivamente.

Art. 149. Compete à autoridade judiciária disciplinar, através de **portaria**, ou autorizar, mediante **alvará:**

I – a **entrada e permanência** de criança ou adolescente, desacompanhado dos pais ou responsável, em:

a) estádio, ginásio e **campo desportivo**;

b) **bailes** ou promoções dançantes;

c) **boate** ou congêneres;

d) casa que explore comercialmente diversões eletrônicas;

e) estúdios cinematográficos, de **teatro, rádio e televisão.**

II – a **participação** de criança e adolescente em:

a) **espetáculos públicos** e seus ensaios;

b) **certames de beleza.**

§ 1º Para os fins do disposto neste artigo, a autoridade judiciária levará em conta, dentre outros fatores:

a) os princípios desta Lei;

b) as peculiaridades locais;

c) a existência de instalações adequadas;

d) o tipo de frequência habitual ao local;

e) a adequação do ambiente a eventual participação ou frequência de crianças e adolescentes;

f) a natureza do espetáculo.

§ 2º As medidas adotadas na conformidade deste artigo deverão ser fundamentadas, caso a caso, vedadas as determinações de caráter geral.

1. **Regulação da presença de criança e adolescente em eventos:** o artigo 149 determina que compete à autoridade judiciária disciplinar a entrada e permanência de criança ou adolescente em determinados locais, desacompanhados de pais ou responsável, bem como sua participação em espetáculos públicos e concursos de beleza.

   Deve-se atentar para os termos jurídicos utilizados pelo Estatuto no *caput* do art. 149: mediante **portaria**, o juízo disciplina as situações ali previstas; através de **alvará**, a empresa interessada obtém autorização para realizar o evento.

   O objetivo dessa regulação é, como sempre, a **proteção integral da criança e do adolescente**, pois se busca evitar sua exposição a eventos nocivos ao seu desenvolvimento sadio. É o que se verifica pela disposição do art. 149, § 1º que determina ao juízo observar os princípios do Estatuto, as peculiaridades do local, a adequação das instalações e a frequência habitual do local.

   Há uma distinção entre os incisos I e II do art. 149. É necessária a obtenção de alvará para entrada e permanência de crianças e adolescentes nas hipóteses das alíneas do inciso I, quando desacompanhadas de pais ou responsável. Em contrapartida, se a criança está acompanhada de pais ou responsável, sua entrada e permanência não dependem de autorização através de alvará.

   Por sua vez, para a participação da criança ou adolescente em espetáculo público ou ensaio e concursos de beleza, a obtenção de alvará é necessária, ainda que a criança ou o adolescente esteja acompanhado de pais ou responsável (art. 149, inciso II). A inobservância dessa norma caracteriza a infração administrativa, prevista no art. 258.

2. **Necessidade de alvará judicial – posição do STJ:** a obtenção do alvará é imprescindível para que a empresa que promove um espetáculo ou a emissora de TV possa contar com a participação de crianças e adolescente, conforme frisamos anteriormente. Nesses casos, a autorização expressa dos pais ou responsável não afasta a necessidade de a empresa obter o alvará na Justiça. Esse é o entendimento do Superior Tribunal

de Justiça: AgRg no Ag 543.237-RJ, julgado em 5/2/2004. A necessidade de alvará judicial também vale para boates e danceterias, mesmo que em horário de matine (REsp 902.657/RN, julgado em 10/08/2010).

3. **Proibição de portarias de caráter geral – posição do STJ:** ao interpretar o artigo 149 do Estatuto, o Superior Tribunal de Justiça entendeu não ser possível a determinação de portarias de conteúdo genérico. Para cada evento ou espetáculo, deve ser expedida autorização específica: REsp 1.292.143-SP, julgado em 21/6/2012. Por outro lado, em 2021 o STJ analisou situação interessante acerca da correta interpretação do § 2º do artigo 149. Como dito acima, o dispositivo proíbe a edição de restrições genéricas e abstratas. No caso concreto, a discussão era como autorizar o trabalho de adolescente como DJ – se o juízo da comarca de seu domicílio poderia autorizar sua participação em espetáculos ou se em cada local de apresentação deveria ser obtida nova autorização. O entendimento da Corte foi o de que o juízo do domicílio pode estabelecer as premissas para o trabalho do adolescente, sem necessidade de novas autorizações a cada novo local. Confira-se:

> 2- Os propósitos recursais consistem em definir: (i) se houve omissão relevante no acórdão recorrido; (ii) se pode o juízo da comarca em que reside o adolescente conceder autorização judicial mais ampla, fixando desde logo os parâmetros necessários ao desenvolvimento contínuo da atividade de disc-jockey, de modo a tornar desnecessário pedido de autorização judicial a cada evento e em cada comarca em que o adolescente venha a se apresentar.
>
> 3- Não há que se falar em omissão quando o acórdão recorrido efetivamente enfrenta a questão controvertida, ainda que de maneira distinta daquela pretendida pela parte.
>
> 4- A partir da interpretação do art. 149, §2º, do ECA, conclui-se ser expressamente vedada a concessão de autorização judicial ampla, geral e irrestrita, para que o adolescente participe de espetáculos públicos até que atinja a sua maioridade civil, ainda que se faça acompanhar por seus pais ou responsáveis.
>
> 5- Da regra do art. 149, §2º, do ECA, todavia, não se extrai a conclusão jurídica dada pela sentença e pelo acórdão recorrido à hipótese, no sentido de que seria necessário ao adolescente que pretenda participar de espetáculos públicos formular pedidos individuais, a serem examinados e decididos em cada comarca em que ocorrerá a respectiva apresentação.
>
> **6- É admissível que o juízo da comarca do domicílio do adolescente, competente em virtude da regra do art. 147 do ECA, ao julgar o pe-**

dido de autorização judicial de participação em espetáculo público, que estabeleça previamente diretrizes mínimas para a participação do adolescente em atividade que se desenvolve de maneira contínua, fixando, após a oitiva dos pais e do Ministério Público, os parâmetros adequados para a realização da atividade profissional pela pessoa em formação.

7- Além da regra impositiva do art. 147 do ECA, a fixação da competência do juízo da comarca do domicílio do adolescente para a concessão de autorização judicial que permita a apresentação em espetáculos públicos decorre da proximidade e do conhecimento existente entre o juízo e a entidade familiar e da necessidade de fixação de critérios uniformes para a concessão da autorização.

8- O hipotético prejuízo decorrente da concentração da competência do juízo da comarca do domicílio do adolescente para autorizar a participação em espetáculos públicos, em especial em comarcas distintas, pode ser drasticamente reduzido, até mesmo eliminado, mediante o uso adequado do instituto da cooperação judiciária nacional (arts. 67 a 69, do CPC/15), que permite, de maneira simplificada e pela via do auxílio direto, o cumprimento de providências e o atendimento de solicitações entre juízos distintos.

9- Recurso especial conhecido e parcialmente provido.

(REsp 1947740/PR, Rel. Min. Nancy Andrighi, 3ª Turma, julgado em 05/10/2021, DJe 08/10/2021)

Seção III
Dos Serviços Auxiliares

Art. 150. Cabe ao Poder Judiciário, na elaboração de sua proposta orçamentária, prever recursos para **manutenção de equipe interprofissional**, destinada a assessorar a Justiça da Infância e da Juventude.

Art. 151. Compete à equipe interprofissional dentre outras atribuições que lhe forem reservadas pela legislação local, fornecer subsídios por escrito, mediante laudos, ou verbalmente, na audiência, e bem assim desenvolver **trabalhos de aconselhamento, orientação, encaminhamento, prevenção** e outros, tudo sob a imediata subordinação à autoridade judiciária, assegurada a **livre manifestação** do ponto de vista técnico.

Parágrafo único. Na ausência ou insuficiência de servidores públicos integrantes do Poder Judiciário responsáveis pela realização dos estudos psicossociais ou de quaisquer outras espécies de avaliações técnicas exigidas por esta Lei ou por determinação judicial, a autoridade judiciária poderá proceder à nomeação de perito, nos termos do art. 156 da Lei n. 13.105, de 16 de março de 2015 (Código de Processo Civil). (Incluído pela Lei nº 13.509, de 2017)

1. **Equipe interprofissional:** a equipe interprofissional, como o próprio nome indica, é formada por profissionais com diferentes formações – psicólogos, assistentes sociais, pedagogos etc. A formação plural contribui para atender adequadamente o amplo leque de atribuições desse órgão. Sua estrutura está inserida dentro do Poder Judiciário, ou seja, cabe a este poder prever orçamento adequado para manutenção das equipes, que devem existir nas diversas comarcas de cada estado. Além disso, o Estatuto garante que suas manifestações sejam livres e fundamentadas do ponto de vista técnico.

   Lamentavelmente, a realidade brasileira ainda é a de estados sem equipes interprofissionais montadas e bem estruturadas, o que prejudica o desenvolvimento das atividades da Justiça infanto-juvenil. Para contornar essa situação, a Lei n. 13.509/2017 inseriu o parágrafo único do artigo 151, que prevê a possibilidade de o juízo nomear perito, quando não houver equipe interprofissional para elaboração dos estudos psicossociais

Aplicação em concurso

- **(FCC – Juiz de Direito – TJ – GO/2021)** A equipe interprofissional destinada a assessorar a Justiça da Infância e da Juventude, segundo disposição expressa do Estatuto da Criança e do Adolescente,

  (A) compõe, ao lado do comissariado e dos agentes de proteção, os três serviços auxiliares da Justiça da Infância e da Juventude.

  (B) terá, em caso de ausência de servidores públicos do Poder Judiciário, suas funções exercidas, por meio de requisição, por servidores do Poder Executivo local.

  (C) será composta por psicólogos, assistentes sociais e pedagogos selecionados por concurso público de provas e títulos.

  (D) tem como atribuição desenvolver trabalhos de aconselhamento, orientação, encaminhamento e outros, tudo sob a imediata subordinação à autoridade judiciária.

  (E) tem assegurada a livre manifestação do ponto de vista técnico, observando, contudo, as abordagens teóricas e as práticas de intervenção decorrentes de lei ou decisão judicial.

  Gabarito: letra E.

2. **Órgão de auxílio do Judiciário – impossibilidade de sua utilização pelo MP – posição do STJ:** o Superior Tribunal de Justiça analisou caso em que o Ministério Público requisitou ao órgão de perícias do Tribunal

de Justiça a realização de estudo psicossocial. A Corte entendeu que tais órgãos servem ao Judiciário, de modo que não há amparo para a requisição do MP, quando ainda se tratar de procedimento preparatório (REsp 1295020/SE, 3ª Turma, julgado em 20/05/2014).

Capítulo III
Dos Procedimentos

Seção I
Disposições Gerais

1. **Processo e procedimento:** ainda dentro do Título VI, que trata do acesso à Justiça, tem início o Capítulo III, que trata dos procedimentos judiciais. Esse é o ponto em que o Estatuto disciplina os procedimentos de perda e suspensão do poder familiar, destituição de tutela, colocação em família substituta, apuração de ato infracional atribuído a adolescente, apuração de irregularidades em entidade de atendimento e apuração de infração administrativa às normas de proteção à criança e adolescente.

Muito se discute acerca do caráter jurisdicional ou não-jurisdicional de alguns procedimentos. Em doutrina clássica de direito processual (dentre muitos, Moacir Amaral Santos e José Frederico Marques), costumava-se afirmar que os procedimentos de jurisdição voluntária não seriam processos por não haver lide; seriam tão somente atividade administrativa judicializada ou administração judicial de interesses privados.

Modernamente, a doutrina de vanguarda (também dentre muitos, Cândido Rangel Dinamarco, Leonardo Greco, Alexandre Freitas Câmara, Fredie Didier Jr.) não caracteriza o processo pela existência de lide. A prestação da função jurisdicional é feita através do processo, que pode ser conceituado como a relação jurídica processual animada pelo contraditório, que se desenvolve a partir de uma sequência coordenada de atos processuais, o procedimento. Dentro do processo, participam, em regra, três atores processuais (partes e juiz) que estabelecem um diálogo ativo e constante, através do qual as partes procuram influenciar a formação da convicção do julgador que proferirá decisões cujas consequências serão sentidas no mundo dos fatos.

Este não é o espaço adequado para maiores aprofundamentos acerca dessa discussão. O que queremos deixar claro é que os procedimentos previstos no Estatuto da Criança e do Adolescente são verdadeiro exercício da função jurisdicional e devem atender aos princípios constitucionais processuais. Portanto, há que se respeitarem sempre os princípios da inafastabilidade do controle jurisdicional, da ampla defesa, do contraditório, do devido processo legal, da assistência jurídica gratuita, da duração razoável do processo, da fundamentação das decisões judiciais etc.

Art. 152. Aos procedimentos regulados nesta Lei aplicam-se subsidiariamente as normas gerais previstas na legislação processual pertinente.

§ 1º É assegurada, sob pena de responsabilidade, **prioridade absoluta** na **tramitação** dos processos e procedimentos previstos nesta Lei, assim como na execução dos atos e diligências judiciais a eles referentes. (Incluído pela Lei nº 12.010, de 2009)

§ 2º Os **prazos** estabelecidos nesta Lei e aplicáveis aos seus procedimentos são contados em **dias corridos**, excluído o dia do começo e incluído o dia do vencimento, **vedado** o **prazo em dobro** para a Fazenda Pública e o Ministério Público. (Incluído pela Lei nº 13.509, de 2017)

Art. 153. Se a medida judicial a ser adotada não corresponder a procedimento previsto nesta ou em outra lei, a autoridade judiciária poderá investigar os fatos e ordenar de ofício as providências necessárias, ouvido o Ministério Público.

Parágrafo único. O disposto neste artigo não se aplica para o fim de afastamento da criança ou do adolescente de sua família de origem e em outros procedimentos necessariamente contenciosos. (Incluído pela Lei nº 12.010, de 2009)

Art. 154. Aplica-se às multas o disposto no art. 214.

1. **Prioridade de tramitação:** o parágrafo único do artigo 152 estabelece a **prioridade absoluta de tramitação** dos processos referentes ao Estatuto, bem como a prioridade para a prática de diligências e atos a eles referentes.

2. **Contagem de prazos diferente do CPC:** uma das novidades do CPC/2015 foi o estabelecimento de contagem de prazo em dias úteis e contagem em dobro de prazos para a Fazenda Pública (o MP já dispunha dessa prerrogativa). A Lei n. 13.509/2017 inseriu o § 2º ao artigo 152 do ECA, para se afastar dessa sistemática. Nos procedimentos previstos no Estatuto, a contagem de prazo se faz em dias corridos e sem contagem de prazo em dobro para Ministério Público e Fazenda Pública.

   Curioso observar que a regra não faz menção à Defensoria Pública. A lógica é a mesma, é dar prioridade e agilidade na tramitação desses processos. No entanto, não é possível aplicar por analogia a regra à Defensoria Pública, pois se trata de uma redução de prerrogativas institucionais. Não se pode admitir interpretação extensiva que reduza prerrogativas da carreira. Assim, ainda que de forma assistemática, consideramos que a prerrogativa de prazo em dobro para a Defensoria Pública está intacta.

Aplicação em concurso

- **(Promotor de Justiça – MP-SC 2019)** [Julgue o item]

  Pelo Estatuto da Criança e Adolescente, os prazos estabelecidos nessa Lei e aplicáveis aos seus procedimentos são contados em dias corridos, excluído o dia do começo e incluído o dia do vencimento, vedado o prazo em dobro para a Fazenda Pública e o Ministério Público.

  Gabarito: o item está correto.

3. **Contagem de prazos – posição do STJ:** a questão da contagem de prazos já chegou ao STJ. Ao analisar a regra inserida no § 2º do artigo 152, a Corte entendeu que prevalece o princípio da especialidade, pelo que a contagem deve ser em dias corridos (HC 475.610/DF, 6ª Turma, julgado em 26/03/2019).

Seção II
Da Perda e da Suspensão do Poder Familiar
(Expressão substituída pela Lei nº 12.010, de 2009)

1. **Perda ou suspensão do poder familiar e colocação em família substituta:** esses temas foram bastante abordados em passagem anterior do livro, quando analisamos o Capítulo III (Do direito à convivência familiar e comunitária), do Título II (Dos direitos fundamentais) do Estatuto. Por isso, recomendamos a releitura daquele trecho e neste ponto faremos comentários mais sucintos para evitar a repetição.

Art. 155. O procedimento para a perda ou a suspensão do poder familiar terá **início** por provocação do **Ministério Público** ou de **quem tenha legítimo interesse.** (Expressão substituída pela Lei nº 12.010, de 2009)

1. **Legitimidade para pleitear a perda ou a suspensão do poder familiar:** está prevista no artigo 155. O pleito de perda ou suspensão do poder familiar pode ser feito pelo Ministério Público, por exemplo, em situações em que a criança está abrigada em entidade por ter sofrido abusos dos pais. Decretada a perda do poder familiar, a criança pode ser posteriormente adotada.

Também pode pleitear a perda ou suspensão do poder familiar "quem tenha legítimo interesse". É o caso de um particular que vai pleitear a tutela ou a adoção. Se ainda não foi decretada a perda ou suspensão em processo anterior, então há a necessidade de cumular expressamente os pedidos de suspensão ou perda com os de tutela ou adoção.

Quando proposta por particular, o Ministério Público atua obrigatoriamente como *custos legis*.

Vale recordar que a tutela pressupõe a decretação da perda ou suspensão do poder familiar (art. 36, p.ú.), enquanto a adoção demanda necessariamente a perda do poder familiar (art. 41).

Aplicação em concurso

- **(Cespe – Promotor de Justiça – MPE – SC/2021)** Acerca da atuação do Ministério Público nos procedimentos que envolvam a proteção de criança e adolescente, julgue os itens seguintes.

  A legitimidade ativa para proposição de ação de destituição do poder familiar é exclusiva do Ministério Público.

  Gabarito: o item está errado.

2. **Legítimo interesse – posição do STJ:** o STJ analisou o artigo 155 para concluir que não há necessidade de laços consanguíneos para que ser considerado legitimado (REsp 1203968/MG, 4ª Turma, julgado em 10/10/2019).

Art. 156. A petição inicial indicará:

I – a autoridade judiciária a que for dirigida;

II – o nome, o estado civil, a profissão e a residência do requerente e do requerido, dispensada a qualificação em se tratando de pedido formulado por representante do Ministério Público;

III – a exposição sumária do fato e o pedido;

IV – as provas que serão produzidas, oferecendo, desde logo, o rol de testemunhas e documentos.

1. **Requisitos da petição inicial:** estão previstos no art. 156 e 165. Há aplicação subsidiária das normas do Código de Processo Civil, pois a petição inicial deve sempre atender aos requisitos dos artigos 106, I, 319 e 320. Portanto, quando a perda ou suspensão do poder familiar for pleiteada por particular, patrocinado por advogado ou defensor público, é preciso indicar o endereço para intimações (art. 106, I).

Art. 157. Havendo motivo grave, **poderá** a autoridade judiciária, ouvido o Ministério Público, **decretar a suspensão do poder familiar**, liminar ou incidentalmente, até o julgamento definitivo da causa, ficando a criança ou adolescente confiado a pessoa idônea, mediante termo de responsabilidade. (Expressão substituída pela Lei nº 12.010, de 2009)

§ 1º Recebida a petição inicial, a autoridade judiciária determinará, concomitantemente ao despacho de citação e independentemente de requerimento do interessado, a realização de estudo social ou perícia por equipe interprofissional ou multidisciplinar para comprovar a presença de uma das causas de suspensão ou destituição do poder familiar, ressalvado o disposto no § 10 do art. 101 desta Lei, e observada a Lei no 13.431, de 4 de abril de 2017. (Incluído pela Lei nº 13.509, de 2017)

§ 2º Em sendo os pais oriundos de comunidades indígenas, é ainda obrigatória a intervenção, junto à equipe interprofissional ou multidisciplinar referida no § 1o deste artigo, de representantes do órgão federal responsável pela política indigenista, observado o disposto no § 6º do art. 28 desta Lei. (Incluído pela Lei nº 13.509, de 2017)

1. **Decisão liminar:** o artigo 157 autoriza a decretação da suspensão do poder familiar em caso de motivo grave. Deve-se entender como motivo grave, por exemplo, uma situação de risco causada por seus pais (art. 98, II). Dificuldades financeiras não são motivo idôneo para autorizar a perda ou suspensão do poder familiar (art. 23).

2. **Realização de estudo social *ope legis:*** a Lei n. 13.509/2017 modificou diversos dispositivos do Estatuto com o objetivo de acelerar os processos de adoção. Nesse contexto, foi introduzido o § 1º ao artigo 157 para determinar a imediata realização de estudo social pela equipe interprofissional. De fato, a medida tende a acelerar o trâmite processual, porque essa medida costumava ser deferida na fase de instrução probatória, após a abertura de prazo para a defesa. A partir dessa modificação, concomitantemente à fase postulatória (citação e prazo de defesa), já se realiza atividade tipicamente instrutória (elaboração de laudo).

3. **Intervenção da Funai**: a Lei n. 13.509/2017 também inseriu o § 2º ao artigo 157 para prever a oitiva obrigatória de representantes do órgão federal responsável pela política indigenista, a Funai, quando se tratar de processo de adoção que envolva pais de origem indígena. Na verdade, a regra já existia no § 2º do artigo 161, houve apenas deslocamento para o artigo 157. De qualquer forma, a modificação é desnecessária, pois a exigência já estava contida no § 6º do artigo 28 – inclusive o dispo-

sitivo inserido faz remissão a este parágrafo, ou seja, o Estatuto prevê a mesma norma em duas regras: art. 28, § 6º e art. 157, § 2º exigem que o órgão federal responsável pela política indigenista seja ouvido no processo de adoção.

A cada modificação legislativa, o Estatuto perde em harmonia e coerência. O artigo 28, § 6º prevê a oitiva obrigatória de órgão federal especializado não apenas para indígenas, mas também para quilombolas. Já o § 2º do artigo 157, introduzido pela Lei n. 13.509/2017, trata apenas da hipótese de indígenas. No fim das contas, a omissão é irrelevante, porque a exigência continua presente, justamente por força do § 6º do artigo 28.

Art. 158. O requerido será citado para, no prazo de dez dias, oferecer resposta escrita, indicando as provas a serem produzidas e oferecendo desde logo o rol de testemunhas e documentos.

§ 1º A **citação** será **pessoal**, salvo se esgotados todos os meios para sua realização. (Incluído pela Lei nº 12.962, de 2014)

§ 2º O requerido privado de liberdade deverá ser citado pessoalmente. (Incluído pela Lei nº 12.962, de 2014)

§ 3º Quando, por 2 (duas) vezes, o oficial de justiça houver procurado o citando em seu domicílio ou residência sem o encontrar, deverá, havendo suspeita de ocultação, informar qualquer pessoa da família ou, em sua falta, qualquer vizinho do dia útil em que voltará a fim de efetuar a **citação, na hora que designar**, nos termos do art. 252 e seguintes da Lei n. 13.105, de 16 de março de 2015 (Código de Processo Civil). (Incluído pela Lei nº 13.509, de 2017)

§ 4º Na hipótese de os genitores encontrarem-se em local incerto ou não sabido, serão **citados por edital** no prazo de 10 (dez) dias, em publicação única, dispensado o envio de ofícios para a localização. (Incluído pela Lei nº 13.509, de 2017)

Art. 159. Se o requerido não tiver possibilidade de constituir advogado, sem prejuízo do próprio sustento e de sua família, poderá requerer, em cartório, que lhe seja nomeado dativo, ao qual incumbirá a apresentação de resposta, contando-se o prazo a partir da intimação do despacho de nomeação.

Parágrafo único. Na hipótese de requerido privado de liberdade, o oficial de justiça deverá perguntar, no momento da citação pessoal, se deseja que lhe seja nomeado defensor. (Incluído pela Lei nº 12.962, de 2014)

1. **Devido processo legal:** os artigos 158 a 162 disciplinam o curso do procedimento de perda ou suspensão do poder familiar. Os artigos 158

e 159 dão aplicação aos princípios do contraditório, da ampla defesa e da assistência jurídica gratuita. O § 1º do art. 158, por exemplo, determina que a citação deve ser pessoal, salvo se esgotados os meios para localização do requerido. Se o requerido estiver preso, a citação deve ser obrigatoriamente pessoal.

A regra da citação pessoal é flexibilizada em duas hipóteses. A primeira é quando o oficial de justiça percebe que o citando está se ocultando para não ser citado. Nesse caso, autoriza-se a citação por hora certa (§ 3º). A segunda é a possibilidade de citação por edital quando os citandos estejam em local incerto (§ 4º). A Lei n. 13.509/2017 reduziu as exigências da citação por edital ao estabelecer a publicação em uma única veiculação e ao dispensar a busca da localização de endereço certo.

Além disso, o requerido tem **prazo** para **oferecer resposta** e pode produzir provas (art. 158 *caput*). Caso não tenha condições de constituir advogado, poderá requerer a nomeação de um dativo (art. 159). Inclusive, no momento da citação no estabelecimento prisional, o oficial de justiça deve questionar ao requerido se deseja que lhe seja nomeado defensor. Nesse ponto, o Estatuto merece um reparo que já temos frisado ao longo do livro. A prestação de assistência jurídica ao hipossuficiente é atribuição que cabe à Defensoria Pública, conforme previsão constitucional expressa (CR, art. 134). Somente onde não estiver devidamente instalada e equipada é que tem lugar a nomeação de advogados dativos.

Em relação à colocação em família substituta, ainda que haja concordância dos pais, há a **necessidade** de eles serem **ouvidos pela autoridade judiciária** (art. 166, p.ú.). Além disso, quando a perda ou suspensão do poder familiar forem pressupostos da colocação em família substituta (tutela e adoção), o procedimento é o da Seção II, conforme prevê o art. 169.

Art. 160. Sendo necessário, a autoridade judiciária requisitará de qualquer repartição ou órgão público a apresentação de documento que interesse à causa, de ofício ou a requerimento das partes ou do Ministério Público.

Art. 161. Se não for contestado o pedido e tiver sido concluído o estudo social ou a perícia realizada por equipe interprofissional ou multidisciplinar, a autoridade judiciária dará vista dos autos ao Ministério Público, por 5 (cinco) dias, salvo quando este for o requerente, e decidirá em igual prazo. (Redação dada pela Lei nº 13.509, de 2017)

§ 1º A **autoridade judiciária**, de ofício ou a requerimento das partes ou do Ministério Público, **determinará a oitiva de testemunhas** que comprovem a presença de uma das causas de suspensão ou destituição do poder familiar previstas nos arts. 1.637 e 1.638 da Lei n. 10.406, de 10 de janeiro de 2002 (Código Civil), ou no art. 24 desta Lei. (Redação dada pela Lei nº 13.509, de 2017)

§ 2º (Revogado). (Redação dada pela Lei nº 13.509, de 2017)

§ 3º Se o pedido importar em modificação de guarda, será obrigatória, desde que possível e razoável, a oitiva da criança ou adolescente, respeitado seu estágio de desenvolvimento e grau de compreensão sobre as implicações da medida. (Incluído pela Lei nº 12.010, de 2009)

§ 4º É **obrigatória** a oitiva dos pais sempre que eles forem identificados e estiverem em local conhecido, ressalvados os casos de não comparecimento perante a Justiça quando devidamente citados. (Redação dada pela Lei nº 13.509, de 2017)

§ 5º Se o pai ou a mãe estiverem privados de liberdade, a autoridade judicial **requisitará** sua apresentação para a oitiva. (Incluído pela Lei nº 12.962, de 2014)

1. **Obrigatoriedade de produção de provas:** o § 1º do artigo 161 estabelece a obrigatoriedade de produção de provas, consistentes na realização de estudo social, perícia e oitiva de testemunhas. Pela redação original do Estatuto, essas provas somente eram produzidas em *"havendo necessidade"*. A questão é que qualquer decisão judicial de mérito deve ser tomada com base em provas, de maneira que sempre há necessidade de se produzir provas – pericial, documental e testemunhal. Inclusive, a oitiva dos pais é obrigatória quando forem identificados e estejam em local conhecido (§ 4º) e, para deixar essa questão mais clara, o § 5º estabeleceu a **necessidade de requisição** pela autoridade judicial de pais que estejam privados de liberdade.

   Além disso, em caso de modificação de guarda, a criança ou adolescente deve ser ouvido (§ 3º).

Art. 162. Apresentada a resposta, a autoridade judiciária dará vista dos autos ao Ministério Público, por cinco dias, salvo quando este for o requerente, designando, desde logo, audiência de instrução e julgamento.

§ 1º (Revogado). (Redação dada pela Lei nº 13.509, de 2017)

§ 2º Na audiência, presentes as partes e o Ministério Público, serão ouvidas as testemunhas, colhendo-se oralmente o **parecer técnico**, salvo quando apresentado por escrito, manifestando-se sucessivamente o requerente, o requerido e o Ministério Público, pelo tempo de 20 (vinte) minutos cada um, prorrogável por mais 10 (dez) minutos. (Redação dada pela Lei nº 13.509, de 2017)

§ 3º A decisão será proferida na audiência, podendo a autoridade judiciária, excepcionalmente, designar data para sua leitura no prazo máximo de 5 (cinco) dias. (Incluído pela Lei nº 13.509, de 2017)

§ 4º Quando o procedimento de destituição de poder familiar for iniciado pelo Ministério Público, **não** haverá necessidade de nomeação de **curador especial** em favor da criança ou adolescente. (Incluído pela Lei nº 13.509, de 2017)

Art. 163. O **prazo máximo** para conclusão do procedimento será de **120 (cento e vinte) dias**, e caberá ao juiz, no caso de notória inviabilidade de manutenção do poder familiar, dirigir esforços para preparar a criança ou o adolescente com vistas à colocação em família substituta. (Redação dada pela Lei nº 13.509, de 2017)

Parágrafo único. A sentença que decretar a perda ou a suspensão do poder familiar será averbada à margem do registro de nascimento da criança ou do adolescente. (Incluído pela Lei nº 12.010, de 2009)

1. **Defesa e instrução probatória:** o artigo 162 trata da defesa dos genitores no procedimento de perda do poder familiar. Conforme destacado em comentários ao artigo 157, § 1º, o despacho inicial de recebimento da ação já deve conter a determinação para realização de estudo social pela equipe interprofissional. Encerrada a fase postulatória com a apresentação da defesa, passa-se à instrução por meio de audiência, sendo certo que o laudo da equipe interprofissional já estará pronto a essa altura. Quando não apresentado por escrito, o profissional que visitou a família para conhecer a situação das partes poderá ser ouvido diretamente na audiência (§ 2º).

2. **Desnecessidade de curador especial:** o § 4º ao artigo 162 estabelece a desnecessidade de nomeação do curador especial para criança e adolescente quando a ação for proposta pelo Ministério Público. A curadoria normalmente é tarefa desempenhada pela Defensoria Pública.

Aplicação em concurso

- **(Promotor de Justiça – MP-SC - 2019)** [Julgue o item]

  Segundo a redação do Estatuto da Criança e do Adolescente, quando o procedimento de destituição de poder familiar for iniciado pelo Ministério Público ou de quem tenha legítimo interesse, não haverá necessidade de nomeação de curador especial em favor da criança ou adolescente.

  Gabarito: o item está errado.

3. **Prazo de conclusão do procedimento:** o artigo 163 fixa o prazo de 120 dias para encerramento do processo de perda ou suspensão do poder familiar. Se esse prazo não puder ser cumprido, o juízo deve dirigir esforços para preparar a criança ou o adolescente para colocação em família substituta. Esse prazo deve ser visto como um norte a orientar a atuação das Varas da Infância e da Juventude e está em consonância com o princípio constitucional da duração razoável do processo (CR, art. 5º, LXXVIII). Em comarcas de maior movimento, não será possível a conclusão do processo dentro desse prazo, mas a prolação de sentença fora do limite fixado pelo legislador não estará maculada por qualquer vício, não será ilegal, nem ineficaz.

   Não se deve sobrepor a obediência a esse prazo em detrimento de outros valores mais caros, como os princípios do contraditório e da ampla defesa. A produção de provas, por exemplo, por expressa determinação do § 1º do artigo 161 não é facultativa, mas sim obrigatória. Portanto, não pode ser suprimida para atender ao prazo de 120 dias fixado pelo artigo 163.

   Do confronto entre essas duas normas – a da produção obrigatória de provas e a da duração de 120 dias do procedimento –, há de prevalecer aquela que respeita o contraditório e a ampla defesa, pois concretizam o princípio maior do devido processo legal.

Seção III
Da Destituição da Tutela

Art. 164. Na destituição da tutela, observar-se-á o procedimento para a remoção de tutor previsto na lei processual civil e, no que couber, o disposto na seção anterior.

1. **Destituição da tutela:** o artigo 164 determina a aplicação de dispositivos referentes à remoção de tutor, previsto nos artigos 761 a 763 do novo Código de Processo Civil.

Seção IV
Da Colocação em Família Substituta

Art. 165. São requisitos para a concessão de pedidos de **colocação em família substituta**:

I – qualificação completa do requerente e de seu eventual cônjuge, ou companheiro, com expressa anuência deste;

II – indicação de eventual parentesco do requerente e de seu cônjuge, ou companheiro, com a criança ou adolescente, especificando se tem ou não parente vivo;

III – qualificação completa da criança ou adolescente e de seus pais, se conhecidos;

IV – indicação do cartório onde foi inscrito nascimento, anexando, se possível, uma cópia da respectiva certidão;

V – declaração sobre a existência de bens, direitos ou rendimentos relativos à criança ou ao adolescente.

Parágrafo único. Em se tratando de **adoção**, observar-se-ão também os **requisitos específicos**.

Art. 166. Se os pais forem falecidos, tiverem sido destituídos ou suspensos do poder familiar, ou houverem aderido expressamente ao pedido de colocação em família substituta, este poderá ser formulado diretamente em cartório, em petição assinada pelos próprios requerentes, dispensada a assistência de advogado. (Redação dada pela Lei nº 12.010, de 2009)

§ 1º Na hipótese de concordância dos pais, o juiz: (Redação dada pela Lei nº 13.509, de 2017)

I – na presença do Ministério Público, ouvirá as partes, devidamente assistidas por advogado ou por defensor público, para verificar sua concordância com a adoção, no prazo máximo de 10 (dez) dias, contado da data do protocolo da petição ou da entrega da criança em juízo, tomando por termo as declarações; e (Incluído pela Lei nº 13.509, de 2017)

II – declarará a extinção do poder familiar. (Incluído pela Lei nº 13.509, de 2017)

§ 2º O **consentimento dos titulares** do poder familiar será precedido de **orientações e esclarecimentos** prestados pela equipe interprofissional da Justiça da Infância e da Juventude, em especial, no caso de adoção, sobre a irrevogabilidade da medida. (Incluído pela Lei nº 12.010, de 2009)

§ 3º São garantidos a livre manifestação de vontade dos detentores do poder familiar e o direito ao sigilo das informações. (Redação dada pela Lei nº 13.509, de 2017)

§ 4º O consentimento prestado por escrito não terá validade se não for ratificado na audiência a que se refere o § 1º deste artigo. (Redação dada pela Lei nº 13.509, de 2017)

§ 5º O consentimento é retratável até a data da realização da audiência especificada no § 1o deste artigo, e os pais podem exercer o arrependimento no prazo de 10 (dez) dias, contado da data de prolação da sentença de extinção do poder familiar. (Redação dada pela Lei nº 13.509, de 2017)

§ 6º O **consentimento** somente terá **valor** se for dado **após o nascimento** da criança. (Incluído pela Lei nº 12.010, de 2009)

§ 7º A família natural e a família substituta receberão a devida orientação por intermédio de equipe técnica interprofissional a serviço da Justiça da Infância e da Juventude, preferencialmente com apoio dos técnicos responsáveis pela execução da política municipal de garantia do direito à convivência familiar. (Redação dada pela Lei nº 13.509, de 2017)

1. **Colocação em família substituta:** está regulado nos artigos 165 a 170. O *caput* do artigo 166 prevê a possibilidade de colocação em família substituta, sem a assistência de advogado ou defensor público, nas seguintes hipóteses:

- pais **falecidos;**
- pais **destituídos ou suspensos** do poder familiar;
- pais que **aderirem expressamente** ao pedido de colocação em família substituta.

Na terceira hipótese, os pais devem ser ouvidos em audiência pelo Juízo e pelo representante do Ministério Público (§ 1º, inc. I), ainda que já tenham manifestado por escrito seu consentimento (§ 4º). Inclusive, o consentimento, escrito ou colhido em audiência, só tem validade se for obtido após o nascimento da criança (§ 6º). O § 1º, inciso II prevê que o juiz 'declarará a extinção do poder familiar'. A linguagem legal peca por falta de técnica processual. A sentença que extingue o poder familiar não é declaratória, mas sim constitutiva, pois modifica o estado das pessoas envolvidas (genitores e filhos), altera sua esfera de direitos. Melhor seria que estivesse escrito o juiz 'extinguirá o poder familiar'.

Embora a Lei não faça referência, parece-nos absolutamente pertinente a participação do defensor público na audiência, que pode auxiliar os pais com informações sobre seus atos, bem como trabalhar pela manutenção da criança ou adolescente em sua família natural ou extensa. Além disso, os pais devem ser orientados e devidamente informados acerca das consequências da colocação em família substituta pela equipe interprofissional da Justiça da Infância e da Juventude, inclusive sobre o fato de que a adoção é irrevogável (§ 2º).

A Lei n. 13.509/2017 promoveu mudança sutil, mas significativa no Estatuto. A redação anterior do § 3º fazia referência mais uma vez ao primado da manutenção da criança ou adolescente em sua família natural. Já a redação atual do § 3º indica apenas que os detentores (leia-se, titulares) do poder familiares devem ter garantida sua livre manifestação de vontade e o direito ao sigilo das informações. Vale dizer, nesse momento, não se faz mais qualquer processo de convencimento dos genitores acerca da preservação dos laços familiares.

A família natural e a família substituta receberão orientação da equipe interprofissional da Justiça da Infância e da Juventude, com participação de técnicos responsáveis pela execução da política municipal de garantia do direito à convivência familiar (§ 7º).

2. **Consentimento e retratação:** a Lei n. 13.509/2017 modificou os marcos previstos anteriormente para exercício do arrependimento quanto à colocação em família substituta. Nos termos do § 5º do artigo 166, **o consentimento é retratável** até a data da audiência de instrução. Além disso, o arrependimento teve seu prazo elastecido, e pode ser exercido até 10 dias após a prolação da sentença de extinção do poder familiar – pela redação anterior o prazo se esgotava com a publicação da sentença.

Art. 167. A autoridade judiciária, de ofício ou a requerimento das partes ou do Ministério Público, determinará a realização de **estudo social** ou, se possível, **perícia** por equipe interprofissional, decidindo sobre a concessão de guarda provisória, bem como, no caso de adoção, sobre o estágio de convivência.

Parágrafo único. Deferida a concessão da guarda provisória ou do estágio de convivência, a criança ou o adolescente será entregue ao interessado, mediante **termo de responsabilidade**. (Incluído pela Lei nº 12.010, de 2009)

1. **Formalização do ato de concessão de guarda provisória ou de estágio de convivência:** o artigo 167 trata da concessão de guarda provisória e do estágio de convivência. O parágrafo único estabelece a formalização do ato, sendo a criança ou adolescente entregue ao interessado, mediante termo de responsabilidade.

Art. 168. Apresentado o relatório social ou o laudo pericial, e ouvida, **sempre que possível**, a criança ou o adolescente, dar-se-á vista dos autos ao Ministério Público, pelo prazo de cinco dias, decidindo a autoridade judiciária em igual prazo.

Art. 169. Nas hipóteses em que a destituição da tutela, a perda ou a suspensão do poder familiar constituir pressuposto lógico da medida principal de colocação em família substituta, será observado o procedimento contraditório previsto nas Seções II e III deste Capítulo. (Expressão substituída pela Lei nº 12.010, de 2009)

Parágrafo único. A perda ou a modificação da guarda poderá ser decretada nos mesmos autos do procedimento, observado o disposto no art. 35.

Art. 170. Concedida a guarda ou a tutela, observar-se-á o disposto no art. 32, e, quanto à adoção, o contido no art. 47.

Parágrafo único. A colocação de criança ou adolescente sob a guarda de pessoa inscrita em programa de acolhimento familiar será comunicada pela autoridade judiciária à entidade por este responsável no prazo máximo de 5 (cinco) dias. (Incluído pela Lei nº 12.010, de 2009)

1. **Inserção de criança ou adolescente em programa de acolhimento familiar:** o parágrafo único do artigo 170 estabelece que, no prazo de 5 dias, a entidade de acolhimento será comunicada pela autoridade judiciária quando a criança ou adolescente seja inserida em programa de acolhimento familiar.
2. **Legitimidade recursal de mãe biológica que perdeu o poder familiar – posição do STJ:** o STJ analisou situação interessante em que foi proposta ação de guarda contra a mãe biológica que, em demanda diversa, já havia sido destituída do poder familiar. Discutiu-se a possibilidade de essa mãe biológica interpor recurso no processo que discutia a guarda. O STJ entendeu que sim em razão do laço biológico, em prol do melhor interesse da criança (REsp 1845146/ES, 4ª Turma, julgado em 19/11/2019).

Seção V
Da Apuração de Ato Infracional Atribuído a Adolescente

1. **Processo de apuração do ato infracional atribuído a adolescente:** a seção IV, ora em análise, estabelece o procedimento a ser seguido quando um adolescente pratica ato infracional. Conforme frisamos, são plenamente aplicáveis os princípios processuais constitucionais, como contraditório, ampla defesa, devido processo legal e duração razoável do processo. Inclusive, o próprio Estatuto elenca um rol de direitos individuais (arts. 106 a 109) e garantias processuais dos adolescentes que praticam atos infracionais (art. 110 e 111). É importante fazer a conjugação daqueles dispositivos com os desta seção.

2. **Representação como condição da ação socioeducativa – posição do STJ:** as Leis Penais estabelecem que a representação da vítima é requisito de procedibilidade da ação penal para determinados crimes (a maioria dos de menor potencial ofensivo e crimes contra a dignidade sexual). Trata-se das ações penais públicas condicionadas a representação. Alguns casos chegaram ao Superior Tribunal de Justiça em que o processo de apuração de ato infracional atribuído a adolescente havia sido instaurado sem a representação do ofendido. A Corte entendeu que no regime jurídico do Estatuto da Criança e do Adolescente a ação é sempre pública incondicionada, de modo que a representação não é condição de procedibilidade: HC 160.292/MG, 5ª Turma, julgado em 24/05/2011.

Art. 171. O adolescente apreendido por força de **ordem judicial** será, desde logo, **encaminhado à autoridade judiciária.**

Art. 172. O adolescente apreendido em **flagrante de ato infracional** será, desde logo, **encaminhado à autoridade policial** competente.

Parágrafo único. Havendo repartição policial especializada para atendimento de adolescente e em se tratando de ato infracional praticado em co-autoria com maior, **prevalecerá** a atribuição da **repartição especializada**, que, após as providências necessárias e conforme o caso, encaminhará o adulto à repartição policial própria.

1. **Apreensão e encaminhamento:** a apreensão de um adolescente pode ocorrer em duas situações: a ordem judicial e o flagrante de ato infracional (art. 106). É importante fazer a distinção entre ambas. A apreensão por ordem judicial deve ser *"fundamentada e basear-se em indícios suficientes de autoria e materialidade, demonstrada a necessidade imperiosa da medida"* (art. 108). Ao ser **aprendido**, o adolescente deve ser **apresentado à autoridade judiciária**, conforme determina o art. 171.

   Por outro lado, a apreensão do adolescente também pode decorrer de flagrante de ato infracional. Acerca das hipóteses de flagrante de ato infracional, o Estatuto não traz disposições expressas, de modo que são aplicáveis os conceitos do art. 302 do Código de Processo Penal. Ao ser apreendido por conta de **flagrante**, o adolescente é encaminhado à **autoridade policial** (art. 172).

Tipo de apreensão	Encaminhamento do adolescente
Cumprimento de ordem judicial	Autoridade judiciária (art. 171)
Flagrante de ato infracional	Autoridade policial (art. 172)

Art. 173. Em caso de flagrante de ato infracional cometido mediante **violência ou grave ameaça** a pessoa, a autoridade policial, sem prejuízo do disposto nos arts. 106, parágrafo único, e 107, deverá:

I - lavrar **auto de apreensão**, ouvidos as testemunhas e o adolescente;

II - apreender o **produto e os instrumentos da infração**;

III - requisitar os **exames ou perícias** necessários à comprovação da materialidade e autoria da infração.

Parágrafo único. Nas **demais hipóteses** de flagrante, a lavratura do auto poderá ser substituída por **boletim de ocorrência circunstanciada**.

Art. 174. Comparecendo qualquer dos pais ou responsável, o adolescente será **prontamente liberado** pela autoridade policial, sob termo de compromisso e responsabilidade de sua apresentação ao representante do Ministério Público, no mesmo dia ou, sendo impossível, no primeiro dia útil imediato, **exceto** quando, pela **gravidade do ato infracional** e sua **repercussão social**, deva o adolescente permanecer sob **internação** para garantia de sua **segurança pessoal** ou **manutenção da ordem pública**.

Art. 175. Em caso de **não liberação**, a autoridade policial **encaminhará**, desde logo, o adolescente ao representante do **Ministério Público**, juntamente com cópia do auto de apreensão ou boletim de ocorrência.

§ 1º Sendo impossível a apresentação imediata, a autoridade policial encaminhará o adolescente à entidade de atendimento, que fará a apresentação ao representante do Ministério Público no prazo de vinte e quatro horas.

§ 2º Nas localidades onde não houver entidade de atendimento, a apresentação far-se-á pela autoridade policial. À falta de repartição policial especializada, o adolescente aguardará a apresentação em dependência separada da destinada a maiores, não podendo, em qualquer hipótese, exceder o prazo referido no parágrafo anterior.

1. **Flagrante de ato infracional:** como mencionado acima, o adolescente é encaminhado à autoridade policial. As providências a serem tomadas dependem do tipo de ato infracional cometido.

   Quando o ato infracional é praticado mediante violência ou grave ameaça à pessoa, há a necessidade de lavratura de auto de apreensão, oitiva de testemunhas e do adolescente, apreensão dos produtos e instrumentos da infração e requisição de exames e pericias (art. 173, incisos I, II e III). Se o **ato** infracional é praticado **sem violência** ou grave ameaça, pode-se substituir a lavratura de auto de apreensão por **boletim** de ocorrência **circunstanciado** (art. 173, p.ú.).

O passo seguinte é o encaminhamento do adolescente ao Ministério Público, o que pode ser feito **(i)** por seus pais (ou responsável), **(ii)** pela própria autoridade policial ou **(iii)** pela entidade de atendimento.

Se os pais se apresentam à autoridade policial, o adolescente pode ser liberado para comparecer ao Ministério Público com sua família – desde que o ato infracional não seja grave e sua repercussão social não ponha em risco o adolescente ou a manutenção da ordem pública (art. 174). Em outras palavras, em caso de ato infracional grave e de grande repercussão social, a autoridade policial pode manter o adolescente internado provisoriamente para garantia de sua segurança pessoal ou para manutenção da ordem pública.

Nesse caso de não-liberação do adolescente, é a própria autoridade policial que o encaminha imediatamente para o Ministério Público (art. 175).

Por fim, se não for possível a apresentação imediata do adolescente ao Ministério Público, a autoridade policial deve encaminhá-lo à entidade de atendimento que, por sua vez, será a responsável pela apresentação do adolescente ao *parquet*, no prazo de 24 horas (art. 175, § 1º).

Aplicação em concurso

- **(Policial Rodoviário Federal – PRF – Curso de Formação – Cespe – 2020)** Com relação a policiamento e fiscalização, julgue o item a seguir. No caso de um policial rodoviário federal flagrar um adolescente cometendo ato infracional similar a uma infração penal de menor potencial ofensivo, não havendo a prática de violência ou grave ameaça à pessoa, deverá ser lavrado o boletim de ocorrência circunstanciado.

  Gabarito: o item está certo.

Art. 176. Sendo o adolescente liberado, a autoridade policial encaminhará imediatamente ao representante do Ministério Público cópia do auto de apreensão ou boletim de ocorrência.

Art. 177. Se, afastada a hipótese de flagrante, houver indícios de participação de adolescente na prática de ato infracional, a autoridade policial encaminhará ao representante do Ministério Público relatório das investigações e demais documentos.

Art. 178. O adolescente a quem se atribua autoria de ato infracional **não poderá ser conduzido ou transportado em compartimento fechado de veículo policial**, em condições atentatórias à sua dignidade, ou que impliquem risco à sua integridade física ou mental, sob pena de responsabilidade.

Art. 179. Apresentado o adolescente, o representante do **Ministério Público**, no mesmo dia e à vista do auto de apreensão, boletim de ocorrência ou relatório policial, devidamente autuados pelo cartório judicial e com informação sobre os antecedentes do adolescente, procederá imediata e **informalmente à sua oitiva** e, em sendo possível, **de seus pais** ou responsável, vítima e testemunhas.

Parágrafo único. Em caso de não apresentação, o representante do Ministério Público notificará os pais ou responsável para apresentação do adolescente, podendo requisitar o concurso das polícias civil e militar.

1. **Formação da convicção do Ministério Público:** como demonstrado acima, o adolescente é sempre apresentado ao representante do Ministério Público, seja através de seus pais ou responsável, seja pela autoridade policial ou, ainda, pela entidade de atendimento. O promotor de justiça deve ouvir informalmente o adolescente, bem como, se possível, seus pais ou responsável, vítima e testemunhas (art. 179). O objetivo dessas entrevistas é dar elementos ao Ministério Público para formar sua convicção acerca do ato infracional, suas circunstâncias e desdobramentos. Essa oitiva do adolescente é informal, não sendo necessária a participação do defensor do adolescente à luz do artigo 179.

   Além disso, o membro do Ministério Público se vale também dos dados apresentados pela autoridade policial, como o boletim de ocorrência e o relatório policial.

   No regime jurídico do Estatuto da Criança e do Adolescente, não se deve utilizar a expressão *opinio delicti*, porque, embora seja um termo jurídico devidamente consagrado na doutrina e jurisprudência do direito penal e processual penal, o adolescente não pratica crime, e sim ato infracional, de modo que a expressão seria contraditória com o sistema em estudo.

Art. 180. Adotadas as providências a que alude o artigo anterior, o representante do **Ministério Público poderá**:

I – promover o **arquivamento** dos autos;

II – conceder a **remissão**;

III – **representar** à autoridade judiciária para aplicação de medida sócio-educativa.

Art. 181. Promovido o **arquivamento** dos autos ou concedida a **remissão** pelo representante do Ministério Público, mediante termo fundamentado, que conterá o resumo dos fatos, os autos serão conclusos à **autoridade judiciária para homologação**.

§ 1º Homologado o arquivamento ou a remissão, a autoridade judiciária determinará, conforme o caso, o cumprimento da medida.

§ 2º **Discordando**, a autoridade judiciária fará **remessa** dos autos ao **Procurador-Geral de Justiça**, mediante despacho fundamentado, e este oferecerá representação, designará outro membro do Ministério Público para apresentá-la, ou ratificará o arquivamento ou a remissão, que só então estará a autoridade judiciária obrigada a homologar.

1. **Possíveis medidas do Ministério Público:** de posse dos dados enviados pela autoridade policial e das entrevistas realizadas, o Ministério Público formará sua convicção acerca do ato infracional e poderá adotar três posturas (art. 180): **(i)** promover o arquivamento dos autos, **(ii)** conceder remissão (cumulada ou não com medidas de proteção ou socioeducativas de meio aberto) e **(iii)** representar à autoridade judiciária para aplicação de medida socioeducativa.

2. **Arquivamento X Remissão:** é importante diferenciar as situações que possibilitam o arquivamento daquelas que levam à concessão de remissão.

   O arquivamento ocorre quando o representante do Ministério Público concluir **(i)** que não ocorreu ato infracional, **(ii)** que o fato não caracteriza ato infracional ou **(iii)** que o adolescente não praticou o ato infracional.

   Por exemplo, é levada ao conhecimento do Ministério Público notícia de um fato praticado por determinado adolescente, mas o representante da Instituição conclui que não constitui ato infracional algum. Pode-se também vislumbrar a ocorrência de causas de justificação, previstas no Código Penal, como a legítima defesa ou o estado de necessidade. Outro exemplo é o da ocorrência efetiva de um crime, mas sem que haja indícios de participação de um adolescente no ato. Nesses casos, o representante do Ministério Público com atribuição para o Juízo da Infância e Juventude deve determinar o arquivamento dos autos.

   Na remissão – estudada anteriormente, em comentários aos artigos 126 a 128 do Estatuto –, o promotor de justiça verifica a ocorrência de um ato infracional praticado por adolescente, mas opta por não instaurar um processo, tendo em vista as circunstâncias do fato, a personalidade do adolescente, seu contexto sociofamiliar e sua participação no ato.

A **distinção** entre arquivamento e remissão está fundamentalmente na **convicção pessoal** do representante do Ministério Público sobre o ato. No **arquivamento**, a conclusão do promotor é a de que **não há elementos** para instaurar processo de apuração de ato infracional em face do adolescente – seja por não ter ocorrido o fato, seja pelo fato não caracterizar conduta infracional, seja não ter havido participação alguma do adolescente. Já na **remissão**, o **Ministério Público** conclui que houve a prática de ato infracional praticado pelo adolescente e pode propor ação para aplicação de medida socioeducativa, mas **opta pelo perdão**.

Em ambos os casos – arquivamento e remissão –, o Ministério Público deve fundamentar seu pedido e encaminhar à autoridade judiciária para homologação. Se o Juízo não se convencer das razões do Ministério Público, deve remeter os autos ao Procurador-Geral de Justiça para sua análise. O PGJ pode oferecer representação, designar outro membro do Ministério Público para apresentá-la ou insistir no arquivamento ou na remissão – no último caso, a autoridade judiciária é obrigada a homologar. Essa é a hipótese prevista no art. 181, § 2º do Estatuto. Trata-se de previsão semelhante à do art. 28 do Código de Processo Penal, onde também se prevê o controle jurisdicional da ação penal.

Vale frisar que o **titular** da ação penal (e também da "ação infracional") é o **Ministério Público**, conforme previsão constitucional (CRFB, art. 129, I). Embora o Poder Judiciário exerça uma função de controle dessa atividade, a palavra final é sempre do próprio Ministério Público. Por isso, caso o PGJ insista no arquivamento ou na remissão, o Juízo deve acolher a manifestação.

3. **Representação para aplicação de medida socioeducativa:** finalmente, a terceira postura que pode adotar o Ministério Público é a de oferecer representação à autoridade judiciária para aplicação de medida socioeducativa. Quando o representante do Ministério Público analisar os elementos que tem em mãos (auto de apreensão, boletim de ocorrência, relatório policial, entrevistas com o adolescente, pais ou responsável, testemunhas e vítima), concluir que houve a prática de ato infracional por adolescente e de que não é possível a concessão de remissão, então deverá oferecer representação à autoridade judiciária.

   A representação é a peça inicial para instauração de processo judicial em face do adolescente. Equivale à denúncia no processo criminal, razão por que deve conter o resumo dos fatos, a classificação do ato infracional e rol de testemunhas, se necessário (art. 182, § 1º). Se o adolescente tiver sido apreendido em flagrante, o Ministério Público pode pedir que sua internação seja mantida; se estiver solto, é possível pedir a decretação de sua apreensão provisória.

4. **Inadmissibilidade de intervenção de terceiros – posição do STJ:** o artigo 206 faz referência à possibilidade de intervenção de terceiro, por meio de advogado, em qualquer dos procedimentos regulados pelo Estatuto, desde que possua legítimo interesse. O STJ analisou o que se deve entender por legítimo interesse no caso do Estatuto e chegou à conclusão de que deve ser aquele voltado à proteção integral de crianças e adolescentes. Por consequência, não se admite a figura do assistente de acusação nos procedimentos de apuração de ato infracional atribuído ao adolescente (HC 190.651/SC, 5ª Turma, julgado em 08/11/2011.

Art. 182. Se, por qualquer razão, o representante do Ministério Público não promover o arquivamento ou conceder a remissão, **oferecerá representação** à autoridade judiciária, propondo a instauração de procedimento para aplicação da medida sócio-educativa que se afigurar a mais adequada.

§ 1º A representação será oferecida por petição, que conterá o breve resumo dos fatos e a classificação do ato infracional e, quando necessário, o rol de testemunhas, podendo ser deduzida oralmente, em sessão diária instalada pela autoridade judiciária.

§ 2º A representação **independe de prova pré-constituída da autoria e materialidade**.

1. **Prova pré-constituída:** o art. 182, § 2º do Estatuto prevê que a representação independe de prova pré-constituída da autoria e materialidade. **Não é bem assim.** O dispositivo deve ser interpretado com atenção. Já afirmamos anteriormente que a autoridade policial encaminha elementos de prova para possibilitar ao representante do Ministério Público a formação de sua convicção acerca do ato infracional (tal qual a *opinio delicti* no processo criminal). Diante dos dados apresentados, o promotor forma sua opinião pessoal e adota a postura adequada: arquivamento, remissão ou oferecimento de representação.

   Se oferece a representação, é porque chegou à conclusão de que houve a prática de ato infracional por adolescente e não é possível a concessão de remissão. Portanto, a representação vem embasada nos elementos de convicção de que dispôs o Ministério Público. Logicamente, ao longo do processo, serão colhidas provas (testemunhais, periciais e documentais) necessárias para que o Juízo possa impor medida socioeducativa ao adolescente. Afirmar, porém, que "a representação independe de prova pré-constituída de autoria e materialidade" (redação do art. 182, § 2º) é equivocado.

Além disso, a interpretação meramente literal se choca com outros dispositivos do próprio Estatuto da Criança e do Adolescente, como o art. 184, onde se prevê que a autoridade judiciária, tão logo oferecida a representação, deve decidir sobre a decretação ou manutenção da internação. Para tomar essa decisão, o Estatuto estabelece também que a autoridade judiciária deve se fundar em indícios suficientes de autoria e materialidade (art. 108, p.ú.).

Ao analisar a questão pelo ponto de vista das garantias processuais constitucionais, a conclusão também é a de que o art. 182, § 2º deve ser visto com ressalvas. Estabelecer pura e simplesmente que a representação pode ser oferecida independentemente de prova pré-constituída de autoria e materialidade viola o princípio do devido processo legal (CRFB, art. 5º, LIV; Estatuto, art. 110), na medida em que o adolescente tem contra si instaurado um processo, que pode inclusive levar à privação de sua liberdade, sem o mínimo suporte probatório, de forma absolutamente temerária. O princípio constitucional da ampla defesa (art. 5º, LV) também fica arranhado, pois o adolescente e seu defensor não têm como montar uma estratégia de defesa sem saber, minimamente, que elementos probatórios dão suporte à convicção do representante do Ministério Público.

A Constituição garante, através do princípio da inafastabilidade do controle jurisdicional (art. 5º, XXXV), que o Judiciário aprecie qualquer lesão ou ameaça de lesão a direito. Uma representação ofertada de forma temerária, sem o mínimo suporte probatório, viola o devido processo legal e a ampla defesa, bem como ameaça o direito de liberdade do adolescente, razão por que é possível se valer do *Habeas Corpus* para trancar a ação.

Portanto, a partir da uma visão sistemática e teleológica, é possível dar uma interpretação mais adequada ao art. 182, § 2º do Estatuto da Criança e do Adolescente. A representação oferecida pelo Ministério Público não precisa conter, desde pronto, todos os elementos de prova que servirão para embasar a imposição de uma medida socioeducativa pela autoridade judiciária. Ao longo do processo, sob o crivo do contraditório, serão produzidas provas bastantes para possibilitar a procedência do pedido da representação. No entanto, para oferecer a representação, é preciso ter minimamente indícios de autoria e materialidade.

Por fim, como temos frisado sempre, é importante o candidato entender que esse raciocínio não vale para provas de múltipla escolha, em que a preocupação do examinador é verificar o conhecimento da letra da lei. Apenas em uma prova discursiva esse raciocínio pode ser explorado.

Art. 183. O prazo máximo e improrrogável para a conclusão do procedimento, estando o **adolescente internado provisoriamente**, será de **quarenta e cinco dias**.

1. **Prazo de conclusão do procedimento – posição do STJ:** o artigo 183 estabelece um prazo máximo de 45 dias para conclusão do procedimento de apuração do ato infracional quando o adolescente estiver internado provisoriamente. Esse dispositivo está em consonância com o art. 108. Esgotado tal prazo, o adolescente deve ser posto imediatamente em liberdade.

   Em comentários ao art. 108, frisamos que o Superior Tribunal de Justiça não aplica ao regime jurídico do Estatuto sua súmula 52, cuja redação é a seguinte: *"encerrada a instrução criminal, fica superada a alegação de constrangimento por excesso de prazo"*.

   Para maiores esclarecimentos acerca do ponto, remete-se o leitor aos comentários feitos ao art. 108, no Capítulo II (Dos direitos individuais), do Título III (Da prática de ato infracional).

Aplicação em concurso

- **(Agente Educador – Município do Rio de Janeiro-RJ – 2019)** O prazo máximo para o término do procedimento de apuração de ato infracional praticado por adolescente, estando o mesmo internado provisoriamente, é de:

  A) 30 dias

  B) 30 dias prorrogáveis por mais 30

  C) 45 dias

  D) 60 dias

  Gabarito: letra C.

Art. 184. Oferecida a representação, a autoridade judiciária designará audiência de apresentação do adolescente, decidindo, desde logo, sobre a decretação ou manutenção da internação, observado o disposto no art. 108 e parágrafo.

§ 1º O adolescente e seus pais ou responsável serão cientificados do teor da representação, e notificados a comparecer à audiência, acompanhados de advogado.

§ 2º Se os pais ou responsável não forem localizados, a autoridade judiciária dará curador especial ao adolescente.

§ 3º **Não sendo localizado o adolescente**, a autoridade judiciária expedirá **mandado de busca e apreensão**, determinando o sobrestamento do feito, até a efetiva apresentação.

§ 4º Estando o **adolescente internado**, será **requisitada a sua apresentação**, sem prejuízo da notificação dos pais ou responsável.

1. **Citação e intimação para audiência de apresentação:** após o oferecimento da representação, o Juízo decide acerca da manutenção ou da decretação da internação do adolescente e designa audiência de apresentação (art. 184). O adolescente deve ser citado para compor o polo passivo da relação jurídica processual e intimado da data da audiência, bem como seus pais ou responsável (art. 184, § 1º). O adolescente e seus pais ou responsável podem optar pela contratação de advogado particular ou pelo patrocínio da Defensoria Pública.

O adolescente tem direito ao devido processo legal, razão por que o processo judicial a que responde deve atender a todos os requisitos legais estabelecidos pelo Estatuto, sendo-lhe aplicáveis também os dispositivos da legislação processual pertinente (art. 152). Portanto, quando o art. 184, § 2º determina que o adolescente e seus pais ou responsável devem ser cientificados da representação, temos que obedecer ao regramento dos institutos processuais que tratam da comunicação de atos processuais: a citação e a intimação.

No que tange à realização da audiência de apresentação, é preciso diferenciar quatro situações, **(i)** o adolescente não é encontrado; **(ii)** o adolescente está internado; **(iii)** o adolescente é encontrado, mas não comparece à audiência; e **(iv)** seus pais ou responsável não são encontrados ou não comparecem. Para cada uma, o Estatuto dá solução diferente. Confira-se o quadro:

Situação	Consequência
Adolescente em liberdade não é encontrado para citação	Expedição de mandado de busca e apreensão e sobrestamento do feito
Adolescente internado	Sua apresentação é requisitada à entidade de atendimento
Adolescente é citado, mas não comparece	Condução coercitiva

Pais ou responsável não encontrados ou não comparecem	Designação de curador especial para acompanhar o adolescente na audiência

Aplicação em concurso

- **(Promotor de Justiça – MP-MS – 2018 – MP-MS)** Sobre o direito da infância e juventude (ECA - Estatuto da Criança e do Adolescente – Lei 8.069/90), assinale a alternativa incorreta.

  B) Se os pais ou responsável não forem localizados para a audiência de apresentação de apuração de ato infracional, por representação do Ministério Público, a autoridade judiciária dará curador especial ao adolescente, não havendo que se falar assim em prejuízo à defesa.

  Gabarito: o item está certo.

2. **Interrogatório no início do procedimento – posição do STJ:** o procedimento de apuração de ato infracional atribuído a adolescente é diferente daquele previsto no Código de Processo Penal. Como se vê do artigo 184, recebida a representação, o procedimento se inicia com a oitiva do adolescente; ao contrário do CPP, que coloca o interrogatório como etapa final da fase probatória. O STJ ressalta que o Estatuto é norma especial que deve ser respeita, de modo que não há nulidade em ouvir inicialmente o adolescente. (AgRg no AREsp 1689954/GO, 5ª Turma, julgado em 04/08/2020)

Art. 185. A internação, decretada ou mantida pela autoridade judiciária, **não** poderá ser cumprida em **estabelecimento prisional**.

§ 1º Inexistindo na comarca entidade com as características definidas no art. 123, o adolescente deverá ser imediatamente transferido para a localidade mais próxima.

§ 2º Sendo **impossível a pronta transferência**, o adolescente aguardará sua remoção em repartição policial, desde que em **seção isolada** dos adultos e com instalações apropriadas, não podendo ultrapassar o **prazo máximo de cinco dias**, sob pena de responsabilidade.

1. **Cumprimento de medida de internação em estabelecimento adequado:** o artigo 185 traz previsão importante para garantia dos direitos dos adolescentes que respondem ou responderam a processo por ato infracional. O cumprimento de período de internação, seja provisória ou definitiva, **não** pode ser cumprido em estabelecimento prisional. Se a comarca não possuir estabelecimento adequado, o adolescente deve ser

transferido para localidade próxima e, na impossibilidade de transferência, o adolescente deve ser mantido em local diverso daquele destinado a adultos, tão somente pelo prazo necessário à sua transferência.

Infelizmente, a realidade demonstra que essa regra ainda é largamente desobedecida em nosso País, pois muitos adolescentes são mantidos encarcerados com adultos – em condições de higiene e saúde inadmissíveis para ambos.

2. **Violação do prazo de transferência – posição do STJ:** a Corte examinou questão referente ao atraso nas transferências de adolescentes para a Fundação Casa em São Paulo. O *Habeas Corpus* pedia a concessão de segurança em favor de diversos adolescentes internados provisoriamente pelo juízo da Infância e da Juventude de Santo André-SP, bem como a extensão dos efeitos para o futuro em casos similares. Embora a Corte não tenha concedido a ordem nessa extensão, é interessante notar como o acordão foi a fundo no caso para destacar a importância do respeito ao prazo de 5 dias do § 2º do art. 185, inclusive com destaque para as hipóteses de responsabilização de agentes (AgRg no HC 359.374/SP, 5ª Turma, julgado em 26/06/2018).

Art. 186. Comparecendo o **adolescente, seus pais** ou responsável, a autoridade judiciária procederá à **oitiva** dos mesmos, podendo solicitar opinião de profissional qualificado.

§ 1º Se a autoridade judiciária entender adequada a remissão, ouvirá o representante do Ministério Público, proferindo decisão.

1. **Audiência de apresentação:** a audiência de apresentação é o ato processual realizado no início do procedimento, em que o adolescente é ouvido e se manifesta acerca a atribuição de ato infracional que lhe faz o Ministério Público.

Mais do que um meio de prova, a audiência de apresentação do adolescente tem natureza jurídica de defesa. Ao ser ouvido pela autoridade judiciária, o adolescente exerce sua autodefesa.

O Estatuto da Criança e do Adolescente não estabelece como deve ser realizada a oitiva do adolescente, sendo necessário recorrer à legislação processual subsidiária pertinente, o Código de Processo Penal, que disciplina o interrogatório do acusado nos artigos 185 a 196. Assim, tem-se que a autoridade judiciária perguntará sobre a pessoa do adolescente, sua residência, meio de vida, relacionamento sociofamiliar, bem como sobre a atribuição infracional contida na representação, as provas já produzidas etc. (CPP, art. 187, §§ 1º e 2º).

Além disso, é direito do adolescente reunir-se reservadamente com seu advogado ou defensor público (CPP, 185, § 2º). O adolescente tem o direito de permanecer calado, sem que isso signifique confissão ou possa ser interpretado em prejuízo de sua defesa (CPP, art. 186, *caput* e parágrafo único). O direito de permanecer em silêncio, inclusive, é garantido constitucionalmente (CRFB, art. 5º, inciso LXIII).

Após as perguntas do juízo, o promotor de justiça e o defensor público (ou advogado particular) podem fazer perguntas também (CPP, art. 188). Todos esses dispositivos do Código de Processo Penal que tratam da dinâmica do interrogatório são **aplicáveis à audiência de apresentação do adolescente** a quem se atribui a prática de ato infracional.

Interessante peculiaridade do Estatuto é a previsão da **oitiva** não só do adolescente, mas também de seus **pais ou responsável** (Estatuto, art. 186). O objetivo da norma é possibilitar ao juízo compreender o contexto sociofamiliar do adolescente. É possível, ainda, a determinação de elaboração estudos e pareceres sociais ou psicológicos por profissionais especializados.

Através da verificação ampla e profunda da situação do adolescente, a autoridade judiciária pode avaliar a possibilidade de concessão da remissão como forma de suspensão ou extinção do processo (art. 186, § 1º).

§ 2º Sendo o **fato grave**, passível de aplicação de medida de **internação** ou colocação em regime de semi-liberdade, a autoridade judiciária, verificando que o adolescente não possui advogado constituído, **nomeará defensor**, designando, desde logo, audiência em continuação, podendo determinar a realização de diligências e estudo do caso.

1. **Designação de defensor para audiência:** o art. 186, § 2º tem uma redação que demanda maior esforço interpretativo. De acordo com esse dispositivo, quando verificar que o fato é grave e passível de imposição de medida de internação ou semiliberdade, a autoridade judiciária nomeará defensor para audiência em continuação.

   Na verdade, é preciso ter claro que o processo de apuração de ato infracional é regido pelo postulado maior do direito processual, o devido processo legal, tendo por desdobramentos a aplicação dos princípios do contraditório e da ampla defesa. E, para atender a esses princípios, é imprescindível que o adolescente esteja sempre acompanhado de defensor público ou advogado particular, a fim de que lhe seja garantida a defesa técnica.

Além disso, o art. 186, § 2º está em aparente conflito com o art. 207 do próprio Estatuto, onde se estabelece que "nenhum adolescente a quem se atribua a prática de ato infracional, ainda que ausente ou foragido, será processado sem defensor".

Portanto, já na audiência de apresentação é preciso **verificar** se o adolescente e seus pais ou responsável constituíram **advogado particular** ou se desejam o patrocínio da **Defensoria Pública**. O advogado ou defensor público deve participar da audiência de apresentação, tendo o direito de conversar reservadamente com o adolescente antes de seu início. Após a inquirição do juízo, assim como o Ministério Público, a Defesa também tem direito a fazer perguntas ao adolescente para esclarecer quaisquer questões acerca do ato infracional ou de sua vida pessoal.

A **defesa técnica é imprescindível** e deve ser garantida ao adolescente em qualquer processo de apuração de ato infracional – e não apenas em casos de ato infracional grave. É dessa forma que se garante ao adolescente a ampla defesa e o contraditório, dando-se concretização ao devido processo legal. Inclusive, o artigo 111, inciso III do Estatuto garante ao adolescente a defesa técnica por advogado (ou defensor público), assim como também o prevê o artigo 141, § 1º.

2. **Presença obrigatória de advogado (ou defensor público) em audiência – posição do STJ:** o adolescente tem direito a ser assistido por defensor público ou advogado nomeado em qualquer circunstância, ainda que se trate de uma audiência de apresentação em que lhe pode ser concedida a remissão. A atuação da defesa técnica é imprescindível, pois mesmo a remissão pode implicar em restrição de direitos do adolescente. Essa foi a posição firmada pelo Superior Tribunal de Justiça para anular o processo em que a adolescente aceitara a remissão com aplicação de medida de prestação de serviços à comunidade em audiência sem a presença de advogado ou defensor público: HC 67.826-SP, julgado em 9/6/2009.

§ 3º O advogado constituído ou o defensor nomeado, no **prazo de três dias** contado da audiência de apresentação, oferecerá **defesa prévia e rol de testemunhas**.

1. **Defesa prévia – posição do STJ:** conforme determina o art. 186, § 3º do Estatuto, após a realização da audiência de apresentação, abre-se prazo de 3 dias para a Defesa (advogado particular ou defensor público) apresentar defesa prévia e seu rol de testemunhas. Vale lembrar que

a Defensoria Pública goza das prerrogativas da intimação pessoal e da contagem em dobro de prazos processuais, nos termos do art. 128, inciso I, da Lei Complementar 80/94.

A não-apresentação da defesa prévia **não gera, por si só, nulidade**. Pode ser opção da Defesa do adolescente (HC 156.544/RJ, 5ª Turma, julgado em 08/11/2011).

§ 4º Na audiência em continuação, ouvidas as testemunhas arroladas na representação e na defesa prévia, cumpridas as diligências e juntado o relatório da equipe interprofissional, será dada a palavra ao representante do Ministério Público e ao defensor, sucessivamente, pelo tempo de vinte minutos para cada um, prorrogável por mais dez, a critério da autoridade judiciária, que em seguida proferirá decisão.

1. **Audiência em continuação – súmula do STJ:** é a segunda audiência realizada no processo de apuração do ato infracional (art. 186, § 4º), oportunidade em que são ouvidas as testemunhas do Ministério Público e da Defesa, apresenta-se relatório da equipe interprofissional do Juizado e cumprem-se diligências imprescindíveis.

A produção de provas na audiência em continuação – ou através de laudo pericial ou outras provas documentais – é imprescindível para permitir a aplicação de qualquer medida socioeducativa. A falta de provas importa na prolação de sentença de improcedência do pedido contida na representação do Ministério Público.

Mais uma vez, destaca-se que a confissão do adolescente não é suficiente, por si só, para ensejar a pronta aplicação de medida socioeducativa. Sobre o assunto, o Superior Tribunal de Justiça editou súmula:

> **Súmula 342.** No procedimento para aplicação de medida sócio-educativa, é nula a desistência de outras provas em face da confissão do adolescente.

Trata-se de garantia processual decorrente do devido processo legal. Para maiores detalhes, remetemos o leitor aos comentários feitos aos artigos 110 e 111, no Capítulo III (Das garantias processuais), do Título III (Da prática de ato infracional).

Após as partes se manifestarem oralmente, a autoridade judiciária profere sua decisão. Na prática forense, é comum a substituição da manifestação oral por razões escritas, levando-se os autos à posterior conclusão do juízo para prolação de sentença.

2. **Desnecessidade de laudo da equipe interprofissional – posição do STF:** de acordo com o § 4º, o laudo da equipe interprofissional deve ser juntado aos autos antes da prolação da sentença. Cumpre verificar, então, se a ausência do laudo seria causa de nulidade do processo.

   No entender do Supremo Tribunal Federal, embora relevante, o laudo técnico pode ser dispensado, e a prolação de sentença não é nula. Trata-se de elemento probatório com o mesmo peso dos demais, que pode ou não ser levado em conta pelo magistrado (STF – HC 107473, Relatora Min. Rosa Weber, 1ª Turma, julgado em 11/12/2012).

Art. 187. Se o adolescente, devidamente **notificado, não comparecer**, injustificadamente à audiência de apresentação, a autoridade judiciária designará nova data, determinando sua **condução coercitiva**.

Art. 188. A **remissão**, como forma de extinção ou suspensão do processo, poderá ser aplicada em **qualquer fase** do procedimento, **antes da sentença**.

1. **Condução coercitiva – posição do STJ:** o STJ entende que é obrigatória a presença do adolescente na audiência de apresentação, pois permite o contato direto com o julgador. Nas demais audiências, o adolescente não pode ser conduzido coercitivamente - AgRg no REsp 1886148/MG, 5ª Turma, julgado em 15/09/2020.

2. **Remissão e momento procedimental adequado – posição do STJ:** conforme determina o art. 188, a remissão pode ser concedida em qualquer fase do procedimento anterior à sentença. Além disso, o art. 186 trata da audiência de apresentação e estabelece no *caput* que **o adolescente e seus pais ou responsável devem ser ouvidos**. Em seguida, o parágrafo primeiro trata da possibilidade de a autoridade judiciária conceder a remissão ao adolescente, mediante oitiva do Ministério Público. Disso resulta que o momento lógico para concessão da remissão pela autoridade judiciária vai da audiência de apresentação, após a oitiva do adolescente e de seus pais ou responsável, até antes da prolação da sentença.

   Com essa linha de raciocínio, o Superior Tribunal de Justiça entendeu que não é possível a concessão de remissão pela autoridade judiciária antes mesmo da realização da audiência de apresentação (REsp 186.603-SP, julgado em 2/2/1999).

   Além disso, o STJ entende também que a remissão pode ser proposta pelo MP mesmo depois de proposta a ação socioeducativa. (RHC 72.864/MG, 6ª Turma, julgado em 02/08/2016).

Art. 189. A autoridade judiciária **não aplicará qualquer medida**, desde que reconheça na sentença:

I – estar provada a **inexistência do fato**;

II – **não haver prova** da existência do fato;

III – **não constituir o fato ato infracional**;

IV – **não existir prova de ter o adolescente concorrido** para o ato infracional.

Parágrafo único. Na hipótese deste artigo, estando o adolescente internado, será **imediatamente colocado em liberdade**.

Art. 190. A **intimação da sentença** que aplicar medida de **internação** ou regime de **semiliberdade** será feita:

I – **ao adolescente e ao seu defensor**;

II – quando **não for encontrado** o adolescente, **a seus pais** ou responsável, sem prejuízo do **defensor**.

§ 1º Sendo **outra a medida** aplicada, a intimação far-se-á **unicamente na pessoa do defensor**.

§ 2º Recaindo a **intimação na pessoa do adolescente**, deverá este **manifestar se deseja ou não recorrer da sentença**.

1. **Sentença:** é o ato cognitivo do juiz que julga a pretensão deduzida na inicial. No processo de apuração de atribuição de ato infracional a adolescente, é na sentença que o juiz determina se o fato narrado constitui ato infracional, se o foi praticado pelo adolescente e quais medidas (de proteção e socioeducativas) lhe devem ser impostas.

O art. 189 descreve as hipóteses em que o pedido do Ministério Público para aplicação de medida socioeducativa será julgado improcedente, a saber: **(i)** inexistência do fato; **(ii)** falta de prova da existência do fato; **(iii)** não caracterização de que o fato constitui ato infracional; e **(iv)** falta de prova da participação do adolescente no ato infracional.

Os incisos II e IV do art. 189 consagram, no âmbito da Justiça da Infância e Juventude, um princípio histórico e amplamente aplicado no direito penal, o do *in dubio pro reo*. Se, ao final da instrução processual, o Ministério Público não tiver conseguido produzir elementos de convicção profundos para condenar o acusado, a solução é sua absolvição.

Em outras palavras, à luz do Estatuto, se o juízo não estiver convicto de que ocorreu um ato infracional e que seu autor foi o adolescente que está sendo processado, então a sentença deve ser de improcedência.

Via de consequência, se o adolescente está internado provisoriamente, deve ser imediatamente posto em liberdade (art. 189, p.ú.).

2. **Prescrição:** na sentença, o juízo pode reconhecer a ocorrência da prescrição da pretensão do Estado. Sobre o tema prescrição, remetemos o leitor aos comentários sobre o Capítulo IV (Das medidas socioeducativas) do Título III (Da prática de ato infracional) do Estatuto.

3. **Intimação da sentença e recurso – súmula do STF:** o artigo 190 estabelece três hipóteses diferentes sobre a questão da intimação da sentença. Quando a sentença impõe a medida de internação ou semiliberdade, a intimação deve ser feita ao adolescente e a seu defensor (inciso I). Se o adolescente não for encontrado, a intimação é feita a seus pais ou responsável e ao defensor (inciso II). Por fim, se não for aplicada nenhuma dessas duas medidas extremas, a intimação é feita exclusivamente ao defensor (art. 190, § 1º).

   Quando a intimação for feita ao adolescente, deve-se colher sua manifestação sobre o desejo de recorrer da sentença (art. 190, § 2º). A doutrina e a jurisprudência de direito penal e processual penal muito debateram sobre a hipótese em que o defensor recorre da sentença, mas o réu manifesta expressamente seu desejo de não recorrer.

   Conforme entendimento já consagrado do Supremo Tribunal Federal, deve prevalecer a manifestação recursal.

   > **Súmula 705.** A renúncia do réu ao direito de apelação, manifestada sem a assistência do defensor, não impede o conhecimento da apelação por este interposta.

   O raciocínio é o mesmo para o processo de apuração de ato infracional, ou seja, ainda que o adolescente manifeste seu desejo de não recorrer da sentença, caso seja interposto recurso pelo defensor público ou pelo advogado particular, o Tribunal deve processá-lo e julgá-lo devidamente.

4. **Princípio da identidade física do juiz não se aplica no Estatuto – posições do STF e do STJ:** o procedimento de apuração de atribuição de ato infracional a adolescente é fracionado, de modo que não se aplica o princípio da identidade física do juiz. Assim, o juiz prolator da sentença pode ser diverso daquele que presidiu a audiência inicial e/ou a audiência em continuação.

   A matéria já foi objeto de análise pelo Supremo Tribunal Federal: RHC 105198/DF, julgado em 23.11.2010. E também pelo STJ: HC 162.737/DF, 5ª Turma, julgado em 03/02/2011.

5. **Aplicação da escusa absolutória para ato infracional – posição do STJ:** o Superior Tribunal de Justiça analisou questão interessante a respeito da possibilidade de aplicação de regra de direito penal ao ato infracional

praticado por adolescente. Trata-se da aplicação da escusa absolutória, prevista no artigo 181 do Código Penal:

> Art. 181 – É isento de pena quem comete qualquer dos crimes previstos neste título, em prejuízo:
>
> I – do cônjuge, na constância da sociedade conjugal;
>
> II – de ascendente ou descendente, seja o parentesco legítimo ou ilegítimo, seja civil ou natural.

No entendimento da Corte, essa regra também se aplica ao adolescente que pratica ato infracional análogo (HC 251.681/PR, 6ª Turma, julgado em 03/10/2013).

6. **Absolvição X vedação de imposição de internação – posição do STJ:** a Lei do Sinase (Lei n. 12.594/2012) possui dispositivo que trata da cumulação de ações e de medidas socioeducativas (art. 45). Especificamente o § 2º prevê o seguinte: *"É vedado à autoridade judiciária aplicar nova medida de internação, por atos infracionais praticados anteriormente, a adolescente que já tenha concluído cumprimento de medida socioeducativa dessa natureza, ou que tenha sido transferido para cumprimento de medida menos rigorosa, sendo tais atos absorvidos por aqueles aos quais se impôs a medida socioeducativa extrema."*

O STJ identificou situações em que o juízo de primeiro grau estava extinguindo ações socioeducativas quando o adolescente já havia cumprido internação anterior. No entender do STJ, a conduta está errada, pois o § 2º do art. 45 não é causa de absolvição, como no art. 189 do Estatuto; tampouco é causa de extinção do processo sem resolução de mérito (AgRg no AREsp 1271240/ES, 6ª Turma, julgado em 08/05/2018).

Seção V-A
Da Infiltração de Agentes de Polícia para a Investigação de Crimes contra a Dignidade Sexual de Criança e de Adolescente (Incluído pela Lei nº 13.441, de 2017)

Art. 190-A. A infiltração de agentes de polícia na internet com o fim de investigar os crimes previstos nos arts. 240, 241, 241-A, 241-B, 241-C e 241-D desta Lei e nos arts. 154-A, 217-A, 218, 218-A e 218-B do Decreto-Lei nº 2.848, de 7 de dezembro de 1940 (Código Penal), obedecerá às seguintes regras: (Incluído pela Lei nº 13.441, de 2017)

I – será precedida de autorização judicial devidamente circunstanciada e fundamentada, que estabelecerá os limites da infiltração para obtenção de prova, ouvido o Ministério Público; (Incluído pela Lei nº 13.441, de 2017)

II – dar-se-á mediante requerimento do Ministério Público ou representação de delegado de polícia e conterá a demonstração de sua necessidade, o alcance das tarefas dos policiais, os nomes ou apelidos das pessoas investigadas e, quando possível, os dados de conexão ou cadastrais que permitam a identificação dessas pessoas; (Incluído pela Lei nº 13.441, de 2017)

III – não poderá exceder o prazo de 90 (noventa) dias, sem prejuízo de eventuais renovações, desde que o total não exceda a 720 (setecentos e vinte) dias e seja demonstrada sua efetiva necessidade, a critério da autoridade judicial. (Incluído pela Lei nº 13.441, de 2017)

§ 1º A autoridade judicial e o Ministério Público poderão requisitar relatórios parciais da operação de infiltração antes do término do prazo de que trata o inciso II do § 1º deste artigo. (Incluído pela Lei nº 13.441, de 2017)

§ 2º Para efeitos do disposto no inciso I do § 1º deste artigo, consideram-se: (Incluído pela Lei nº 13.441, de 2017)

I – dados de conexão: informações referentes a hora, data, início, término, duração, endereço de Protocolo de Internet (IP) utilizado e terminal de origem da conexão; (Incluído pela Lei nº 13.441, de 2017)

II – dados cadastrais: informações referentes a nome e endereço de assinante ou de usuário registrado ou autenticado para a conexão a quem endereço de IP, identificação de usuário ou código de acesso tenha sido atribuído no momento da conexão. (Incluído pela Lei nº 13.441, de 2017)

§ 3º A infiltração de agentes de polícia na internet não será admitida se a prova puder ser obtida por outros meios. (Incluído pela Lei nº 13.441, de 2017)

Art. 190-B. As informações da operação de infiltração serão encaminhadas diretamente ao juiz responsável pela autorização da medida, que zelará por seu sigilo. (Incluído pela Lei nº 13.441, de 2017)

Parágrafo único. Antes da conclusão da operação, o acesso aos autos será reservado ao juiz, ao Ministério Público e ao delegado de polícia responsável pela operação, com o objetivo de garantir o sigilo das investigações. (Incluído pela Lei nº 13.441, de 2017)

Art. 190-C. Não comete crime o policial que oculta a sua identidade para, por meio da internet, colher indícios de autoria e materialidade dos crimes previstos nos arts. 240, 241, 241-A, 241-B, 241-C e 241-D desta Lei e nos arts. 154-A, 217-A, 218, 218-A e 218-B do Decreto-Lei nº 2.848, de 7 de dezembro de 1940 (Código Penal. (Incluído pela Lei nº 13.441, de 2017)

Parágrafo único. O agente policial infiltrado que deixar de observar a estrita finalidade da investigação responderá pelos excessos praticados. (Incluído pela Lei nº 13.441, de 2017)

Art. 190-D. Os órgãos de registro e cadastro público poderão incluir nos bancos de dados próprios, mediante procedimento sigiloso e requisição da autoridade judicial, as informações necessárias à efetividade da identidade fictícia criada. (Incluído pela Lei nº 13.441, de 2017)

Parágrafo único. O procedimento sigiloso de que trata esta Seção será numerado e tombado em livro específico. (Incluído pela Lei nº 13.441, de 2017)

Art. 190-E. Concluída a investigação, todos os atos eletrônicos praticados durante a operação deverão ser registrados, gravados, armazenados e encaminhados ao juiz e ao Ministério Público, juntamente com relatório circunstanciado. (Incluído pela Lei nº 13.441, de 2017)

Parágrafo único. Os atos eletrônicos registrados citados no *caput* deste artigo serão reunidos em autos apartados e apensados ao processo criminal juntamente com o inquérito policial, assegurando-se a preservação da identidade do agente policial infiltrado e a intimidade das crianças e dos adolescentes envolvidos. (Incluído pela Lei nº 13.441, de 2017)

1. **Investigação de crimes sexuais no ambiente virtual:** a Lei n. 13.441/2017 inseriu uma nova seção no capítulo dos procedimentos regulados pelo Estatuto, cujo objetivo é disciplinar a atividade policial na persecução de crimes sexuais no ambiente virtual.

O artigo 190-A menciona a infiltração de agente da polícia na "internet", mas temos preferido a expressão ambiente virtual, para deixar claro que abrange não apenas a internet comumente conhecida (surface), mas também – e principalmente – a "deep web", que é o espaço virtual mais utilizado para prática de ilícitos. A utilização do agente infiltrado significa, em termos práticos, que o policial passa a acessar o ambiente virtual como um usuário, um potencial consumidor, um interessado em sites e fóruns sobre pornografia infantil, pedofilia, prostituição infantil etc.

O procedimento do Estatuto prevê a necessidade de autorização judicial. De fato, a autorização é absolutamente necessária como forma de tornar legal a conduta do agente policial infiltrado, pois algumas de suas condutas caracterizariam tipos penais que protegem a dignidade sexual de criança e adolescente. Vejam-se, por exemplo, algumas das condutas dos artigos 241-A e 241-B, que tratam de vídeos e fotos de crianças e adolescente em cenas de sexo explícito. Na condução da investigação, o agente possivelmente vai acessar o material pornográfico, receber imagens e vídeos, bem como armazená-las, como meio de prova posterior. Toda essa atividade pseudo-criminosa do agente policial deve estar amparada pela autorização judicial prévia, como se vê do artigo 190-A, inciso I.

Como forma de reforçar essa lógica, o artigo 190-C afirma que o policial que oculta sua identidade não pratica crime, mas pode vir a responder por eventuais excessos na investigação (parágrafo único). O dispositivo é de redação deficiente. A ausência de crime não está apenas na ocultação da identidade, mas também nas demais condutas que o policial pratica durante a investigação, como frisado acima.

Esse meio de investigação deve ser visto como a última fronteira da investigação. Como se vê do § 3º do artigo 190-A, não se defere a infiltração se a prova puder ser obtida por outros meios.

A investigação pode durar um total de 720 dias, pouco menos de dois anos, mas as autorizações para a infiltração devem ser renovadas a cada 90 dias.

O § 1º do artigo 190-A possui um erro de redação. Há indicação de que a autoridade judicial e o MP podem requisitar relatórios parciais "antes do término do prazo de que trata o inciso II do § 1º deste artigo". Na verdade, a referência é ao inciso III do *caput*.

Como forma de garantir a efetividade da investigação – e também preservar a identidade de possíveis suspeitos que depois sejam considerados inocentes –, o procedimento que permite a infiltração deve ser autuado e tramitar de forma sigilosa (arts. 190-B e 190-D). Ao longo de seu prazo de duração, somente o juiz, o MP e o delegado responsável pela operação podem ter acesso aos autos (art. 190-B, p.ú.).

Ao fim da investigação, todos os atos praticados pela autoridade policial devem ser armazenados e encaminhados ao juiz e ao MP (art. 190-E) para posterior juntada ao inquérito e ao processo criminal. Entretanto, devem ser tomadas providências para que não seja revelada a identidade de policial infiltrado, bem como para preservar a intimidade das crianças e adolescentes envolvidos (art. 190-E, p.ú.).

Aplicação em concurso

- **(Promotor de Justiça – MP-SC - 2019)** [Julgue o item]

  A Lei n. 8.069/1990, pontualmente quanto à infiltração de agentes de polícia para a investigação de crimes contra a dignidade sexual de criança e de adolescente, dispõe que a infiltração na internet, dar-se-á pela autoridade judiciária, de ofício ou a requerimento do Ministério Público ou representação de delegado de polícia.

  Gabarito: o item está errado.

Seção VI
Da Apuração de Irregularidades em Entidade de Atendimento

1. **Apuração de irregularidades em entidade de atendimento:** a seção VI disciplina o procedimento para apuração de irregularidades em entidades de atendimento governamentais e não-governamentais. O Estatuto disciplina as entidades de atendimento de forma bastante ampla em seus artigos 90 a 97, no Capítulo II (Das entidades de atendimento), do Título I (Da política de atendimento), do Livro II (Parte Especial).

Acerca da fiscalização das entidades de atendimento, remetemos o leitor aos comentários feitos acerca dos artigos 95 a 97, em que consta inclusive a posição do Superior Tribunal de Justiça sobre o tema.

Art. 191. O procedimento de apuração de irregularidades em entidade governamental e não-governamental terá início mediante portaria da autoridade judiciária ou **representação do Ministério Público ou do Conselho Tutelar**, onde conste, necessariamente, resumo dos fatos.

Parágrafo único. Havendo **motivo grave**, poderá a autoridade judiciária, ouvido o Ministério Público, **decretar liminarmente o afastamento provisório** do dirigente da entidade, mediante decisão fundamentada.

1. **Instauração do procedimento:** o artigo 191 estabelece que seu início decorre de portaria da autoridade judiciária ou representação do Ministério Público ou Conselho Tutelar. Como estamos no âmbito de um processo, é preciso atender às garantias processuais constitucionais. E, nesse ponto, temos como plenamente aplicável o princípio da inércia do Poder Jurisdicional. Para manter sua imparcialidade, não pode o juízo iniciar um procedimento de apuração de irregularidades por meio de portaria, o qual posteriormente será objeto de julgamento pelo próprio juízo.

Portanto, entendemos que **o artigo 191 é inconstitucional** no ponto a que se refere ao início do procedimento por portaria da autoridade judiciária. Se no curso de seus trabalhos, em análise de processos, o juízo toma conhecimento de possível prática de crimes ou infrações, cabe-lhe remeter cópias ao Ministério Público, e não instaurar portarias. É o que prevê, por exemplo, o art. 40 do Código de Processo Penal: *"Quando, em autos ou papéis de que conhecerem, os juízes ou tribunais verificarem a existência de crime de ação pública, remeterão ao Ministério Público as cópias e os documentos necessários ao oferecimento da denúncia."*

Art. 192. O dirigente da entidade será citado para, no prazo de dez dias, oferecer resposta escrita, podendo juntar documentos e indicar as provas a produzir.

Art. 193. Apresentada ou não a resposta, e sendo necessário, a autoridade judiciária designará audiência de instrução e julgamento, intimando as partes.

§ 1º Salvo manifestação em audiência, as partes e o Ministério Público terão cinco dias para oferecer alegações finais, decidindo a autoridade judiciária em igual prazo.

§ 2º Em se tratando de afastamento provisório ou definitivo de dirigente de entidade governamental, a autoridade judiciária oficiará à autoridade administrativa imediatamente superior ao afastado, marcando prazo para a substituição.

§ 3º Antes de aplicar qualquer das medidas, a autoridade judiciária poderá **fixar prazo** para a **remoção das irregularidades** verificadas. **Satisfeitas as exigências**, o **processo será extinto**, sem julgamento de mérito.

§ 4º A **multa e a advertência** serão impostas ao **dirigente** da entidade ou programa de atendimento.

1. **Ampla defesa e contraditório:** o Estatuto dá plena aplicação aos princípios constitucionais nos artigos 192 e 193. O dirigente da entidade que supostamente apresenta irregularidades é citado para se defender e pode produzir provas. Se necessário, o juízo designa audiência de instrução e julgamento.

2. **Sentença:** acerca da decisão final do processo, é importante notar que a autoridade judiciária pode fixar prazo para correção das irregularidades verificadas na entidade de atendimento, de modo que, satisfeitas as exigências, o processo é extinto sem resolução de mérito (art. 193, § 3º).

   Quanto às penalidades, é de se destacar novamente – como já fizéramos em comentários aos artigos 95 a 97 – que a multa e a advertência são aplicadas ao dirigente da entidade ou do programa de atendimento (art. 193, § 4º), e não à entidade em si.

Seção VII
Da Apuração de Infração Administrativa às Normas de Proteção à Criança e ao Adolescente

Art. 194. O procedimento para imposição de penalidade administrativa por infração às normas de proteção à criança e ao adolescente terá início por **representação do Ministério Público, ou do Conselho Tutelar, ou auto**

de infração elaborado por servidor efetivo ou voluntário credenciado, e assinado por duas testemunhas, se possível.

§ 1º No procedimento iniciado com o auto de infração, poderão ser usadas fórmulas impressas, especificando-se a natureza e as circunstâncias da infração.

§ 2º Sempre que possível, à verificação da infração seguir-se-á a lavratura do auto, certificando-se, em caso contrário, dos motivos do retardamento.

Art. 195. O requerido terá **prazo de dez dias** para apresentação de defesa, contado da data da intimação, que será feita:

I – pelo autuante, no próprio auto, quando este for lavrado na presença do requerido;

II – por oficial de justiça ou funcionário legalmente habilitado, que entregará cópia do auto ou da representação ao requerido, ou a seu representante legal, lavrando certidão;

III – por via postal, com aviso de recebimento, se não for encontrado o requerido ou seu representante legal;

IV – por edital, com prazo de trinta dias, se incerto ou não sabido o paradeiro do requerido ou de seu representante legal.

Art. 196. Não sendo apresentada a defesa no prazo legal, a autoridade judiciária dará vista dos autos do Ministério Público, por cinco dias, decidindo em igual prazo.

Art. 197. Apresentada a defesa, a autoridade judiciária procederá na conformidade do artigo anterior, ou, sendo necessário, designará audiência de instrução e julgamento. (Incluído pela Lei nº 12.010, de 2009)

Parágrafo único. Colhida a prova oral, manifestar-se-ão sucessivamente o Ministério Público e o procurador do requerido, pelo tempo de vinte minutos para cada um, prorrogável por mais dez, a critério da autoridade judiciária, que em seguida proferirá sentença.

1. **Apuração de infração administrativa às normas de proteção à criança e ao adolescente:** a seção VII trata do último dos procedimentos previstos pelo Estatuto, que disciplina a apuração de infrações administrativas.

   Em primeiro lugar, há de se observar que não há previsão de instauração desse procedimento mediante portaria da autoridade judiciária, o que demonstra a aplicação adequada do princípio da inércia da Jurisdição. A legitimidade para deflagrar o procedimento é do Ministério Público, do Conselho Tutelar, através de representação, ou de servidor efetivo ou voluntário, mediante lavratura de auto de infração.

A representação ou o auto de infração que dá início ao processo deve indicar especificamente a conduta praticada pelo requerido e a infração administrativa em que incorreu.

O rol de infrações administrativas está previsto nos artigos 245 a 258 do Estatuto.

Os princípios da **ampla defesa** e do **contraditório** estão consagrados no art. 195 e 197. Naturalmente, se o suposto infrator não tiver condições de constituir advogado, poderá contar com o patrocínio da Defensoria Pública.

Seção VIII
Da Habilitação de Pretendentes à Adoção
(Incluída pela Lei nº 12.010, de 2009)

Art. 197-A. Os postulantes à adoção, domiciliados no Brasil, apresentarão **petição inicial** na qual conste: (Incluído pela Lei nº 12.010, de 2009)

I – **qualificação** completa; (Incluído pela Lei nº 12.010, de 2009)

II – **dados familiares**; (Incluído pela Lei nº 12.010, de 2009)

III – cópias autenticadas de **certidão de nascimento ou casamento**, ou **declaração** relativa ao período de **união estável**; (Incluído pela Lei nº 12.010, de 2009)

IV – cópias da cédula de identidade e inscrição no Cadastro de Pessoas Físicas; (Incluído pela Lei nº 12.010, de 2009)

V – **comprovante de renda e domicílio**; (Incluído pela Lei nº 12.010, de 2009)

VI – atestados de **sanidade física e mental**; (Incluído pela Lei nº 12.010, de 2009)

VII – certidão de **antecedentes criminais**; (Incluído pela Lei nº 12.010, de 2009)

VIII – certidão **negativa de distribuição cível**. (Incluído pela Lei nº 12.010, de 2009)

Art. 197-B. A autoridade judiciária, no prazo de 48 (quarenta e oito) horas, dará vista dos autos ao Ministério Público, que no prazo de 5 (cinco) dias poderá: (Incluído pela Lei nº 12.010, de 2009)

I – apresentar quesitos a serem respondidos pela equipe interprofissional encarregada de elaborar o estudo técnico a que se refere o art. 197-C desta Lei; (Incluído pela Lei nº 12.010, de 2009)

II – requerer a designação de audiência para oitiva dos postulantes em juízo e testemunhas; (Incluído pela Lei nº 12.010, de 2009)

III – requerer a juntada de documentos complementares e a realização de outras diligências que entender necessárias. (Incluído pela Lei nº 12.010, de 2009)

Art. 197-C. Intervirá no feito, **obrigatoriamente, equipe interprofissional** a serviço da Justiça da Infância e da Juventude, que deverá elaborar estudo psicossocial, que conterá subsídios que permitam aferir a capacidade e o preparo dos postulantes para o exercício de uma paternidade ou maternidade responsável, à luz dos requisitos e princípios desta Lei. (Incluído pela Lei nº 12.010, de 2009)

§ 1º É obrigatória a participação dos postulantes em programa oferecido pela Justiça da Infância e da Juventude, preferencialmente com apoio dos técnicos responsáveis pela execução da política municipal de garantia do direito à convivência familiar e dos grupos de apoio à adoção devidamente habilitados perante a Justiça da Infância e da Juventude, que inclua preparação psicológica, orientação e estímulo à adoção inter-racial, de crianças ou de adolescentes com deficiência, com doenças crônicas ou com necessidades específicas de saúde, e de grupos de irmãos. (Redação dada pela Lei nº 13.509, de 2017)

§ 2º Sempre que possível e recomendável, a etapa obrigatória da preparação referida no § 1º deste artigo incluirá o contato com crianças e adolescentes em regime de acolhimento familiar ou institucional, a ser realizado sob orientação, supervisão e avaliação da equipe técnica da Justiça da Infância e da Juventude e dos grupos de apoio à adoção, com apoio dos técnicos responsáveis pelo programa de acolhimento familiar e institucional e pela execução da política municipal de garantia do direito à convivência familiar. (Redação dada pela Lei nº 13.509, de 2017)

§ 3º É **recomendável** que as crianças e os adolescentes acolhidos institucionalmente ou por família acolhedora sejam **preparados** por equipe interprofissional **antes da inclusão** em família adotiva. (Incluído pela Lei nº 13.509, de 2017)

Art. 197-D. Certificada nos autos a conclusão da participação no programa referido no art. 197-C desta Lei, a autoridade judiciária, no prazo de 48 (quarenta e oito) horas, decidirá acerca das diligências requeridas pelo Ministério Público e determinará a juntada do estudo psicossocial, designando, conforme o caso, audiência de instrução e julgamento. (Incluído pela Lei nº 12.010, de 2009)

Parágrafo único. Caso não sejam requeridas diligências, ou sendo essas indeferidas, a autoridade judiciária determinará a juntada do estudo psicossocial, abrindo a seguir vista dos autos ao Ministério Público, por 5 (cinco) dias, decidindo em igual prazo. (Incluído pela Lei nº 12.010, de 2009)

Art. 197-E. Deferida a habilitação, o postulante será inscrito nos **cadastros** referidos no art. 50 desta Lei, sendo a sua **convocação** para a adoção feita de acordo com **ordem cronológica de habilitação** e conforme a disponibilidade de crianças ou adolescentes adotáveis. (Incluído pela Lei nº 12.010, de 2009)

§ 1º A **ordem cronológica** das habilitações somente poderá **deixar de ser observada** pela autoridade judiciária nas hipóteses previstas no § 13 do art. 50 desta Lei, quando comprovado ser essa a melhor solução **no interesse do adotando**. (Incluído pela Lei nº 12.010, de 2009)

§ 2º A habilitação à adoção deverá ser renovada no mínimo trienalmente mediante avaliação por equipe interprofissional. (Redação dada pela Lei nº 13.509, de 2017)

§ 3º Quando o adotante candidatar-se a uma nova adoção, será dispensável a renovação da habilitação, bastando a avaliação por equipe interprofissional. (Incluído pela Lei nº 13.509, de 2017)

§ 4º Após 3 (três) recusas injustificadas, pelo habilitado, à adoção de crianças ou adolescentes indicados dentro do perfil escolhido, haverá reavaliação da habilitação concedida. (Incluído pela Lei nº 13.509, de 2017)

§ 5º A desistência do pretendente em relação à guarda para fins de adoção ou a devolução da criança ou do adolescente depois do trânsito em julgado da sentença de adoção importará na sua exclusão dos cadastros de adoção e na vedação de renovação da habilitação, salvo decisão judicial fundamentada, sem prejuízo das demais sanções previstas na legislação vigente. (Incluído pela Lei nº 13.509, de 2017)

Art. 197-F. O prazo máximo para conclusão da habilitação à adoção será de 120 (cento e vinte) dias, prorrogável por igual período, mediante decisão fundamentada da autoridade judiciária. (Incluído pela Lei nº 13.509, de 2017)

1. **Habilitação dos pretendentes à adoção:** a seção VIII disciplina a habilitação dos pretendentes à adoção. O artigo 197-A enumera os dados que devem constar da petição inicial dos postulantes à adoção. Protocolado o pedido, o Ministério Público participará do procedimento e poderá apresentar quesitos dirigidos à equipe interdisciplinar, requerer a designação de audiência, juntada de documentos suplementares ou quaisquer outras diligências que entender necessárias (art. 197-B).

   Compete à equipe interdisciplinar do Juizado da Infância e da Juventude elaborar estudo psicossocial acerca dos postulantes à adoção. Durante o procedimento, os postulantes devem participar obrigatoriamente de preparação psicológica para a adoção, com estímulo à adoção inter-racial, de crianças maiores e de adolescentes (§ 1º). Essa preparação pode advir tanto de técnicos da política pública municipal, quanto de grupos de apoio da sociedade civil que atuem na área. Pode, inclusive, haver o **contato entre os postulantes à adoção e crianças e adolescente disponíveis para serem adotados** (§ 2º). Esses dispositivos estão em consonância com a disciplina do artigo 50, § 4º do Estatuto.

Deferida a habilitação, o postulante será inscrito nos cadastros de adoção (art. 197-E, *caput*). A habilitação tem prazo de validade de 3 anos e deve ser renovada mediante nova avaliação da equipe interprofissional (art. 197-E, § 2º). Se o adotante candidatar-se a nova adoção, não há necessidade de formular novo procedimento de habilitação; basta nova avaliação da equipe interprofissional (art. 197-E, § 3º).

Por fim, crianças e adolescentes acolhidos institucionalmente ou em regime familiar devem ser preparados pela equipe interprofissional para encaminhamento a adoção (art. 197-C, § 3º).

2. **Convocação para adoção:** deferida a adoção, a convocação do habilitado segue ordem cronológica (art. 197-E). Conforme já destacamos anteriormente, nas hipóteses já tratadas em comentários ao § 13 do artigo 50, a lista de postulantes à adoção não precisa ser obedecida. Ao ser convocada para adoção, a pessoa ou casal habilitado **pode recusar a adoção**, mas a **recusa injustificada por 3 vezes** de criança ou adolescente dentro do perfil pretendido leva à reavaliação da habilitação concedida (art. 197-E, § 4º).

   Há duas hipóteses que autorizam a exclusão do cadastro de adotantes: **(i)** a desistência de quem já possui guarda para fins de adoção; **(ii)** a devolução do adotado depois de sentença transitada em julgado que concede a adoção. Nesses casos, o adotante é excluído do cadastro e se lhe veda a possibilidade de renovação da habilitação – ressalvada decisão judicial em contrário (art. 197-E, § 5º).

Aplicação em concurso

- **(Promotor de Justiça – MP-SC – 2019)** [julgue o item]

  De acordo com a Lei n. 8.069/1990, a desistência do pretendente em relação à guarda para fins de adoção ou a devolução da criança ou do adolescente depois do trânsito em julgado da sentença de adoção importará na sua exclusão dos cadastros de adoção e na vedação de renovação da habilitação, salvo decisão judicial fundamentada, sem prejuízo das demais sanções previstas na legislação vigente.

  Gabarito: o item está certo.

3. **Prazo limite:** o artigo 197-F estabelece que os procedimentos de habilitação de pretendentes à adoção devem ser concluídos no prazo máximo de 120 dias, prorrogável por igual período.

Aplicação em concurso

- **(Promotor de Justiça – MP-SC – 2019)** [julgue o item]

  Nos termos da Lei n. 8.069/1990, o prazo máximo para conclusão da habilitação à adoção será de 120 (cento e vinte) dias, sem prejuízo de eventuais renovações, desde que o total não exceda a 720 (setecentos e vinte) dias e seja demonstrada sua efetiva necessidade, a critério da autoridade judicial.

  Gabarito: o item está errado.

Capítulo IV
Dos Recursos

Art. 198. Nos procedimentos afetos à Justiça da Infância e da Juventude, inclusive os relativos à execução das medidas socioeducativas, adotar-se-á o sistema recursal da Lei nº 5.869, de 11 de janeiro de 1973 (Código de Processo Civil), com as seguintes adaptações: (Redação dada pela Lei nº 12.594, de 2012)

1. **Recursos no Estatuto da Criança e do Adolescente:** o Título VI do Estatuto trata do tema Acesso à Justiça, sendo o presente Capítulo IV dedicado à sistemática recursal. A disciplina do Estatuto sobre o assunto é curta, prevendo-se expressamente a **aplicação do Código de Processo Civil** (art. 198). No âmbito recursal, **ainda que se trate de processo de apuração de ato infracional**, não é aplicável o Código de Processo Penal.

   Há diferenças significativas entre as duas legislações processuais. Por exemplo: os prazos para interposição de embargos de declaração são distintos; a apresentação de razões recursais é concomitante à interposição do recurso na sistemática recursal do CPC, mas não no CPP.

Aplicação em concurso

- **Defensor Público – DP-DF – 2019 – Cespe)** André, com dezessete anos de idade, foi apreendido pela prática de ato infracional análogo ao crime de tráfico de drogas. Depois de ter sido conduzido à delegacia de polícia especializada, o adolescente foi apresentado ao Ministério Público. O promotor de justiça que o entrevistou ofereceu-lhe remissão cumulada com medida socioeducativa de semiliberdade. O magistrado indeferiu a remissão ministerial, sob o fundamento de que a aplicação de medida socioeducativa ao adolescente por ato infracional é de competência exclusiva do juiz, e abriu vista ao Ministério Público para que apresentasse representação contra André no prazo de 24 horas. Diante da negativa de homologação judicial e do retorno dos autos, o promotor ofereceu representação contra André e o magistrado manteve a internação provisória, designou audiência de apresentação e determinou a citação do adolescente. Na sentença, o magistrado determinou a internação, fundamentando que a conduta do adolescente era grave, embora não houvesse qualquer outra anotação em sua folha de passagem.

Com relação a essa situação hipotética, julgue o seguinte item, de acordo com a legislação pertinente e a jurisprudência dos tribunais superiores.

Eventual recurso contra a sentença proferida pelo magistrado deverá adotar o sistema recursal do Código de Processo Civil, com as adaptações previstas no Estatuto da Criança e do Adolescente.

Gabarito: o item está certo.

2. **Ampliação do colegiado (CPC, art. 942) – posição do STJ:** o CPC-2015 deu tratamento específico aos julgamentos de apelação por maior de votos. Por força do art. 942 do CPC, há ampliação do quórum de julgamento para tomada de novos votos. Esse procedimento é aplicável também às apelações oriundas do Estatuto (AgRg no REsp 1673215/RJ, 5ª Turma, julgado em 17/05/2018).

   Vale destacar, porém, que o entendimento da 6ª Turma é ligeiramente diferente. Este órgão fracionário considera inaplicável o art. 942 do CPC quando a maior de votos já é favorável ao adolescente; hipótese em que a ampliação do colegiado poderia gerar *reformatio in pejus* (REsp 1694248/RJ, 6ª Turma, julgado em 03/05/2018).

I – os recursos serão interpostos **independentemente de preparo**;

1. **Preparo:** o preparo é o pagamento de custas para processamento do recurso. No novo Código de Processo Civil (art. 1.007), o preparo deve ser comprovado no ato de interposição do recurso, bem como o porte de remessa e retorno quando necessário, sob pena de deserção. O preparo é dispensado, quando o recurso for interposto por Ministério Público, União, Distrito Federal, Estados, Municípios, e suas respectivas autarquias (art. 1.007, § 1º). Embora não mencionado nesse dispositivo, a Defensoria Pública também está dispensada de preparo para interposição de seus recursos. Por fim, os embargos de declaração são expressamente dispensados do recolhimento do preparo (art. 1.023).

Na sistemática do Estatuto da Criança e do Adolescente, há disposição expressa que dispensa o recolhimento de preparo para interposição de quaisquer recursos (art. 198, I). Por ser lei específica, nesse ponto, prevalece a determinação do Estatuto. Inclusive, esse dispositivo está em consonância com a diretriz do Estatuto da Criança e do Adolescente, que prevê a gratuidade de custas e emolumentos em todas as ações judiciais da competência da Justiça da Infância e Juventude, ressalvada a hipótese de litigância de má-fé (art. 141, § 2º).

2. **Inaplicabilidade da isenção de preparo – posição do STJ:** o entendimento atual da Corte é no sentido de que é devido o preparo dos recursos na Justiça da Infância e da Juventude quando se tratar de procedimentos de alvará e auto de infração (STJ – EDcl no REsp 1097824/RJ, 2ª Turma, julgado em 23/06/2009).

II – em todos os recursos, salvo nos embargos de declaração, o prazo para o Ministério Público e para a defesa será **sempre de 10 (dez) dias**; (Redação dada pela Lei nº 12.594, de 2012)

1. **Prazo:** o art. 198, inciso II fixa a sistemática de prazos dos recursos: embargos de declaração, prazo de 5 dias; os demais recursos, prazo de 10 dias. Nesse ponto, o Estatuto traz uma regra específica que se diferencia do CPC-2015, que unificou os prazos em 15 dias (art. 1.003, § 5º).

   Esse prazo recursal de **10 dias** do Estatuto é aplicável para os procedimentos previstos no Estatuto, notadamente nos artigos 152 a 197. Em outras ações, ainda que se tutelem direitos infanto-juvenis, aplicam-se os prazos que lhe forem próprios – como, por exemplo, ação civil pública proposta pelo Ministério Público para tutelar direitos previstos no Estatuto, hipótese em que vale o prazo de 15 dias, conforme regramento ordinário da lei processual.

   Como regra geral, o Ministério Público (CPC, arts. 179 e 180) e a Defensoria Pública (CPC, art. 186, *caput* e § 1º) gozam da prerrogativa da contagem em dobro de prazos processuais. Além disso, o CPC-2015 inovou na contagem dos prazos processuais ao prever que são contados tão somente os **dias úteis** (art. 219).

   Entretanto, a Lei n. 13.509/2017 afastou a incidência desse regramento dos procedimentos regulados pelo Estatuto. Conforme prevê o § 2º do artigo 152, os prazos são contados em dias corridos e não há contagem de prazo em dobro para Fazenda Pública e Ministério Público. Como dito anteriormente, o dispositivo não exclui a prerrogativa da Defensoria

Pública, de modo que não se pode fazer interpretação extensiva que reduza prerrogativas da carreira.

Vale observar que a amplitude do prazo de 10 dias alcança tanto a apelação, quantos os recursos especial e extraordinário – conforme entendimento do STJ (AgInt no AREsp 1120686/MG, 4ª Turma, julgado em 07/08/2018). Trata-se de norma especial que é prestigiada pelo STJ (AgInt no AREsp 1420909/MS, 4ª Turma, julgado em 29/06/2020).

III – os recursos terão **preferência de julgamento e dispensarão revisor**;

IV – (Revogado pela Lei nº 12.010, de 2009)

V – (Revogado pela Lei nº 12.010, de 2009)

VI – (Revogado pela Lei nº 12.010, de 2009)

1. **Preferência de julgamento e dispensa de revisor:** o inciso III do artigo 198 dá tratamento privilegiado à Justiça da Infância e Juventude, ao prever a preferência de julgamento pelo Tribunal de Justiça. Essa determinação está em consonância com o art. 227 da Constituição da República, que estabelece que é dever da família, da sociedade e do Estado, com absoluta prioridade, assegurar os direitos da criança e do adolescente. Portanto, o dispositivo do Estatuto busca materializar o mandamento constitucional.

   Quanto à dispensa de revisor do Estatuto, o novo Código de Processo Civil também estabeleceu a dispensa de revisor como regra geral dos procedimentos no segundo grau (arts. 931 e 934).

VII – antes de determinar a remessa dos autos à superior instância, no caso de apelação, ou do instrumento, no caso de agravo, a autoridade judiciária proferirá **despacho fundamentado, mantendo ou reformando a decisão**, no prazo de cinco dias;

VIII – mantida a decisão apelada ou agravada, o escrivão remeterá os autos ou o instrumento à superior instância dentro de vinte e quatro horas, independentemente de novo pedido do recorrente; se a reformar, a remessa dos autos dependerá de pedido expresso da parte interessada ou do Ministério Público, no prazo de cinco dias, contados da intimação.

1. **Apelação:** a apelação é regida pelo novo Código de Processo Civil nos artigos 1.009 a 1.014. Em relação ao Estatuto da Criança e do Adolescente, há três questões importantes.

A primeira diz respeito ao exercício do **juízo de retratação**. Prevê o art. 198, inciso VII que a autoridade judiciária, diante da interposição da apelação, pode reformar sua própria decisão ao invés de determinar a remessa dos autos ao Tribunal de Justiça. Essa hipótese é excepcional na tradição do direito processual brasileiro. Além dessa previsão do Estatuto da Criança e do Adolescente, o Código de Processo Civil apresenta outros casos em que é possível o juízo de retratação na apelação: **(i)** o de indeferimento da petição inicial (art. 331); **(ii)** julgamento liminar de mérito (art. 332, § 3º); e **(iii)** extinção sem resolução de mérito (art. 485, § 7º).

Se houver a retratação, não há necessidade de interposição de novo recurso; basta que a parte interessada ou o Ministério Público requeira a remessa dos autos ao Tribunal de Justiça (Estatuto, art. 198, VIII).

Art. 199. Contra as **decisões** proferidas com base no **art. 149** caberá recurso de **apelação**.

1. **Recurso contra portarias e alvarás:** é preciso destacar a previsão expressa do art. 199, acerca do cabimento de recurso de apelação para as hipóteses do art. 149. Trata-se das portarias e alvarás para disciplinar a entrada, permanência e participação de crianças e adolescentes em eventos.

Art. 199-A. A sentença que deferir a **adoção** produz **efeito desde logo**, embora sujeita a **apelação**, que será recebida **exclusivamente no efeito devolutivo**, salvo se se tratar de **adoção internacional ou** se houver **perigo de dano irreparável** ou de difícil reparação ao adotando. (Incluído pela Lei nº 12.010, de 2009)

Art. 199-B. A sentença que **destituir** ambos ou qualquer dos genitores do **poder familiar** fica sujeita a **apelação**, que deverá ser recebida **apenas no efeito devolutivo**. (Incluído pela Lei nº 12.010, de 2009)

1. **Efeitos da apelação:** na sistemática do Código de Processo Civil, os recursos são recebidos, em regra, nos efeitos devolutivo e suspensivo, sendo excepcionais as hipóteses de recebimento apenas no efeito devolutivo (art. 1.012, *caput* e § 1º).

   De acordo com o artigo 199-A, no caso de adoção, a sentença produz efeitos desde logo, sendo a apelação recebida no efeito suspensivo apenas em casos de adoção internacional e de perigo de dano irreparável ou de difícil reparação ao adotando, a critério da autoridade judiciária.

Em caso de destituição do **poder familiar**, a apelação é recebida **apenas** no efeito **devolutivo** (art. 199-B).

Aplicação em concurso

- **(FGV – Juiz de Direito – TJ – PR/2021)** Juiz da Infância e Juventude de comarca localizada no interior do Estado do Paraná julga procedente o pedido em ação de destituição do poder familiar ajuizada pelo Ministério Público em face de Luisa e Manoel, pais da criança Emily, em razão da prática de graves violações dos deveres inerentes ao poder familiar, sendo a criança acolhida. Os réus, por meio de seu advogado constituído, interpõem recurso de apelação, requerendo ao magistrado a reconsideração da decisão ou, caso não entenda cabível, a remessa ao Tribunal de Justiça. O magistrado profere decisão considerando incabível o juízo de retratação, por ausência de previsão legal, e remete os autos ao Tribunal para julgamento do recurso. Após a interposição do recurso, os réus requerem ao magistrado o deferimento da guarda da criança acolhida, alegando que a apelação tem efeito devolutivo e suspensivo nessa hipótese. Considerando o sistema recursal previsto na Lei n° 8.069/1990 e as peculiaridades do caso narrado, é correto afirmar que:

  (A) a realização do juízo de retratação pelo magistrado em recurso de apelação é incabível, sendo correta a decisão proferida;

  (B) nas ações de destituição do poder familiar, o recurso de apelação deve ser recebido apenas no efeito devolutivo, conforme previsão legal;

  (C) cabe ao advogado comprovar o recolhimento do preparo no recurso de apelação, que será processado com prioridade absoluta;

  (D) o recurso de apelação será recebido nos efeitos devolutivo e suspensivo, razão pela qual é cabível o deferimento da guarda da criança aos réus;

  (E) a autoridade judicial poderá manter ou reformar a sua decisão, no prazo de dez dias, aguardando-se oportuna distribuição do recurso pelo Tribunal de Justiça.

  Gabarito: letra B.

2. **Efeitos da apelação nos processos de apuração de ato infracional – posição do STJ:** anteriormente à Lei nº 12.010/2009, a questão dos efeitos da apelação era disciplinada pelo artigo 198, inciso VI, que previa o recebimento do recurso nos efeitos devolutivo e suspensivo em caso de perigo de dano irreparável ou de difícil reparação. Diante da revogação do dispositivo, deve-se buscar a aplicação subsidiária da sistemática do CPC. E a regra geral da interposição de recursos no CPC (art. 1.012), é o recebimento no duplo efeito, devolutivo e suspensivo.

Essa questão é especialmente sensível no caso de sentença que impõe a internação ao adolescente em processo de apuração de responsabilidade por ato infracional. Pelo sistema recursal do CPC, a apelação seria recebida sempre com efeito suspensivo, de modo que a medida de internação não poderia ser cumprida pelo adolescente imediatamente.

Entretanto, o STJ tem-se manifestado favoravelmente à manutenção da internação do adolescente (HC 514.111/SP, 6ª Turma, julgado em 15/10/2019).

Em relação às demais medidas, havia julgados que exigiam trânsito em julgado para medidas socioeducativas menos gravosas. Essa posição, porém, parece ter sido alterada. Atualmente, é possível identificar acórdãos que impõem o cumprimento da medida antes mesmo do trânsito (HC 456.664/SC, 6ª Turma, julgado em 23/10/2018).

O entendimento deve ser criticado. Primeiro, porque não encontra respaldo no direito positivo. Como demonstrado acima, o legislador definiu que o sistema recursal do Estatuto tem o CPC como base, de modo que a apelação é dotada de efeito suspensivo. Além disso, na prática, a demora no julgamento de apelações levará com muita frequência ao cumprimento integral da medida socioeducativa em casos que posteriormente se pode obter a absolvição do adolescente. Haverá, assim, possivelmente adolescentes absolvidos em grau recursal cuja medida já tenha sido cumprida em sua integralidade.

Art. 199-C. Os **recursos** nos procedimentos de adoção e de destituição de poder familiar, em face da relevância das questões, serão **processados com prioridade absoluta**, devendo ser imediatamente distribuídos, ficando vedado que aguardem, em qualquer situação, oportuna distribuição, e serão colocados em mesa para julgamento sem revisão e com parecer urgente do Ministério Público. (Incluído pela Lei nº 12.010, de 2009)

Art. 199-D. O relator deverá colocar o processo em **mesa para julgamento no prazo máximo de 60 (sessenta) dias**, contado da sua conclusão. (Incluído pela Lei nº 12.010, de 2009)

Parágrafo único. O Ministério Público será intimado da data do julgamento e poderá na sessão, se entender necessário, apresentar **oralmente** seu **parecer**. (Incluído pela Lei nº 12.010, de 2009)

Art. 199-E. O Ministério Público poderá requerer a instauração de procedimento para apuração de responsabilidades se constatar o descumprimento das providências e do prazo previstos nos artigos anteriores. (Incluído pela Lei nº 12.010, de 2009)

1. **Tramitação prioritária:** os recursos nos procedimentos de adoção e destituição do poder familiar devem ser tramitados com prioridade, nos termos do artigo 199-C. A celeridade é uma imposição legal e importante, pois a morosidade do Judiciário pode prejudicar a tutela dos direitos infanto-juvenis. Não se pode, porém, a título de buscar incessantemente a celeridade, tornar o procedimento recursal uma *correria desenfreada*. Assim, não é adequada a previsão de que o recurso possa ser levado para julgamento em mesa, nem que o Ministério Público possa apresentar seu parecer oralmente. As partes envolvidas têm o direito de serem devidamente intimadas da data de julgamento do recurso, para que possam apresentar memoriais e preparar sustentação oral. A inclusão em pauta e a elaboração de parecer escrito do Ministério Público são medidas adequadas a um processo justo, pois, conquanto levem a um prolongamento do procedimento recursal, oferecem aos julgadores mais elementos de convicção para seus debates e formação de seu convencimento.

   O artigo 199-E permite ao Ministério Público instaurar procedimento de apuração de responsabilidades pelo descumprimento das providências e prazos do capítulo dos recursos. O dispositivo parece de difícil aplicação, pois é consagrado em nosso sistema jurídico o entendimento de que os prazos estabelecidos em lei para o julgador são impróprios.

Capítulo V
Do Ministério Público

Art. 200. As funções do Ministério Público previstas nesta Lei serão exercidas nos termos da respectiva lei orgânica.

1. **Ministério Público:** trata-se de instituição extremamente relevante para o Estado, na medida em que exerce o papel de guardião da sociedade e das instituições democráticas. Na Constituição da República de 1988, o Ministério Público recebeu atenção especial do constituinte, cuja disciplina se encontra nos artigos 127 a 130-A.

   No âmbito infraconstitucional, o Ministério Público está regulado por sua Lei Orgânica Nacional (Lei nº 8.625/93), bem como pelas leis respectivas da instituição em cada ente político, como a LC 75/93, que dispõe sobre o Ministério Público da União.

   No Estatuto da Criança e do Adolescente, o Ministério Público está previsto nos artigos 200 a 205. Em sua maioria, os dispositivos do Estatuto representam repetição de normas contidas em leis específicas da Instituição. Alguns pontos, porém, merecem maior cuidado na análise.

Art. 201. Compete ao Ministério Público:

I – conceder a **remissão** como forma de exclusão do processo;

II – promover e acompanhar os procedimentos relativos às **infrações atribuídas a adolescentes**;

III – promover e acompanhar as **ações de alimentos** e os **procedimentos de suspensão e destituição do poder familiar**, nomeação e remoção de tutores, curadores e guardiães, bem como oficiar em todos os demais procedimentos da competência da Justiça da Infância e da Juventude; (Expressão substituída pela Lei nº 12.010, de 2009)

IV – promover, de ofício ou por solicitação dos interessados, a especialização e a inscrição de hipoteca legal e a prestação de contas dos tutores, curadores e quaisquer administradores de bens de crianças e adolescentes nas hipóteses do art. 98;

V – promover **o inquérito civil e a ação civil pública** para a proteção dos interesses individuais, difusos ou coletivos relativos à infância e à adolescência, inclusive os definidos no art. 220, § 3º inciso II, da Constituição Federal;

VI – instaurar procedimentos administrativos e, para instruí-los:

a) expedir notificações para colher depoimentos ou esclarecimentos e, em caso de não comparecimento injustificado, requisitar condução coercitiva, inclusive pela polícia civil ou militar;

b) **requisitar informações**, exames, perícias e documentos de autoridades municipais, estaduais e federais, da administração direta ou indireta, bem como promover inspeções e diligências investigatórias;

c) requisitar informações e documentos a particulares e instituições privadas;

VII – instaurar sindicâncias, requisitar diligências investigatórias e determinar a instauração de inquérito policial, para apuração de ilícitos ou infrações às normas de proteção à infância e à juventude;

VIII – zelar pelo efetivo respeito aos direitos e garantias legais assegurados às crianças e adolescentes, promovendo as medidas judiciais e extrajudiciais cabíveis;

IX – impetrar mandado de segurança, de injunção e *habeas corpus*, em qualquer juízo, instância ou tribunal, na defesa dos interesses sociais e individuais indisponíveis afetos à criança e ao adolescente;

X – representar ao juízo visando à aplicação de penalidade por infrações cometidas contra as normas de proteção à infância e à juventude, sem prejuízo da promoção da responsabilidade civil e penal do infrator, quando cabível;

XI – inspecionar as entidades públicas e particulares de atendimento e os programas de que trata esta Lei, adotando de pronto as medidas administrativas ou judiciais necessárias à remoção de irregularidades porventura verificadas;

XII – requisitar força policial, bem como a colaboração dos serviços médicos, hospitalares, educacionais e de assistência social, públicos ou privados, para o desempenho de suas atribuições.

§ 1º A legitimação do Ministério Público para as ações cíveis previstas neste artigo não impede a de terceiros, nas mesmas hipóteses, segundo dispuserem a Constituição e esta Lei.

§ 2º As atribuições constantes deste artigo não excluem outras, desde que compatíveis com a finalidade do Ministério Público.

§ 3º O representante do Ministério Público, no exercício de suas funções, terá **livre acesso** a todo local onde se encontre criança ou adolescente.

§ 4º O representante do Ministério Público será responsável pelo uso indevido das informações e documentos que requisitar, nas hipóteses legais de sigilo.

§ 5º Para o exercício da atribuição de que trata o inciso VIII deste artigo, poderá o representante do Ministério Público:

a) reduzir a termo as declarações do reclamante, instaurando o competente procedimento, sob sua presidência;

b) entender-se diretamente com a pessoa ou autoridade reclamada, em dia, local e horário previamente notificados ou acertados;

c) efetuar recomendações visando à melhoria dos serviços públicos e de relevância pública afetos à criança e ao adolescente, fixando prazo razoável para sua perfeita adequação.

1. **Rol de atribuições do Ministério Público:** o artigo 201 do Estatuto elenca um rol exemplificativo de atribuições do órgão ministerial. É preciso conhecer bem tal elenco, pois há recorrentes questões de concurso sobre o tema.

Aplicação em concurso

- **(Agente Educador – Município do Rio de Janeiro-RJ – 2019)** Promover o inquérito civil e a ação civil pública para a proteção dos direitos individuais, difusos ou coletivos inerentes à infância e à adolescência compete:

  A) ao Conselho Tutelar

  B) ao Ministério Público

C) à autoridade policial

D) à Procuradoria Geral do Estado

Gabarito: letra B.

2. **Remissão:** o art. 201, I estabelece que compete ao Ministério Público conceder remissão como forma de exclusão do processo. Conforme esclarecido em comentários específicos sobre o tema (arts. 126 a 128), a remissão é concedida pelo Ministério Público antes da propositura da demanda. Após a instauração do processo, cabe à autoridade judiciária conceder a remissão, como forma de suspensão ou extinção.

3. **Legitimidade do Ministério Público em direito individual – posição do STJ:** acerca da tutela de direitos coletivos (*lato sensu*), não há dúvidas acerca da legitimidade do Ministério Público para propositura de ação civil pública. Questão interessante está na discussão sobre sua legitimidade para buscar a tutela de um direito individual de criança e adolescente. O Estatuto arrola como atribuição do Ministério Público "zelar pelo efetivo respeito aos direitos e garantias legais assegurados às crianças e adolescentes, promovendo as medidas judiciais e extrajudiciais cabíveis" (art. 201, VIII). Tendo em vista que toda criança ou adolescente tem direito à educação (art. 53), a Corte já se manifestou em mais de uma oportunidade pela possibilidade de o Ministério Público ser legitimado para defender direito individual do adolescente (AgRg no REsp 1016847/SC, 2ª Turma, julgado em 17/09/2013).

   Institucionalmente, esse papel de defesa dos direitos individuais dos hipossuficientes compete à Defensoria Pública (CRFB, art. 134). Ocorre que, lamentavelmente, as Defensorias Públicas ainda não estão devidamente preparadas e equipadas para atender a contento a população. Daí a necessidade de atuação do Ministério Público em alguns casos para defesa de direito individual.

4. **Legitimidade do MP em ação de alimentos – posição do STJ:** especificamente no que tange a ação de alimentos, há previsão expressa no Estatuto quanto à legitimidade do MP no inciso III do artigo 201. Ao analisar a matéria, o STJ destacou que tal legitimidade independe de situação de risco ou de eficácia do atendimento da Defensoria Pública. (REsp 1265821/BA – tema n. 717). Hoje a matéria está sumulada:

   > **Súmula n. 594.** O Ministério Público tem legitimidade ativa para ajuizar ação de alimentos em proveito de criança ou adolescente independentemente do exercício do poder familiar dos pais, ou do fato de o menor se encontrar nas situações de risco descritas no art.

98 do Estatuto da Criança e do Adolescente, ou de quaisquer outros questionamentos acerca da existência ou eficiência da Defensoria Pública na comarca.

Art. 202. Nos processos e procedimentos em que não for parte, atuará obrigatoriamente o Ministério Público na defesa dos direitos e interesses de que cuida esta Lei, hipótese em que terá vista dos autos depois das partes, podendo juntar documentos e requerer diligências, usando os recursos cabíveis.

Art. 203. A **intimação** do Ministério Público, em qualquer caso, será feita **pessoalmente**.

Art. 204. A **falta de intervenção** do Ministério Público acarreta a **nulidade do feito,** que será declarada de ofício pelo juiz ou a requerimento de qualquer interessado.

Art. 205. As manifestações processuais do representante do Ministério Público deverão ser fundamentadas.

1. **Atuação do Ministério Público na Justiça da Infância e Juventude:** o Ministério Público tem atuação obrigatória em todos os processos de competência da Justiça da Infância e Juventude. Quando não propõe as demandas, atua como *custos legis* (art. 202). O artigo 201 elenca um rol de atribuições do Ministério Público. Embora extenso, o elenco não é exaustivo, mas sim exemplificativo (art. 201, § 2º).

   Sua atuação é indispensável e a não-intervenção acarreta nulidade absoluta do processo, declarável de ofício (art. 204).

   Dois importantes pontos que não podem ser esquecidos em relação ao Ministério Público: primeiro, sua intimação deve sempre ser pessoal (art. 203); segundo, goza da prerrogativa de contagem em dobro de prazos processuais (CPC, art. 180).

   Em relação à sua legitimidade na ação civil pública para promover a tutela de direitos coletivos (*lato sensu*) de crianças e adolescente, a hipótese **não é de representação** processual, mas sim de **substituição**, pois o Ministério Público vai à juízo em nome próprio na defesa de direito alheio.

Capítulo VI
Do Advogado

Art. 206. A criança ou o adolescente, seus pais ou responsável, e qualquer pessoa que tenha legítimo interesse na solução da lide poderão intervir nos procedimentos de que trata esta Lei, através de advogado, o qual será intimado para todos os atos, pessoalmente ou por publicação oficial, respeitado o segredo de justiça.

Parágrafo único. Será prestada assistência judiciária integral e gratuita àqueles que dela necessitarem.

Art. 207. Nenhum adolescente a quem se atribua a prática de ato infracional, ainda que ausente ou foragido, será processado sem defensor.

§ 1º Se o adolescente não tiver defensor, ser-lhe-á nomeado pelo juiz, ressalvado o direito de, a todo tempo, constituir outro de sua preferência.

§ 2º A ausência do defensor não determinará o adiamento de nenhum ato do processo, devendo o juiz nomear substituto, ainda que provisoriamente, ou para o só efeito do ato.

§ 3º Será **dispensada a outorga de mandato**, quando se tratar de defensor nomeado ou, sido constituído, tiver sido **indicado** por ocasião de ato formal com a **presença da autoridade judiciária**.

1. **Advogado:** a advocacia tem previsão constitucional no art. 131, onde se lê que *"o advogado é indispensável à administração da justiça"*. Em legislação infraconstitucional, temos o Estatuto da OAB, Lei 8.906/94, que dispõe sobre a função. No Estatuto da Criança e do Adolescente, está previsto nos artigos 206 e 207.

   O parágrafo único do art. 206 trata da assistência jurídica e integral ao hipossuficiente e está em consonância com a previsão do art. 5º, inciso LXXIV da Constituição da República. Estabelece o Estatuto que o juízo pode nomear defensor (art. 207, § 2º). Esse papel cabe institucionalmente à Defensoria Pública, de modo que a nomeação de advogados dativos apenas tem lugar quando não houver defensores públicos em atuação na comarca. Inclusive, o Estatuto é expresso ao prever que não há adiamento do ato processual por ausência do defensor (§ 2º).

   Por fim, vale o destaque de que o advogado pode ser constituído como mandatário da parte oralmente (art. 207, § 3º).

Capítulo VII
Da Proteção Judicial dos Interesses Individuais, Difusos e Coletivos

1. **Tutela judicial de direitos individuais e coletivos:** o presente Capítulo VII dispõe acerca da proteção de individuais e direitos coletivos (*lato sensu*) das crianças e adolescentes. Ao longo do Estatuto, foram elen-

cados diversos direitos (art. 53 e outros), bem como impostos vários deveres a particulares e ao Estado (art. 54 e outros). Em caso de lesão ou ameaça de lesão aos direitos das crianças e adolescente, cabe às instituições a atuação para contornar a situação.

Art. 208. Regem-se pelas disposições desta Lei as ações de responsabilidade por ofensa aos direitos assegurados à criança e ao adolescente, referentes ao não oferecimento ou oferta irregular:

I – do **ensino obrigatório**;

II – de **atendimento educacional especializado** aos portadores de deficiência;

III – de atendimento em **creche e pré-escola às crianças de zero a cinco anos** de idade; (redação dada pela Lei n. 13.306/2016);

IV – de **ensino noturno** regular, adequado às condições do educando;

V – de programas suplementares de oferta de material didático-escolar, transporte e assistência à saúde do educando do ensino fundamental;

VI – de serviço de **assistência social** visando à proteção à **família**, à maternidade, à infância e à adolescência, bem como ao amparo às crianças e adolescentes que dele necessitem;

VII – de acesso às ações e serviços de saúde;

VIII – de **escolarização e profissionalização** dos adolescentes **privados de liberdade**.

IX – de ações, serviços e programas de orientação, apoio e promoção social de famílias e destinados ao pleno exercício do direito à convivência familiar por crianças e adolescentes; e (Incluído pela Lei nº 12.010, de 2009)

X – de **programas de atendimento** para a execução das medidas socioeducativas e aplicação de medidas de proteção. (Incluído pela Lei nº 12.594, de 2012)

XI – de políticas e programas integrados de atendimento à criança e ao adolescente vítima ou testemunha de violência. (Incluído pela Lei n. 13.431, de 2017)

§ 1º As hipóteses previstas neste artigo não excluem da proteção judicial outros interesses individuais, difusos ou coletivos, próprios da infância e da adolescência, protegidos pela Constituição e pela Lei. (Renumerado do Parágrafo único pela Lei nº 11.259, de 2005)

§ 2º A investigação do **desaparecimento** de crianças ou adolescentes será realizada imediatamente após notificação aos órgãos competentes, que deverão comunicar o fato aos portos, aeroportos, Polícia Rodoviária e companhias de transporte interestaduais e internacionais, fornecendo-lhes todos os dados necessários à identificação do desaparecido. (Incluído pela Lei nº 11.259, de 2005)

1. **Discricionariedade administrativa X direito à creche – posição do STJ:** o implemento das atividades administrativas do Estado compete ao Poder Executivo, que tem atuação discricionária para analisar conveniência e oportunidade acerca do modo de atuar. Sua discricionariedade, porém, é regrada e pode sofrer análise do Poder Judiciário. Ao enfrentar a matéria, o Superior Tribunal de Justiça recorrentemente destaca que, diante de um dever imposto ao Estado, como o direito da criança à creche, é possível à Administração Pública decidir de que forma vai prestar o serviço – aí se circunscreve sua discricionariedade –, mas não pode optar pela não-prestação, sob pena de violar o direito (STJ: AgRg no REsp 1545039/DF, 2ª Turma, julgado em 05/11/2015).

2. **Desaparecimento de criança e adolescente:** o § 2º do artigo 208 elenca algumas das providências a serem adotadas em caso de desaparecimento de criança ou adolescente. A norma cuida da prevenção a que a criança ou adolescente seja retirada do local de sua residência habitual – ou mesmo do País. Por isso, estabelece que sejam comunicadas autoridades de portos, aeroportos e polícia rodoviária e companhias de transporte.

Art. 209. As ações previstas neste Capítulo serão **propostas no foro do local** onde ocorreu ou deva ocorrer a ação ou omissão, cujo juízo terá competência absoluta para processar a causa, ressalvadas a competência da Justiça Federal e a competência originária dos tribunais superiores.

1. **Competência – posição do STJ:** de acordo com o artigo 209, é competente o **foro do local** onde ocorreu ou deva ocorrer a ação ou omissão. Em outras palavras, a competência é fixada no local onde surgir a lesão ou ameaça de lesão ao direito da criança ou do adolescente. Trata-se de competência territorial absoluta, ressalvadas apenas a competência da Justiça Federal e a originária dos Tribunais Superiores.

   A esse respeito, o entendimento do STJ é o de que a impetração de mandado de segurança contra diretor de colégio militar atrai a competência da Justiça Federal por se tratar de autoridade federal (AgRg no REsp 1167254/AM, 2ª Turma, julgado em 18/06/2014).

Art. 210. Para as ações cíveis fundadas em interesses coletivos ou difusos, consideram-se **legitimados concorrentemente**:

I – o **Ministério Público**;

II – a **União, os estados, os municípios, o Distrito Federal** e os territórios;

III – as **associações** legalmente constituídas há pelo menos um ano e que incluam entre seus fins institucionais a defesa dos interesses e direitos protegidos por esta Lei, dispensada a autorização da assembleia, se houver prévia autorização estatutária.

§ 1º Admitir-se-á **litisconsórcio facultativo** entre os Ministérios Públicos da União e dos estados na defesa dos interesses e direitos de que cuida esta Lei.

§ 2º Em caso de desistência ou **abandono** da ação por **associação** legitimada, o **Ministério Público** ou outro legitimado poderá **assumir a titularidade ativa**.

1. **Legitimidade:** anteriormente destacamos que a tutela dos direitos das crianças e adolescentes pode ser feita de forma individual – através de uma demanda movida por ele próprio, devidamente assistido ou representado, patrocinado pela Defensoria Pública ou por advogado particular e, excepcionalmente, pelo Ministério Público – ou coletiva, através principalmente da ação civil pública, movida por quaisquer de seus legitimados, com destaque para o Ministério Público e a Defensoria Pública.

   Em relação à **Defensoria Pública**, o Estatuto não prevê expressamente sua legitimação para tutela de direitos coletivos (art. 210), tendo em vista que a Lei foi promulgada em 1990. No entanto, há a previsão de **aplicação subsidiária** da Lei de Ação Civil Pública (Lei 7.347/85), que prevê essa instituição no rol de legitimados. Portanto, a defesa de direitos metaindividuais de crianças e adolescente pode ser feita também pela Defensoria Pública.

   Quanto à legitimidade de associações (art. 210, III), é preciso atentar para seus requisitos: (i) constituição há pelo menos um ano; (ii) previsão de defesa de direitos das crianças e adolescentes entre seus fins institucionais; e (iii) autorização estatutária para propositura de demandas coletivas ou autorização assemblear.

   Conforme prevê o § 2º do artigo 210, em caso de desistência ou abandono da demanda pela associação que a propusera, o Ministério Público ou qualquer outro legitimado pode assumir a titularidade.

Aplicação em concurso

- **(Cespe – Promotor de Justiça – MPE – AP/2021)** São concorrentemente legitimados para a propositura de ações cíveis fundadas em interesses coletivos ou difusos das crianças e dos adolescentes, nos termos do ECA, o Ministério Público, a União, os estados, os municípios, o Distrito Federal, os territórios e

A) as associações legalmente constituídas há pelo menos um ano e que incluam entre seus fins institucionais a defesa dos interesses e direitos protegidos pelo ECA, sendo dispensada a autorização da assembleia, se houver prévia autorização estatutária.

B) as associações legalmente constituídas há pelo menos um ano, independentemente de incluírem, entre seus fins institucionais, a defesa dos interesses e direitos protegidos pelo ECA.

C) as associações legalmente constituídas há pelo menos dois anos e que incluam entre seus fins institucionais a defesa dos interesses e direitos protegidos pelo ECA, desde que autorizado pela assembleia, ainda que exista prévia previsão estatutária.

D) as associações legalmente constituídas há pelo menos um ano e que incluam entre seus fins institucionais a defesa dos interesses e direitos protegidos pelo ECA, desde que autorizado pela assembleia, ainda que exista prévia previsão estatuária.

E) as associações legalmente constituídas há pelo menos dois anos, independentemente de incluírem, entre seus fins institucionais, a defesa dos interesses e direitos protegidos pelo ECA.

Gabarito: letra A.

2. **Litisconsórcio de Ministérios Públicos:** está previsto no art. 210, § 1º. É sempre **facultativo, nunca obrigatório.**

Art. 211. Os órgãos públicos legitimados poderão tomar dos interessados **compromisso de ajustamento de sua conduta** às exigências legais, o qual terá eficácia de título executivo extrajudicial.

Art. 212. Para defesa dos direitos e interesses protegidos por esta Lei, são admissíveis todas as espécies de ações pertinentes.

§ 1º Aplicam-se às ações previstas neste Capítulo as normas do Código de Processo Civil.

§ 2º Contra atos ilegais ou abusivos de autoridade pública ou agente de pessoa jurídica no exercício de atribuições do poder público, que lesem direito líquido e certo previsto nesta Lei, caberá **ação mandamental**, que se regerá pelas normas da lei do mandado de segurança.

Art. 213. Na ação que tenha por objeto o cumprimento de obrigação de fazer ou não fazer, o juiz concederá a **tutela específica** da obrigação ou determinará providências que assegurem o resultado prático equivalente ao do adimplemento.

§ 1º Sendo relevante o fundamento da demanda e havendo justificado receio de ineficácia do provimento final, é lícito ao juiz conceder a **tutela liminarmente** ou após justificação prévia, citando o réu.

§ 2º O juiz poderá, na hipótese do parágrafo anterior ou na sentença, impor **multa diária** ao réu, independentemente de pedido do autor, se for suficiente ou compatível com a obrigação, fixando prazo razoável para o cumprimento do preceito.

§ 3º A **multa** só será exigível do réu após o **trânsito em julgado** da sentença favorável ao autor, mas será devida desde o dia em que se houver configurado o descumprimento.

1. **Amplitude de instrumentos processuais:** dentro do espírito de proteção integral da criança e do adolescente, o Estatuto traz previsões para tutela ampla e total dos direitos infanto-juvenis. É cabível a propositura de qualquer tipo de ação que seja apta a solucionar a lesão ou a ameaça de lesão (art. 212). Contra atos ilegais e abusivos do Estado, cabe ação mandamental (art. 212, § 2º). Privilegia-se a **tutela específica das obrigações** (art. 213), em detrimento das indenizatórias, sendo possível a concessão de liminar e fixação de astreinte, multa diária (art. 213, §§ 1º e 2º). Especificamente em relação à multa, sua exigibilidade surge após o trânsito em julgado da sentença favorável ao autor, mas será devida desde o dia em que se houver configurado o descumprimento (art. 213, § 3º).

   Outra importante forma de implementação de direitos infanto-juvenis é por meio da celebração de termos de ajustamento de conduta. Para isso são legitimados os órgãos públicos cujas atribuições estejam afetas à proteção de crianças e adolescentes (art. 211).

Art. 214. Os valores das multas reverterão ao **fundo** gerido pelo Conselho dos Direitos da Criança e do Adolescente do respectivo município.

§ 1º As multas não recolhidas até trinta dias após o trânsito em julgado da decisão serão exigidas através de execução promovida pelo Ministério Público, nos mesmos autos, facultada igual iniciativa aos demais legitimados.

§ 2º Enquanto o fundo não for regulamentado, o dinheiro ficará depositado em estabelecimento oficial de crédito, em conta com correção monetária.

1. **Cobrança de multa – legitimidade:** o § 1º do artigo 214 estabelece que o Ministério Público tem legitimidade para cobrança das multas não pagas. Além do órgão ministerial, qualquer outro legitimado também pode executar os valores. O prazo prescricional é contado a partir do marco do § 1º, ou seja, 30 dias após o trânsito em julgado. Não se conta

o prazo prescricional pela data do fato – STJ, REsp 1655163/SC, Rel. Min. Napoleão Nunes Maia Filho, 1ª Turma, julgado em 25/08/2020.

Art. 215. O juiz poderá conferir efeito suspensivo aos recursos, para evitar dano irreparável à parte.

Art. 216. Transitada em julgado a sentença que impuser condenação ao poder público, o juiz determinará a remessa de peças à autoridade competente, para apuração da responsabilidade civil e administrativa do agente a que se atribua a ação ou omissão.

Art. 217. Decorridos sessenta dias do trânsito em julgado da sentença condenatória sem que a associação autora lhe promova a execução, deverá fazê-lo o Ministério Público, facultada igual iniciativa aos demais legitimados.

Art. 218. O juiz condenará a associação autora a pagar ao réu os honorários advocatícios arbitrados na conformidade do § 4º do art. 20 da Lei nº 5.869, de 11 de janeiro de 1973 (Código de Processo Civil), quando reconhecer que a pretensão é manifestamente infundada.

Parágrafo único. Em caso de litigância de má-fé, a associação autora e os diretores responsáveis pela propositura da ação serão solidariamente condenados ao décuplo das custas, sem prejuízo de responsabilidade por perdas e danos.

Art. 219. Nas ações de que trata este Capítulo, **não** haverá **adiantamento** de **custas**, emolumentos, **honorários periciais** e quaisquer outras despesas.

Art. 220. Qualquer pessoa poderá e o servidor público deverá provocar a iniciativa do Ministério Público, prestando-lhe informações sobre fatos que constituam objeto de ação civil, e indicando-lhe os elementos de convicção.

Art. 221. Se, no exercício de suas funções, os juízos e tribunais tiverem conhecimento de fatos que possam ensejar a propositura de ação civil, remeterão peças ao Ministério Público para as providências cabíveis.

Art. 222. Para instruir a petição inicial, o interessado poderá requerer às autoridades competentes as certidões e informações que julgar necessárias, que serão fornecidas no prazo de quinze dias.

Art. 223. O Ministério Público poderá instaurar, sob sua presidência, **inquérito civil**, ou requisitar, de qualquer pessoa, organismo público ou particular, certidões, informações, exames ou perícias, no prazo que assinalar, o qual não poderá ser inferior a dez dias úteis.

§ 1º Se o órgão do Ministério Público, esgotadas todas as diligências, se convencer da inexistência de fundamento para a propositura da ação cível, promoverá o arquivamento dos autos do inquérito civil ou das peças informativas, fazendo-o fundamentadamente.

§ 2º Os autos do inquérito civil ou as peças de informação arquivados serão remetidos, sob pena de se incorrer em falta grave, no prazo de três dias, ao Conselho Superior do Ministério Público.

§ 3º Até que seja homologada ou rejeitada a promoção de arquivamento, em sessão do Conselho Superior do Ministério público, poderão as associações legitimadas apresentar razões escritas ou documentos, que serão juntados aos autos do inquérito ou anexados às peças de informação.

§ 4º A promoção de **arquivamento** será submetida a exame e deliberação do **Conselho Superior do Ministério Público**, conforme dispuser o seu regimento.

§ 5º Deixando o Conselho Superior de homologar a promoção de arquivamento, designará, desde logo, outro órgão do Ministério Público para o ajuizamento da ação.

Art. 224. Aplicam-se subsidiariamente, no que couber, as disposições da Lei nº 7.347, de 24 de julho de 1985.

1. **Arquivamento do inquérito civil e recurso:** o Ministério Público dispõe do inquérito civil para realizar suas diligências e investigações. Encerradas as investigações, se o promotor de justiça entender que não há razões para ingressar com ação judicial, poderá arquivar o inquérito. A cota de arquivamento deve ser fundamentada (art. 223, § 1º), e os autos do inquérito remetidos ao Conselho Superior do Ministério Público para homologação ou rejeição do arquivamento.

   Se o Conselho Superior entender indevida a proposta de arquivamento do inquérito civil, deverá designar outro promotor para propor a ação judicial pertinente (§ 5º). Essa regra deve ser interpretada em seus devidos termos. Quando o Conselho rejeita o arquivamento e encaminha a outro promotor de justiça, assim o faz em razão da independência funcional dos membros da carreira. Quer dizer, se o promotor originário entendeu incabível a propositura de ação, a Instituição não pode obrigá-lo a propor a demanda. Exatamente por isso redistribui o inquérito a outro. Por outro lado, a nosso sentir, o novo promotor designado para o inquérito pode ainda realizar algumas outras diligências antes da propositura da ação.

Título VII
Dos Crimes e Das Infrações Administrativas

Capítulo I
Dos Crimes

Seção I
Disposições Gerais

Art. 225. Este Capítulo dispõe sobre crimes praticados contra a criança e o adolescente, por ação ou omissão, sem prejuízo do disposto na legislação penal.

Art. 226. Aplicam-se aos crimes definidos nesta Lei as normas da Parte Geral do Código Penal e, quanto ao processo, as pertinentes ao Código de Processo Penal.

Art. 227. Os crimes definidos nesta Lei são de ação pública incondicionada.

Art. 227-A. Os efeitos da condenação prevista no inciso I do caput do art. 92 do Decreto-Lei nº 2.848, de 7 de dezembro de 1940 (Código Penal), para os crimes previstos nesta Lei, praticados por servidores públicos com abuso de autoridade, são condicionados à ocorrência de reincidência. (Incluído pela Lei nº 13.869, de 2019)

Parágrafo único. A perda do cargo, do mandato ou da função, nesse caso, independerá da pena aplicada na reincidência. (Incluído pela Lei nº 13.869, de 2019)

1. **Crimes e infrações administrativas:** o Título VII é o último do Estatuto e disciplina os crimes e infrações administrativas. Os crimes previstos no Estatuto são das mais diversas naturezas, há crimes comissivos e omissivos, dolosos e culposos, cujas penas podem variar entre reclusão e detenção, bem como serem cumuladas com multa.

2. **Leis penais e processuais penais:** o Estatuto apresenta tipos penais nos artigos 228 a 244-A, cujos bens jurídicos tutelados são os direitos das crianças e adolescentes. Esse rol não é exaustivo, ou seja, há outros tipos penais previstos em diversos diplomas legislativos que também tutelam crianças e adolescentes e são plenamente aplicáveis. O próprio Estatuto destaca a aplicação de outras disposições da legislação penal na proteção de crianças e adolescentes (art. 225). No Código Penal, por exemplo, temos tipos específicos, como o abandono de incapaz (art. 133), a exposição ou abandono de recém-nascido (art. 134) e os maus-tratos (art. 136).

Outro ponto a destacar é que o Estatuto apenas apresenta a tipificação de delitos, sendo plenamente aplicável a disciplina da parte geral do Código Penal (art. 226).

Por fim, as previsões do Estatuto acerca de processo são referentes à apuração de atos infracionais praticados por adolescentes. Os crimes tipificados pelo Estatuto são aqueles praticados por maiores, de modo que seu processamento e julgamento são regido pelo Código de Processo Penal (art. 226).

3. **Ação pública incondicionada:** todos os crimes previstos no Estatuto da Criança e do Adolescente são de ação pública incondicionada, conforme prevê expressamente o art. 227. Portanto, não dependem de representação da vítima, nem são propostos pelo particular. Cabe ao Ministério Público a propositura da ação penal quanto à prática dos crimes tipificados pelo Estatuto.

4. **Reincidência para crimes de abuso de autoridade:** a Lei n. 13.869/2019 modificou o regime jurídico do abuso de autoridade – a lei anterior ainda era do período militar, Lei n. 4.898/1965. No Estatuto, foi inserido o artigo 227-A. A menção ao inciso I do artigo 92 do Código Penal se refere à perda do cargo, função pública ou mandato eletivo. O que o artigo 227-A estabelece é que, para crimes do Estatuto praticados com abuso de autoridade, a perda do cargo depende de reincidência. Se anteriormente o agente foi punido por crime praticado com abuso de autoridade, no crime seguinte será possível a perda do cargo, função ou mandato eletivo.

Seção II
Dos Crimes em Espécie

Art. 228. Deixar o encarregado de serviço ou o dirigente de estabelecimento de atenção à saúde de gestante de manter registro das atividades desenvolvidas, na forma e prazo referidos no art. 10 desta Lei, bem como de fornecer à parturiente ou a seu responsável, por ocasião da alta médica, declaração de nascimento, onde constem as intercorrências do parto e do desenvolvimento do neonato:

Pena – detenção de seis meses a dois anos.

Parágrafo único. Se o crime é culposo:

Pena – detenção de dois a seis meses, ou multa.

1. **Artigo 228:** o dispositivo descreve dois núcleos distintos, duas condutas criminosas, (i) deixar de manter registro das atividades desenvolvidas no estabelecimento de saúde a gestante, e (ii) deixar de fornecer declaração de nascimento, com as intercorrências do parto e o desenvolvimento do neonato.

   O dispositivo está ligado às previsões dos incisos I e IV do artigo 10. Os bens jurídicos protegidos são o direito à vida e à saúde da criança e também da gestante.

   Importante notar que a previsão não se limita ao estabelecimento onde a criança nasce, sendo abrangente a qualquer estabelecimento voltado à saúde da gestante, o que inclui também a casa de saúde que recebe a mulher e lhe presta assistência médica durante a gestação.

   O crime não é comum, pois não pode ser praticado por qualquer cidadão, mas tão somente pelo encarregado de serviço ou o dirigente do estabelecimento. Trata-se, pois, de crime próprio. Além disso, o crime é omissivo próprio, consuma-se em razão da ausência de ação – não é delito comissivo. Via de consequência, não se admite a modalidade tentada.

   O tipo penal não prevê consequências danosas em virtude da omissão do agente, ou seja, basta que haja a omissão para a consumação do crime. É, pois, crime de mera conduta. Tampouco se exige a produção de um dano efetivo, como nos crimes materiais, o artigo 228 traz a previsão de crimes de perigo.

   Admite tanto a forma dolosa quanto a culposa, sendo menor a pena prevista para a segunda.

   Como a pena máxima é de até dois anos, o crime está sujeito ao rito da Lei dos Juizados Especiais (Lei nº 9.099/95, art. 61).

   Classificação: próprio, omissivo próprio, de mera conduta, de perigo, doloso ou culposo, de menor potencial ofensivo.

Art. 229. Deixar o médico, enfermeiro ou dirigente de estabelecimento de atenção à saúde de gestante de identificar corretamente o neonato e a parturiente, por ocasião do parto, bem como deixar de proceder aos exames referidos no art. 10 desta Lei:

Pena – detenção de seis meses a dois anos.

Parágrafo único. Se o crime é culposo:

Pena – detenção de dois a seis meses, ou multa.

1. **Artigo 229:** as lições do artigo anterior são aplicáveis também ao presente artigo. Aqui, o delito está ligado às condutas dos incisos II e III do artigo 10.

   Classificação: próprio, omissivo próprio, de mera conduta, de perigo, doloso ou culposo, de menor potencial ofensivo.

2. **Modalidade culposa:** em regra, na grande maioria dos crimes previstos pelo Estatuto, sua consumação ocorre apenas na forma dolosa. Entretanto, os tipos dos artigos 228 e 229 são punidos tanto a título de dolo, quanto de culpa, conforme previsão de seus respectivos parágrafos únicos.

> **Art. 230.** Privar a criança ou o adolescente de sua liberdade, procedendo à sua apreensão sem estar em flagrante de ato infracional ou inexistindo ordem escrita da autoridade judiciária competente:
>
> Pena – detenção de seis meses a dois anos.
>
> **Parágrafo único.** Incide na mesma pena aquele que procede à apreensão sem observância das formalidades legais.

1. **Artigo 230:** as hipóteses de apreensão de criança ou adolescente estão devidamente previstas no Estatuto, a saber: ordem escrita de autoridade judiciária ou flagrante de ato infracional. A desobediência a esses parâmetros acarreta a prática do crime previsto no artigo 230. Por se tratar de tipo penal específico para a tutela de direitos da criança e do adolescente, o dispositivo prevalece sobre a Lei de abuso de autoridade.

   O bem jurídico protegido é o direito de liberdade da criança e do adolescente. Afinal, a liberdade é a regra, a exceção é justamente a privação da liberdade.

   A doutrina diverge sobre o crime ser comum ou próprio. De um lado, defende-se ser crime comum diante da possibilidade de que qualquer um pode apreender indevidamente a criança ou o adolescente. Em contrapartida, outros argumentam que só é possível a prática do crime de apreensão ilegal por aquele que pode praticar legalmente a apreensão, ou seja, o agente da autoridade pública.

   Parece-nos mais adequado entender o crime como comum, apto a ser praticado por qualquer um, uma vez que qualquer pessoa pode legalmente prender alguém em flagrante (CPP, art. 301). Na seara do Estatuto, pode-se dizer que qualquer do povo pode apreender adolescente que se encontra em flagrante de ato infracional. Logo, aquele que o fizer de modo ilegal comete o crime do artigo 230.

Importante notar que o *caput* descreve conduta comissiva, ao passo em que o parágrafo único descreve crime omissivo próprio.

Classificação (*caput*): comum, comissivo, doloso, permanente, cabe tentativa, de mera conduta, de menor potencial ofensivo.

Art. 231. Deixar a autoridade policial responsável pela apreensão de criança ou adolescente de fazer imediata comunicação à autoridade judiciária competente e à família do apreendido ou à pessoa por ele indicada:

Pena – detenção de seis meses a dois anos.

1. **Artigo 231:** aqui há crime próprio, somente praticável pela autoridade policial responsável pela apreensão, ninguém mais.

   O bem jurídico tutelado, mais uma vez é a liberdade, mas também a dignidade do apreendido. O direito de comunicar a família tem assento na Constituição da República (art. 5º, inc. LXII). No Estatuto, o direito à liberdade vem tratado nos artigos 15 e 16.

   Classificação: próprio, omissivo próprio, de mera conduta, de perigo, doloso, de menor potencial ofensivo.

Art. 232. Submeter criança ou adolescente sob sua autoridade, guarda ou vigilância a vexame ou a constrangimento:

Pena – detenção de seis meses a dois anos.

Art. 233. (Revogado pela Lei nº 9.455, de 7.4.1997)

1. **Artigo 232:** o crime do artigo 232 somente pode ser praticado por aquele que tem a criança ou o adolescente sob sua autoridade, guarda ou vigilância. O tipo penal engloba também a conduta da professora, que constrange o aluno em sala de aula.

   O bem jurídico tutelado é a honra objetiva da criança ou adolescente.

   É crime material (ou de resultado), que exige a ocorrência de um dano à criança ou adolescente, precisamente o vexame ou o constrangimento. É crime de consumação, *a priori*, instantânea, não se prolonga no tempo, e plurissubsistente, a admitir a forma tentada.

Classificação: próprio, comissivo, material, doloso, instantâneo, admite tentativa, de menor potencial ofensivo.

2. **Distinção entre o art. 232 e o art. 217-A do CP – posição o STJ:** a Corte destacou que a prática de atos lascivos diversos da conjunção carnal acarreta tipificação do delito do art. 217-A do Código Penal. É errada a decisão do juízo de origem que classifica tal conduta como art. 232 do Estatuto (AgRg no REsp 1474992/GO, 5ª Turma, julgado em 14/08/2018).

> **Art. 234.** Deixar a autoridade competente, sem justa causa, de ordenar a imediata liberação de criança ou adolescente, tão logo tenha conhecimento da ilegalidade da apreensão:
>
> Pena – detenção de seis meses a dois anos.

1. **Artigo 234:** o bem jurídico tutelado é o direito à liberdade da criança ou adolescente. Se a apreensão do adolescente houver sido ilegal, é dever da autoridade competente efetuar sua imediata liberação, sob pena de se caracterizar o crime do artigo 234 do Estatuto. Inclusive, essa previsão, em razão de sua especialidade, prevalece sobre a Lei de abuso de autoridade (Lei n. 13.869/2019).

   Classificação: próprio, omissivo próprio, de mera conduta, de perigo, doloso, não admite tentativa, de menor potencial ofensivo.

> **Art. 235.** Descumprir, injustificadamente, prazo fixado nesta Lei em benefício de adolescente privado de liberdade:
>
> Pena – detenção de seis meses a dois anos.

1. **Artigo 235:** o Estatuto prevê diversos prazos a serem observados no trato dos assuntos relativos aos direitos da criança e do adolescente. Em relação à prática de ato infracional, por exemplo, há prazo para sua internação provisória (45 dias) e também definitiva (3 anos ou 3 meses, caso de regressão).

   O que o dispositivo protege é, mais uma vez, o direito de liberdade. Não se pode admitir a negligência quanto à observância dos prazos do Estatuto. Seu descumprimento caracteriza crime.

   Classificação: próprio, omissivo próprio, de mera conduta, doloso, não admite tentativa, de menor potencial ofensivo.

Art. 236. Impedir ou embaraçar a ação de autoridade judiciária, membro do Conselho Tutelar ou representante do Ministério Público no exercício de função prevista nesta Lei:

Pena – detenção de seis meses a dois anos.

1. **Artigo 236:** a regra em exame apresenta dois núcleos verbais, "impedir" e "embaraçar". Aqui, o bem jurídico tutelado no presente dispositivo não são os direitos da criança e do adolescente, mas sim a administração da justiça. Basta observar que os sujeitos passivos aqui são as entidades públicas.

   Em relação ao núcleo verbal "impedir", tem-se crime material, de resultado concreto, ao passo em que a conduta "embaraçar" se caracteriza como delito formal, sendo dispensável a ocorrência do resultado. A pena, em ambos os casos, é a mesma.

   Classificação: comum, material (impedir) ou formal (embaraçar), doloso, de menor potencial ofensivo.

Art. 237. Subtrair criança ou adolescente ao poder de quem o tem sob sua guarda em virtude de lei ou ordem judicial, com o fim de colocação em lar substituto:

Pena – reclusão de dois a seis anos, e multa.

1. **Artigo 237:** o dispositivo objetiva proteger o direito infanto-juvenil à convivência familiar e comunitária, regrada no Estatuto nos artigos 19 e seguintes.

   Trata-se de crime comum, possível de ser cometido por qualquer pessoa. Consuma-se apenas com a ocorrência do resultado. Há um especial fim de agir, consistente na intenção de colocar a criança ou adolescente em lar substituto.

   Não se trata de crime de menor potencial ofensivo, pois a pena máxima supera os dois anos. Além disso, por ter a pena mínima de dois anos, não admite sequer a suspensão condicional do processo, prevista no artigo 89 da Lei nº 9.099/95.

   Há entendimento doutrinário que entende aplicável ao artigo 237 a previsão do § 2º do artigo 249 do Código Penal: *"No caso de restituição do menor ou do interdito, se este não sofreu maus-tratos ou privações, o juiz pode deixar de aplicar pena."* Trata-se de hipótese de perdão judicial. Como os tipos penais são muito semelhantes e o artigo 226 do Estatuto prevê a aplicação subsidiária do Código Penal, parcela da doutrina defende essa possibilidade.

Classificação: comum, material, comissivo, doloso, instantâneo, plurissubsistente, admite tentativa.

Art. 238. Prometer ou efetivar a entrega de filho ou pupilo a terceiro, mediante paga ou recompensa:

Pena – reclusão de um a quatro anos, e multa.

Parágrafo único. Incide nas mesmas penas quem oferece ou efetiva a paga ou recompensa.

1. **Artigo 238:** o bem jurídico protegido neste dispositivo é o direito da criança e do adolescente à convivência familiar (art. 19 e seguintes).

No *caput*, o sujeito ativo só pode ser o pai, o tutor ou o guardião. Trata-se, pois, de crime próprio. Já no parágrafo único, temos crime comum, praticável por qualquer um.

Há três condutas distintas descritas no tipo penal: "prometer", "oferecer" e "efetivar". Nas duas primeiras, o crime é formal; na última, é material.

Embora não se trate de crime de menor potencial ofensivo, é cabível a suspensão condicional do processo em razão de a pena mínima ser de apenas um ano (Lei nº 9.099/95, art. 89).

Classificação: próprio (*caput)* e comum (par. único), comissivo, doloso, instantâneo, formal ("prometer" e "oferecer") e material ("efetivar"), cabe suspensão condicional do processo.

Art. 239. Promover ou auxiliar a efetivação de ato destinado ao envio de criança ou adolescente para o exterior com inobservância das formalidades legais ou com o fito de obter lucro:

Pena – reclusão de quatro a seis anos, e multa.

Parágrafo único. Se há emprego de violência, grave ameaça ou fraude: (Incluído pela Lei nº 10.764, de 12.11.2003)

Pena – reclusão, de 6 (seis) a 8 (oito) anos, além da pena correspondente à violência.

1. **Artigo 239:** o presente dispositivo visa a combater o tráfico internacional de crianças e adolescentes.

Há entendimento doutrinário de que o § 2º do artigo 245 do Código Penal teria sido revogado com o advento do presente artigo 239 do Estatuto. A redação da regra do Código Penal é a seguinte: *"Art. 245 – Entregar filho menor de 18 (dezoito) anos a pessoa em cuja companhia saiba ou deva saber que o menor fica moral ou materialmente em perigo: [...] § 2º – Incorre, também, na pena do parágrafo anterior quem, embora excluído o perigo moral ou material, auxilia a efetivação de ato destinado ao envio de menor para o exterior, com o fito de obter lucro."*

Importante notar que a hipótese do parágrafo único do artigo 239 apresenta não só a pena maior, mas também a expressa previsão de que a ela se soma a pena da violência. A hipótese é de crime único, mas com a cumulação material das penas.

Em relação à hipótese de inobservância das formalidades legais, vale destacar que a colocação de criança ou adolescente em família substituta estrangeira somente é possível na modalidade adoção (art. 31).

2. **Crime de formal e tentativa – posição do STJ:** o art. 239 tipifica a conduta de "promover ou auxiliar a efetivação de ato destinado ao envio de criança ou adolescente para o exterior com inobservância das formalidades legais ou com o fito de obter lucro". O Superior Tribunal de Justiça analisou se o crime é de resultado formal e, por conseguinte, se admitia a forma tentada. O entendimento é de que se trata de crime formal (AgRg no AREsp 160.951/RJ, 5ª Turma, julgado em 17/09/2013). Classificação: comum, formal, doloso, instantâneo.

Art. 240. Produzir, reproduzir, dirigir, fotografar, filmar ou registrar, por qualquer meio, cena de sexo explícito ou pornográfica, envolvendo criança ou adolescente: (Redação dada pela Lei nº 11.829, de 2008)

Pena – reclusão, de 4 (quatro) a 8 (oito) anos, e multa. (Redação dada pela Lei nº 11.829, de 2008)

§ 1º Incorre nas mesmas penas quem agencia, facilita, recruta, coage, ou de qualquer modo intermedeia a participação de criança ou adolescente nas cenas referidas no *caput* deste artigo, ou ainda quem com esses contracena. (Redação dada pela Lei nº 11.829, de 2008)

§ 2º Aumenta-se a pena de 1/3 (um terço) se o agente comete o crime: (Redação dada pela Lei nº 11.829, de 2008)

I – no exercício de cargo ou função pública ou a pretexto de exercê-la; (Redação dada pela Lei nº 11.829, de 2008)

II – prevalecendo-se de relações domésticas, de coabitação ou de hospitalidade; ou (Redação dada pela Lei nº 11.829, de 2008)

III – prevalecendo-se de relações de parentesco consanguíneo ou afim até o terceiro grau, ou por adoção, de tutor, curador, preceptor, empregador da vítima ou de quem, a qualquer outro título, tenha autoridade sobre ela, ou com seu consentimento. (Incluído pela Lei nº 11.829, de 2008)

1. **Artigo 240:** o tipo penal é bem abrangente, contém diversos núcleos verbais tipificadores das condutas delituosas. Sendo a pena aplicada no mínimo, 4 anos, é possível a substituição da pena privativa de liberdade por restritiva de direitos (art. 44 do CP).

   No *caput*, o crime se classifica como comum. Há consumação ainda que não haja conjunção carnal com a criança ou adolescente, pois o dispositivo abrange também a prática de cena pornográfica de qualquer espécie.

   No parágrafo primeiro, inclui-se não só quem contracena como também aqueles que aliciam crianças e adolescentes e os encaminham para o submundo da pornografia infantil.

   No parágrafo segundo, tem-se um crime com causa de aumento de pena, conforme se verifica da redação "aumenta-se a pena de 1/3...". A distinção entre crime qualificado e crime com causa de aumento de pena é importante e cobrada em concurso público com frequência. Vale reparar que o consentimento da vítima é indiferente para incidência do dispositivo.

2. **Estupro de vulnerável:** diante da hipótese sexo explícito com criança e adolescente, há entendimento doutrinário de que, além do crime do art. 240 do Estatuto, pode-se imputar a conduta do artigo 217-A do Código Penal, que tipifica o estupro de vulnerável.

   A esse respeito, o STJ entendeu por meio de julgamento de recursos repetitivos que o requisito etário é objetivo, ou seja, não se questionam aspectos pertinentes à experiência sexual anterior da vítima. Confira-se a tese fixada no tema n. 918: "Para a caracterização do crime de estupro de vulnerável previsto no art. 217-A, *caput*, do Código Penal, basta que o agente tenha conjunção carnal ou pratique qualquer ato libidinoso com pessoa menor de 14 anos. O consentimento da vítima, sua eventual experiência sexual anterior ou a existência de relacionamento amoroso entre o agente e a vítima não afastam a ocorrência do crime." (REsp 1480881/PI, 3ª Seção, julgado em 26/08/2015).

3. **Artigo 240 – posição do STJ:** o STJ analisou situação em que o agente tirou fotos e fez vídeos de cenas de sexto com duas adolescentes. A questão foi verificar se a hipótese é de concurso material ou formal, tendo o STJ entendido que se trata de crime único, formal (PExt no HC 438.080/MG, 5ª Turma, julgado em 27/08/2019).

Art. 241. Vender ou expor à venda fotografia, vídeo ou outro registro que contenha cena de sexo explícito ou pornográfica envolvendo criança ou adolescente: (Redação dada pela Lei nº 11.829, de 2008)

Pena – reclusão, de 4 (quatro) a 8 (oito) anos, e multa. (Redação dada pela Lei nº 11.829, de 2008)

1. **Artigo 241:** o artigo 240 trata das condutas referentes à elaboração do material pornográfico, ao passo em que as condutas de distribuição desse material constam do artigo 241. Em ambos os tipos, a pena é a mesma, de 4 a 8 anos de reclusão. Como já referido, sendo aplicada no patamar mínimo, é possível a substituição da pena privativa de liberdade pela restritiva de direitos. Entretanto, aplicada em montante superior, impede-se a substituição da pena (CP, art. 44).

   Classificação: comum, de mera conduta, doloso, comissivo.

2. **Consumação e competência no crime do art. 241:** a **consumação** do delito do artigo 241 do Estatuto ocorre com o ato de **publicação** das imagens. Trata-se de **crime de mera conduta**, e não de resultado. Para fixação da **competência**, o critério adotado pelo Superior Tribunal de Justiça é o do **local onde o material é disponibilizado**, independentemente dos locais em que terceiros o acessam: CC 66.981-RJ, julgado em 16/2/2009.

3. **Divulgação de pornografia infantil com alcance transnacional – competência da Justiça Federal – posição do STJ:** o Superior Tribunal de Justiça fixou o entendimento de que delitos ligados à pornografia infantil com consequências transnacionais devem ser processados e julgados pela Justiça Federal (CC 120.999-CE, julgado em 24/10/2012). Inclusive, a mera possibilidade de acesso no exterior já basta para atrair a competência da Justiça Federal (CC 173.960/MS, 3ª Seção, julgado em 14/10/2020).

4. **Competência e impossibilidade de identificação da origem – posição do STJ:** como destacado acima, o critério de fixação de competência adotado pelo Superior Tribunal de Justiça é o do local onde o material é disponibilizado. Caso não seja possível identificar tal ponto, a Corte adota o entendimento de que é competente o juízo federal que primeiro tomar conhecimento do fato (CC 130.134-TO, julgado em 9/10/2013).

Art. 241-A. Oferecer, trocar, disponibilizar, transmitir, distribuir, publicar ou divulgar por qualquer meio, inclusive por meio de sistema de informática ou telemático, fotografia, vídeo ou outro registro que contenha cena de sexo explícito ou pornográfica envolvendo criança ou adolescente: (Incluído pela Lei nº 11.829, de 2008)

Pena – reclusão, de 3 (três) a 6 (seis) anos, e multa. (Incluído pela Lei nº 11.829, de 2008)

§ 1º Nas mesmas penas incorre quem: (Incluído pela Lei nº 11.829, de 2008)

I – assegura os meios ou serviços para o armazenamento das fotografias, cenas ou imagens de que trata o *caput* deste artigo; (Incluído pela Lei nº 11.829, de 2008)

II – assegura, por qualquer meio, o acesso por rede de computadores às fotografias, cenas ou imagens de que trata o *caput* deste artigo. (Incluído pela Lei nº 11.829, de 2008)

§ 2º As condutas tipificadas nos incisos I e II do § 1º deste artigo são puníveis quando o responsável legal pela prestação do serviço, oficialmente notificado, deixa de desabilitar o acesso ao conteúdo ilícito de que trata o *caput* deste artigo. (Incluído pela Lei nº 11.829, de 2008)

1. **Artigo 241-A:** o objetivo do dispositivo é tipificar condutas referentes ao uso da computação e da internet. Vale atentar para a pena mínima, que é de 3 anos. Tendo em vista que o crime é praticado sem violência ou grave ameaça a pessoa, em tese, é possível a substituição da pena privativa de liberdade pela restritiva de direitos (art. 44 do Código Penal).

   O parágrafo 1º disciplina a conduta daquele que armazena ou garante o acesso ao conteúdo pornográfico. É importante notar aqui que esse dispositivo deve ser conjugado com o parágrafo 2º, ou seja, o crime só se tipifica se, devidamente notificado, o agente não desabilita o acesso ao conteúdo ilícito.

   A previsão faz todo sentido. Afinal, não seria possível efetuar um controle prévio de todo o conteúdo da internet, seja pela impossibilidade material diante do volume de informações, seja pela vedação à censura. Através do parágrafo 2º, compatibilizam-se os direitos de liberdade de expressão e os direitos da personalidade de crianças e adolescentes.

   Classificação: comum, doloso, de mera conduta, comissivo.

2. **Publicação de material na internet – competência da Justiça Federal – posição do STJ:** se houver a publicação do material na internet, ainda que sem evidências de que tenha havido acesso por estrangeiros, o delito possui caráter internacional. (AgRg nos EDcl nos EDcl no AREsp 1039417/RS, ª Turma, julgado em 08/10/2019)

3. **Repercussão geral no STF:** o Supremo Tribunal Federal reconheceu a repercussão geral da controvérsia sobre a competência para processar o julgar o crime do artigo 241-A (tema 393 – RE n. 628.624-MG). Confira-se a tese fixada: "Compete à Justiça Federal processar e julgar os crimes consistentes em disponibilizar ou adquirir material pornográfico envolvendo criança ou adolescente (arts. 241, 241-A e 241-B da Lei nº 8.069/1990) quando praticados por meio da rede mundial de computadores". (RE 628624, Tribunal Pleno, julgado em 29/10/2015).

Art. 241-B. Adquirir, possuir ou armazenar, por qualquer meio, fotografia, vídeo ou outra forma de registro que contenha cena de sexo explícito ou pornográfica envolvendo criança ou adolescente: (Incluído pela Lei nº 11.829, de 2008)

Pena – reclusão, de 1 (um) a 4 (quatro) anos, e multa. (Incluído pela Lei nº 11.829, de 2008)

§ 1º A pena é diminuída de 1 (um) a 2/3 (dois terços) se de pequena quantidade o material a que se refere o *caput* deste artigo. (Incluído pela Lei nº 11.829, de 2008)

§ 2º Não há crime se a posse ou o armazenamento tem a finalidade de comunicar às autoridades competentes a ocorrência das condutas descritas nos arts. 240, 241, 241-A e 241-C desta Lei, quando a comunicação for feita por: (Incluído pela Lei nº 11.829, de 2008)

I – agente público no exercício de suas funções; (Incluído pela Lei nº 11.829, de 2008)

II – membro de entidade, legalmente constituída, que inclua, entre suas finalidades institucionais, o recebimento, o processamento e o encaminhamento de notícia dos crimes referidos neste parágrafo; (Incluído pela Lei nº 11.829, de 2008)

III – representante legal e funcionários responsáveis de provedor de acesso ou serviço prestado por meio de rede de computadores, até o recebimento do material relativo à notícia feita à autoridade policial, ao Ministério Público ou ao Poder Judiciário. (Incluído pela Lei nº 11.829, de 2008)

§ 3º As pessoas referidas no § 2º deste artigo deverão manter sob sigilo o material ilícito referido. (Incluído pela Lei nº 11.829, de 2008)

1. **Artigo 241-B:** o dispositivo não se limita à conduta praticada através de computadores ou internet, pois abarca qualquer material impresso, videocassete etc. A pena é baixa, sendo a pena mínima de 1 ano, o que autoriza a suspensão condicional do processo, com base no

art. 89 da Lei n. 9.099/95. Além disso, o parágrafo primeiro traz uma causa de diminuição de pena, mas não é cabível a transação penal, pois a pena máxima é superior a 2 anos, o que afasta a aplicação do art. 76 da Lei n. 9.099/95. O parágrafo segundo traz uma excludente de tipicidade, que se refere àquele que está na posse do material pornográfico para comunicar às autoridades competentes. Deve-se observar o dolo na conduta do agente. Sem dolo, não há crime, a conduta é atípica.

Classificação: comum, doloso, comissivo, plurissubsistentes, cabe tentativa.

Art. 241-C. Simular a participação de criança ou adolescente em cena de sexo explícito ou pornográfica por meio de adulteração, montagem ou modificação de fotografia, vídeo ou qualquer outra forma de representação visual: (Incluído pela Lei nº 11.829, de 2008)

Pena – reclusão, de 1 (um) a 3 (três) anos, e multa. (Incluído pela Lei nº 11.829, de 2008)

Parágrafo único. Incorre nas mesmas penas quem vende, expõe à venda, disponibiliza, distribui, publica ou divulga por qualquer meio, adquire, possui ou armazena o material produzido na forma do *caput* deste artigo. (Incluído pela Lei nº 11.829, de 2008)

1. **Artigo 241-C:** no referido dispositivo não há utilização da criança ou do adolescente na cena pornográfica, mas sim a edição do material de modo a inserir sua imagem na situação vexatória. O tipo alcança aquele que elabora o material (*caput*) e também aquele que pratica qualquer forma de distribuição (parágrafo único). Em relação à pena, valem os comentários do artigo anterior, ou seja, pode-se admitir a suspensão condicional do processo, mas não a transação penal.

Classificação: comum, doloso, comissivo, cabe tentativa.

Art. 241-D. Aliciar, assediar, instigar ou constranger, por qualquer meio de comunicação, criança, com o fim de com ela praticar ato libidinoso: (Incluído pela Lei nº 11.829, de 2008)

Pena – reclusão, de 1 (um) a 3 (três) anos, e multa. (Incluído pela Lei nº 11.829, de 2008)

Parágrafo único. Nas mesmas penas incorre quem: (Incluído pela Lei nº 11.829, de 2008)

I – facilita ou induz o acesso à criança de material contendo cena de sexo explícito ou pornográfica com o fim de com ela praticar ato libidinoso; (Incluído pela Lei nº 11.829, de 2008)

II – pratica as condutas descritas no *caput* deste artigo com o fim de induzir criança a se exibir de forma pornográfica ou sexualmente explícita. (Incluído pela Lei nº 11.829, de 2008)

1. **Artigo 241-D:** dispõe sobre a conduta daquele que, embora não produza o material pornográfico, é responsável pelo *recrutamento* da criança. Observe-se que aqui o tipo não inclui a conduta referente ao adolescente. Houve claramente uma falha do legislador, na medida em que todos os demais tipos penais têm como objeto de tutela a criança e o adolescente. A pena é de reclusão e varia de 1 a 3 anos, de modo que é possível a suspensão condicional do processo, mas não a transação penal.

   Contém um especial fim de agir, o "fim de com ela praticar ato libidinoso".

   Classificação: comum, doloso, comissivo.

2. **Crime praticado por aplicativo de conversas online – posição do STJ:** o Superior Tribunal de Justiça entende que a prática do delito pela internet não é suficiente para dar ensejo à caracterização de delito transnacional, o que deslocaria a competência para a Justiça Federal. Se as conversas se limitaram ao território nacional, não há transnacionalidade (CC 132.279/PI, 3ª Seção, julgado em 14/05/2014).

Art. 241-E. Para efeito dos crimes previstos nesta Lei, a expressão "cena de sexo explícito ou pornográfica" compreende qualquer situação que envolva criança ou adolescente em atividades sexuais explícitas, reais ou simuladas, ou exibição dos órgãos genitais de uma criança ou adolescente para fins primordialmente sexuais. (Incluído pela Lei nº 11.829, de 2008)

1. **Artigo 241-E:** norma interpretativa, que delimita o conteúdo da expressão "cena de sexo explícito ou pornografia". A parte final contém uma finalidade especial no caso de exibição de órgãos genitais de criança ou adolescente. A conduta é criminosa se contiver fins sexuais. Naturalmente, a utilização com finalidade educativa (aulas sobre educação sexual na escola ou de medicina em universidades) ou científica não é criminosa.

Art. 242. Vender, fornecer ainda que gratuitamente ou entregar, de qualquer forma, a criança ou adolescente arma, munição ou explosivo:

Pena – reclusão, de 3 (três) a 6 (seis) anos. (Redação dada pela Lei nº 10.764, de 12.11.2003)

1. **Artigo 242:** o bem jurídico protegido por esse dispositivo é a integridade física da criança ou do adolescente. A conduta descrita nesse tipo penal está tipificada também no Estatuto do Desarmamento, Lei nº 10.826/2003, artigo 16, parágrafo único, inciso V.

Parte da doutrina entende que deve prevalecer o Estatuto do Desarmamento pelo critério da especialização, além do fato de que o dispositivo do Estatuto da Criança e do Adolescente estaria tacitamente revogado pelo critério temporal.

Há, porém, entendimento em sentido contrário no sentido de que subsiste a previsão do artigo 242 em relação às armas brancas. Mas atenção esse tipo de raciocínio é útil apenas em provas discursivas. Em provas de **múltipla escolha**, o examinador busca verificar o conhecimento do candidato em relação à **letra da lei**.

Classificação: comum, doloso, de perigo abstrato, cabe tentativa.

Aplicação em concurso

- **(Analista ministerial – serviço social – MP-CE – Cespe – 2020)** Flávia, com vinte e três anos de idade, deu entrada no hospital estadual de sua cidade em trabalho de parto, acompanhada de uma amiga à qual comunicou sua decisão de entregar o filho para adoção logo após o nascimento. Do início ao final do parto, a jovem falou ao médico sobre sua decisão, mas nada foi feito pelo profissional em questão. Flávia está desempregada, encontra-se em situação de extrema pobreza e alega que, além disso, não conta com o apoio de familiares. Segundo ela, o pai da criança, seu ex-companheiro, está envolvido com tráfico de drogas e não reúne condições psicossociais para criar a criança, uma vez que é agressivo e apresenta atitudes com as quais Flávia não concorda, como, por exemplo, entregar com frequência sua arma de fogo, como se fosse um brinquedo, para um sobrinho de oito anos de idade que mora com ele.

  Considerando essa situação hipotética, julgue o item que se segue, à luz do Estatuto da Criança e do Adolescente.

  Dado o relato de Flávia, a atitude de seu ex-companheiro de entregar a arma ao sobrinho de oito anos de idade constitui crime em espécie, com pena de reclusão de três a seis anos.

  Gabarito: o item está certo.

Art. 243. Vender, fornecer, servir, ministrar ou entregar, ainda que gratuitamente, de qualquer forma, a criança ou a adolescente, **bebida alcoólica** ou, sem justa causa, outros produtos cujos componentes possam causar dependência física ou psíquica: (Redação dada pela Lei nº 13.106, de 2015)

Pena – detenção de 2 (dois) a 4 (quatro) anos, e multa, se o fato não constitui crime mais grave. (Redação dada pela Lei nº 13.106, de 2015)

1. **Artigo 243:** o tipo penal tutela a integridade física e psíquica da criança e do adolescente. O objetivo é evitar o consumo de produtos que possam causar dependência física e psíquica. Houve modificação da redação pela Lei n. 13.106/2015 para incluir a bebida alcoólica. Historicamente, a jurisprudência do STJ considerava que a venda ou o fornecimento de bebida alcoólica caracterizava tão somente contravenção penal (RHC 28.689-RJ, julgado em 5/5/2011). O legislador uniformizou o tratamento em relação a qualquer substância que possa causar dependência física ou psíquica em crianças e adolescente.

   Além disso, a Lei n. 13.106/2015 acrescentou também o artigo 258-C ao rol de infrações administrativas, para permitir a imposição de multa e até mesmo a interdição do estabelecimento que vende bebida alcoólica a crianças e adolescentes.

   A regra em exame se classifica como norma penal em branco, pois precisa ser complementada pela listagem de substância entorpecentes da Anvisa.

   Aquele que pratica as condutas do artigo 243 somente será punido em seus termos se não houver tipificação mais grave. E, naturalmente, há, como no caso do artigo 33 da Lei n. 11.343/2006, que tipifica o tráfico de drogas.

   Classificação: comum, doloso, comissivo, formal, de perigo concreto, cabe tentativa.

2. **Cola de sapateiro – crime:** a venda de cola de sapateiro não caracteriza infração administrativa, mas, sim, crime do art. 243. Isso porque o uso inadequado do produto causa dependência, o que se amolda à parte final desse dispositivo.

3. **Venda de cigarro – posição do STJ:** a venda de cigarros a crianças e adolescentes caracteriza o crime do artigo 243 do Estatuto (STJ, REsp 1359455/MT, 5ª Turma, julgado em 07/08/2014).

Art. 244. Vender, fornecer ainda que gratuitamente ou entregar, de qualquer forma, a criança ou adolescente fogos de estampido ou de artifício, exceto aqueles que, pelo seu reduzido potencial, sejam incapazes de provocar qualquer dano físico em caso de utilização indevida:

Pena – detenção de seis meses a dois anos, e multa.

1. **Venda de produtos sem potencialidade lesiva – atipicidade:** o art. 244 tipifica a conduta daquele que vende ou fornece fogos de estampido ou artifício a criança ou adolescente. Esse dispositivo guarda relação com o art. 81, inciso IV. Há ressalva de que não caracteriza crime a venda de fogos que sejam incapazes de provocar dano físico em caso de utilização indevida, por conta de seu reduzido potencial, como o *estalinho*.

   Classificação: comum, comissivo, doloso, formal, de perigo concreto, de menor potencial ofensivo.

Art. 244-A. Submeter criança ou adolescente, como tais definidos no *caput* do art. 2º desta Lei, à prostituição ou à exploração sexual: (Incluído pela Lei nº 9.975, de 23.6.2000)

Pena – reclusão de quatro a dez anos e multa, além da perda de bens e valores utilizados na prática criminosa em favor do Fundo dos Direitos da Criança e do Adolescente da unidade da Federação (Estado ou Distrito Federal) em que foi cometido o crime, ressalvado o direito de terceiro de boa-fé. (Redação dada pela Lei nº 13.440, de 2017)

§ 1º Incorrem nas mesmas penas o proprietário, o gerente ou o responsável pelo local em que se verifique a submissão de criança ou adolescente às práticas referidas no *caput* deste artigo. (Incluído pela Lei nº 9.975, de 23.6.2000)

§ 2º Constitui efeito obrigatório da condenação a cassação da licença de localização e de funcionamento do estabelecimento. (Incluído pela Lei nº 9.975, de 23.6.2000)

1. **Comentários:** o presente dispositivo trata da prostituição infantil. Uma primeira discussão relevante diz respeito a uma possível revogação tácita. Há entendimento doutrinário de que o presente dispositivo foi revogado tacitamente pelo artigo 218-B do Código Penal, introduzido pela Lei nº 12.015/2009, cuja redação é a seguinte:

> Art. 218-B. Submeter, induzir ou atrair à prostituição ou outra forma de exploração sexual alguém menor de 18 (dezoito) anos ou que, por enfermidade ou deficiência mental, não tem o necessário discernimento para a prática do ato, facilitá-la, impedir ou dificultar que a abandone:
>
> Pena – reclusão, de 4 (quatro) a 10 (dez) anos.
>
> § 1º Se o crime é praticado com o fim de obter vantagem econômica, aplica-se também multa.
>
> § 2º Incorre nas mesmas penas:
>
> I – quem pratica conjunção carnal ou outro ato libidinoso com alguém menor de 18 (dezoito) e maior de 14 (catorze) anos na situação descrita no *caput* deste artigo;
>
> II – o proprietário, o gerente ou o responsável pelo local em que se verifiquem as práticas referidas no *caput* deste artigo.
>
> § 3º Na hipótese do inciso II do § 2º, constitui efeito obrigatório da condenação a cassação da licença de localização e de funcionamento do estabelecimento.

A despeito desse entendimento doutrinário, não se identificam no STJ julgados nesse sentido. A Corte Superior destaca que a consumação do crime demanda a efetiva submissão da criança ou adolescente à prostituição, por meio de um exercício de poder sobre sua condução, o que afasta a figura do cliente ocasional (REsp 1361521/DF, 6ª Turma, julgado em 05/06/2014).

Classificação: comum, doloso, comissivo, material, cabe tentativa.

2. **Efeito obrigatório da condenação – art. 244-A:** seu parágrafo segundo determina, como efeito obrigatório da condenação, a cassação da licença de localização e funcionamento do local. Tal previsão consta também do artigo 218-B.
3. **Exploração sexual e proprietário de estabelecimento:** o artigo 244-A tipifica o crime daquele que submete criança ou adolescente à prostituição ou à exploração sexual. O § 1º estabelece as mesmas penas para aquele que figura como proprietário ou gerente ou responsável pelo local em que ocorram a prostituição e a exploração sexual de menores.
4. **Pena de perdimento de bens:** a pena do artigo 244-A foi modificada pela Lei n. 13.440/2017 para possibilitar o perdimento dos bens e valores utilizados na prática criminosa. O objetivo – para além do caráter punitivo – é ampliar os recursos do Fundo estadual (ou distrital) dos

Direitos da Criança e do Adolescente. O Fundo a ser beneficiado é o da unidade federativa em que o crime foi cometido.

Art. 244-B. Corromper ou facilitar a corrupção de menor de 18 (dezoito) anos, com ele praticando infração penal ou induzindo-o a praticá-la: (Incluído pela Lei nº 12.015, de 2009)

Pena – reclusão, de 1 (um) a 4 (quatro) anos. (Incluído pela Lei nº 12.015, de 2009)

§ 1º Incorre nas penas previstas no *caput* deste artigo quem pratica as condutas ali tipificadas utilizando-se de quaisquer meios eletrônicos, inclusive salas de bate-papo da internet. (Incluído pela Lei nº 12.015, de 2009)

§ 2º As penas previstas no *caput* deste artigo são aumentadas de um terço no caso de a infração cometida ou induzida estar incluída no rol do art. 1º da Lei nº 8.072, de 25 de julho de 1990. (Incluído pela Lei nº 12.015, de 2009)

1. **Artigo 244-B:** sendo a pena mínima de um ano, é aplicável o artigo 89 da Lei nº 9.099/95.

   Classificação: comum, doloso, formal, cabe tentativa, cabe suspensão condicional do processo.

2. **Corrupção de menores é crime formal – súmula do STJ:** o Superior Tribunal de Justiça caracteriza o artigo 244-B como crime formal. Hoje a questão está, inclusive, sumula pela Corte:

   > **Súmula 500.** A configuração do crime do art. 244-B do ECA independe da prova da efetiva corrupção do menor, por se tratar de delito formal.

3. **Corrupção de menores e bis in idem no concurso de agentes – posição do STJ:** o STJ examinou *Habeas Corpus* em que o paciente alegou ocorrência de bis *in idem* na aplicação da pena. O argumento é o de que seria inviável a incidência da causa de aumento de pena no roubo pelo concurso de agentes e, cumulativamente, a condenação por corrupção de menores. A Corte não acolheu a argumentação, pois entendeu possível a cumulação (AgRg no REsp 1756399/SP, 5ª Turma, julgado em 27/11/2018).

   A conclusão do STJ é diversa quando o próprio tipo penal prevê como majorante a participação de criança ou adolescente. É o que ocorre no caso do artigo 40, inc. VI da Lei n. 11.343/2005. Nesse caso, a condenação também por corrupção de menores caracteriza *bis in idem*, o que não é aceito pelo STJ (AgRg nos EDcl no REsp 1716826/PR, 5ª Turma, julgado em 10/04/2018).

4. **Corrupção de menores e comprovação da idade do adolescente – recurso repetitivo STJ:** a jurisprudência do STJ se consolidou no sentido de que não é necessária a apresentação da certidão de nascimento do adolescente para condenação do maior pelo crime de corrupção de criança e adolescente, sendo suficiente que conste a idade no boletim de ocorrência, com a indicação de que houve consulta a documento hábil. A matéria foi consolidada na tese do tema n. 1052 dos recursos repetitivos do STJ.

Capítulo II
Das Infrações Administrativas

Art. 245. Deixar o médico, professor ou responsável por estabelecimento de atenção à saúde e de ensino fundamental, pré-escola ou creche, de comunicar à autoridade competente os casos de que tenha conhecimento, envolvendo suspeita ou confirmação de maus-tratos contra criança ou adolescente:

Pena – multa de três a vinte salários de referência, aplicando-se o dobro em caso de reincidência.

Art. 246. Impedir o responsável ou funcionário de entidade de atendimento o exercício dos direitos constantes nos incisos II, III, VII, VIII e XI do art. 124 desta Lei:

Pena – multa de três a vinte salários de referência, aplicando-se o dobro em caso de reincidência.

1. **Prescrição de infrações administrativas:** em relação a crimes e medidas socioeducativas, não há dúvidas de que é aplicável a prescrição, conforme estabelece o Código Penal e o entendimento já sumulado pelo Superior Tribunal de Justiça (súm. 338).

   Em relação às infrações administrativas, previstas no Estatuto da Criança e do Adolescente, a Corte entendeu que também é plenamente aplicável o instituto da prescrição (REsp 820.297-RN, julgado em 6/4/2006).

   Entretanto, é preciso observar a fixação de um importante entendimento do Superior Tribunal de Justiça acerca do prazo prescricional. A multa para a prática de infrações administrativas prevista no Estatuto tem natureza administrativa, e não penal. Portanto, não se lhes aplica o prazo prescricional de 2 anos, fixado pelo art. 114 do Código Penal, mas sim o prazo de 5 anos. Essa é a posição tranquila do Superior Tribunal de Justiça sobre a matéria: REsp 898.568-RN, julgado em 5/5/2009.

2. **Comunicação ao Conselho Tutelar:** o artigo 13 estabelece o dever de comunicar ao Conselho Tutelar casos de suspeita ou confirmação de castigo físico, de tratamento cruel ou degradante e de maus-tratos contra criança ou adolescente. Em relação ao médico, professor ou responsável por estabelecimento de atenção à saúde e de ensino fundamental, pré-escola ou creche, a falta de comunicação caracteriza a infração administrativa do artigo 245.

Aplicação em concurso

- **(Cespe – Promotor de Justiça – MPE – SC/2021)** Quanto às infrações administrativas praticadas contra criança e adolescente, julgue os próximos itens.

  Comete infração administrativa sujeita a multa o médico responsável por estabelecimento de saúde que, tendo conhecimento do fato, deixar de comunicar à autoridade competente casos suspeitos ou confirmados de maus tratos contra criança e adolescente.

  Gabarito: o item está certo.

Art. 247. Divulgar, total ou parcialmente, sem autorização devida, por qualquer meio de comunicação, nome, ato ou documento de procedimento policial, administrativo ou judicial relativo a criança ou adolescente a que se atribua ato infracional:

Pena – multa de três a vinte salários de referência, aplicando-se o dobro em caso de reincidência.

§ 1º Incorre na mesma pena quem exibe, total ou parcialmente, fotografia de criança ou adolescente envolvido em ato infracional, ou qualquer ilustração que lhe diga respeito ou se refira a atos que lhe sejam atribuídos, de forma a permitir sua identificação, direta ou indiretamente.

§ 2º Se o fato for praticado por órgão de imprensa ou emissora de rádio ou televisão, além da pena prevista neste artigo, a autoridade judiciária poderá determinar a apreensão da publicação ou a suspensão da programação da emissora até por dois dias, bem como da publicação do periódico até por dois números. (Expressão declarada inconstitucional pela ADIN 869-2).

1. **Comentário:** a conduta de divulgar, sem autorização, o nome de criança ou adolescente envolvido em procedimento policial, administrativo ou judicial caracteriza infração administrativa, e não crime. O dispositivo tutela o direito à intimidade da criança ou adolescente. O meio de divulgação não se limita a veículos de imprensa ou televisão, a lei se

refere a qualquer meio de comunicação, o que inclui também a forma meramente oral.

2. **Inconstitucionalidade declarada pelo STF:** o artigo 247 dispõe sobre a infração administrativa de divulgação indevida de dados, nome ou imagem, constantes de procedimento policial, administrativo ou judicial, de criança ou adolescente supostamente autor de ato infracional. A penalidade é a multa de 3 a 20 salários, aplicável em dobro no caso de reincidência.

   Quanto ao parágrafo segundo do art. 247, houve manifestação do Supremo Tribunal Federal em controle concentrado de inconstitucionalidade. Esse dispositivo prevê na parte final que a autoridade judiciária pode determinar "a suspensão da programação da emissora até por dois dias, bem como da publicação do periódico até por dois números". Ao julgar a Ação Direta nº 869-2, o STF declarou a inconstitucionalidade dessa previsão final.

   Embora não tenha havido manifestação expressa do Supremo Tribunal Federal, tendo em vista os argumentos utilizados na referida ação direta, é possível afirmar que também é inconstitucional a parte final da penalidade prevista no art. 254, que permite à autoridade judiciária "determinar a suspensão da programação da emissora por até dois dias".

Art. 248. REVOGADO

1. **Comentário:** o artigo 248 do Estatuto foi revogado pela Lei n. 13.431/2017, o que significou grande conquista para os defensores dos direitos infanto-juvenis. O dispositivo em questão previa o seguinte: "Deixar de apresentar à autoridade judiciária de seu domicílio, no prazo de cinco dias, com o fim de regularizar a guarda, adolescente trazido de outra comarca para a prestação de serviço doméstico, mesmo que autorizado pelos pais ou responsável: Pena – multa de três a vinte salários de referência, aplicando-se o dobro em caso de reincidência, independentemente das despesas de retorno do adolescente, se for o caso".

   A revogação tem o objetivo de deixar ainda mais clara a proibição do trabalho infanto-juvenil, inclusive o doméstico.

Art. 249. Descumprir, dolosa ou culposamente, os deveres inerentes ao poder familiar ou decorrente de tutela ou guarda, bem assim determinação da autoridade judiciária ou Conselho Tutelar: (Expressão substituída pela Lei nº 12.010, de 2009)

Pena – multa de três a vinte salários de referência, aplicando-se o dobro em caso de reincidência.

1. **Sujeitos da infração administrativa do art. 249 – posição do STJ:** o art. 249 do Estatuto prevê como infração administrativa a conduta daquele que descumpre os deveres decorrentes do poder familiar, da tutela ou da guarda ou ainda de determinação da autoridade judiciária ou do Conselho Tutelar. De acordo com o entendimento do Superior Tribunal de Justiça, a parte final do dispositivo, que trata da determinação de autoridade judiciária ou de Conselho Tutelar, se limita àquelas pessoas referidas em sua primeira parte, pais, tutores e guardiões. Portanto, não é aplicável ao agente público (REsp 779.055-SC, julgado em 26/9/2006).

   Ainda em relação à infração administrativa do art. 249, a Corte se manifestou no sentido de que, não obstante a falta de amparo estatal e as dificuldades para seu desempenho, os pais podem vir a ser processados em caso de descumprimento de seus deveres inerentes ao poder familiar (REsp 768.572-RS, julgado em 8/8/2006).

2. **Situação financeira com parâmetro da multa – posição do STJ:** a Corte discutiu se era possível deixar de aplicar a multa do artigo 249 em razão da situação econômica dos pais hipossuficientes. No entender do STJ, a frágil situação financeira não é causa de exclusão da multa, embora possa justificar a aplicação em valor inferior ao patamar mínimo (REsp 1658508/RJ, 3ª Turma, julgado em 23/10/2018).

3. **Exemplo concreto de aplicação da multa – posição do STJ:** o STJ chancelou a aplicação de multa aos genitores, no caso em que a criança possuía deficiência e não foi levada a tratamento fomentado e disponibilizado pelo Estado (REsp 1795572/MS, 3ª Turma, julgado em 23/04/2019).

4. **Advento da maioridade não afasta a multa – posição do STJ:** em 2021, o STJ destacou que a pena de multa não se extingue pelo advento da maioridade da vítima. Confira-se:

   > 1. A maioridade não retroage para afastar os efeitos da aplicação do Estatuto da Criança e do Adolescente aos fatos anteriormente ocorridos.
   >
   > 2. A multa instituída pelo art. 249 do ECA (Lei 8.069/90) não possui caráter meramente preventivo, mas também punitivo e pedagógico, de modo que não pode ser afastada sob fundamentação exclusiva do

advento da maioridade civil da vítima dos fatos que determinaram a imposição da penalidade.

3. Recurso especial provido.

(REsp 1653405/RJ, Rel. Min. Maria Isabel Gallotti, 4ª Turma, julgado em 02/03/2021, DJe 10/03/2021)

Art. 250. Hospedar criança ou adolescente desacompanhado dos pais ou responsável, ou sem autorização escrita desses ou da autoridade judiciária, em hotel, pensão, motel ou congênere: (Redação dada pela Lei nº 12.038, de 2009).

Pena – multa. (Redação dada pela Lei nº 12.038, de 2009).

§ 1º Em caso de reincidência, sem prejuízo da pena de multa, a autoridade judiciária poderá determinar o fechamento do estabelecimento por até 15 (quinze) dias. (Incluído pela Lei nº 12.038, de 2009).

§ 2º Se comprovada a reincidência em período inferior a 30 (trinta) dias, o estabelecimento será definitivamente fechado e terá sua licença cassada. (Incluído pela Lei nº 12.038, de 2009).

1. **Hospedagem de criança ou adolescente:** o art. 250 caracteriza como infração administrativa a hospedagem de criança ou adolescente, desacompanhada dos pais ou responsável ou sem autorização escrita destes, ou da autoridade judiciária, em hotel, pensão, motel ou congênere. Trata-se de conduta já proibida pelo Estatuto no art. 82.

   O Superior Tribunal de Justiça teve a oportunidade de analisar se o dispositivo seria dirigido também à pessoa jurídica e confirmou que sim: REsp 622.707-SC, julgado em 2/2/2010.

Art. 251. Transportar criança ou adolescente, por qualquer meio, com inobservância do disposto nos arts. 83, 84 e 85 desta Lei:

Pena – multa de três a vinte salários de referência, aplicando-se o dobro em caso de reincidência.

1. **Transporte sem autorização para viajar:** o dispositivo é aplicado nos casos em que a criança ou adolescente está viajando desacompanhada de pais ou responsável e sem a devida autorização. É preciso conjugar a aplicação do artigo 251 com o regramento da autorização para viajar, prevista nos artigos 83 a 85 do Estatuto.

Aplicação em concurso

- **(Cespe – Promotor de Justiça – MPE – SC/2021)** Quanto às infrações administrativas praticadas contra criança e adolescente, julgue os próximos itens.

  O transporte terrestre de criança, para outro estado da Federação, sem acompanhante da família e sem autorização judicial representa infração administrativa sujeita a multa.

  Gabarito: o item está certo.

Art. 252. Deixar o responsável por diversão ou espetáculo público de afixar, em lugar visível e de fácil acesso, à entrada do local de exibição, informação destacada sobre a natureza da diversão ou espetáculo e a faixa etária especificada no certificado de classificação:

Pena – multa de três a vinte salários de referência, aplicando-se o dobro em caso de reincidência.

Art. 253. Anunciar peças teatrais, filmes ou quaisquer representações ou espetáculos, sem indicar os limites de idade a que não se recomendem:

Pena – multa de três a vinte salários de referência, duplicada em caso de reincidência, aplicável, separadamente, à casa de espetáculo e aos órgãos de divulgação ou publicidade.

Art. 254. Transmitir, através de rádio ou televisão, espetáculo em horário diverso do autorizado ou sem aviso de sua classificação:

Pena – multa de vinte a cem salários de referência; duplicada em caso de reincidência a autoridade judiciária poderá determinar a suspensão da programação da emissora por até dois dias.

1. **Transmissão de espetáculo de forma inadequada – infração administrativa:** a transmissão de espetáculo em horário diverso do autorizado ou sem o aviso de sua classificação caracteriza a infração administrativa do art. 254, punível com multa. Como frisado anteriormente, a parte final da penalidade, que prevê a suspensão da programação por até dois dias, é inconstitucional.

2. **Transmissão em horário "diverso do autorizado" – inconstitucionalidade declarada pelo STF:** a ação direta de inconstitucionalidade n. 2404 considerou inconstitucional a expressão *"em horário diverso do autorizado"*, ao argumento de que a Constituição prevê apenas o horário *indicativo* (art. 220), pelo que a expressão *autorizado* daria ensejo à uma interpretação que possibilitasse algum grau de censura.

3. **Dano moral coletivo – posição do STJ:** a Corte discutiu se seria possível a condenação de emissora de televisão em danos morais coletivos por descumprir a regra do artigo 254 do Estatuto. Embora o STF tenha declarado a inconstitucionalidade da expressão *"em horário diverso do autorizado"*, isso não significa que as emissoras tenham total liberdade para montar sua grade de programação. A classificação indicativa ainda é uma baliza importante, pelo que eventuais situações extremas podem gerar danos morais coletivos, quando afrontar valores e interesses coletivos fundamentais (REsp 1840463/SP, 3ª Turma, julgado em 19/11/2019).

Aplicação em concurso

- **(Cespe – Promotor de Justiça – MPE – SC/2021)** Quanto às infrações administrativas praticadas contra criança e adolescente, julgue os próximos itens.

  A ausência de indicação de limites de idade em anúncios de peças teatrais e filmes constitui infração administrativa consumada pela mera divulgação, mas somente passível de multa a partir da reincidência.

  Gabarito: o item está errado.

Art. 255. Exibir filme, trailer, peça, amostra ou congênere classificado pelo órgão competente como inadequado às crianças ou adolescentes admitidos ao espetáculo:

Pena – multa de vinte a cem salários de referência; na reincidência, a autoridade poderá determinar a suspensão do espetáculo ou o fechamento do estabelecimento por até quinze dias.

1. **Adolescente em companhia do pai no cinema e infração administrativa – posição do STJ:** o Superior Tribunal de Justiça analisou questão acerca da conduta de determinada sociedade empresária que retirou da sala de cinema um adolescente e seu pai, por se tratar de filme não indicado para sua idade. Na falta de legislação regulamentar específica sobre a possibilidade de ingresso de criança ou adolescente em companhia de seu responsável em exibições de filmes inadequados para sua idade, a Corte Especial considerou prudente e adequada a atitude tomada pela sociedade empresária: REsp 1.072.035-RJ, julgado em 28/4/2009.

Art. 256. Vender ou locar a criança ou adolescente fita de programação em vídeo, em desacordo com a classificação atribuída pelo órgão competente:

Pena – multa de três a vinte salários de referência; em caso de reincidência, a autoridade judiciária poderá determinar o fechamento do estabelecimento por até quinze dias.

Art. 257. Descumprir obrigação constante dos arts. 78 e 79 desta Lei:

Pena – multa de três a vinte salários de referência, duplicando-se a pena em caso de reincidência, sem prejuízo de apreensão da revista ou publicação.

1. **Artigo 257:** o dispositivo faz referência aos artigos 78 e 79 do Estatuto. Trata-se da imposição de que revistas e publicações com material impróprio sejam comercializadas lacradas (art. 78) e de que não haja ilustrações, crônicas ou anúncios de bebida alcoólica, tabaco, armas e munições (art. 79).

   Desrespeitados esses dispositivos, o agente pratica a infração administrativa do artigo 257.

Art. 258. Deixar o responsável pelo estabelecimento ou o empresário de observar o que dispõe esta Lei sobre o acesso de criança ou adolescente aos locais de diversão, ou sobre sua participação no espetáculo:

Pena – multa de três a vinte salários de referência; em caso de reincidência, a autoridade judiciária poderá determinar o fechamento do estabelecimento por até quinze dias.

1. **Responsabilização – posição do STJ:** o STJ confirmou condenação de empresário que montou camarote em evento festivo e não fiscalizou adequadamente o ingresso e a permanência dos convidados, dentre os quais estavam adolescentes (REsp 1727270/MG, 2ª Turma, julgado em 24/04/2018).

Art. 258-A. Deixar a autoridade competente de providenciar a instalação e operacionalização dos cadastros previstos no art. 50 e no § 11 do art. 101 desta Lei: (Incluído pela Lei nº 12.010, de 2009)

Pena – multa de R$ 1.000,00 (mil reais) a R$ 3.000,00 (três mil reais). (Incluído pela Lei nº 12.010, de 2009)

Parágrafo único. Incorre nas mesmas penas a autoridade que deixa de efetuar o cadastramento de crianças e de adolescentes em condições de serem adotadas, de pessoas ou casais habilitados à adoção e de crianças e adolescentes em regime de acolhimento institucional ou familiar. (Incluído pela Lei nº 12.010, de 2009)

Art. 258-B. Deixar o médico, enfermeiro ou dirigente de estabelecimento de atenção à saúde de gestante de efetuar imediato encaminhamento à autoridade judiciária de caso de que tenha conhecimento de mãe ou gestante interessada em entregar seu filho para adoção: (Incluído pela Lei nº 12.010, de 2009)

Pena – multa de R$ 1.000,00 (mil reais) a R$ 3.000,00 (três mil reais). (Incluído pela Lei nº 12.010, de 2009)

1. **Art. 258-B:** essa temática da entrega para adoção é cobrada com muita frequência em concurso.

Aplicação em concurso

- **(Analista ministerial – serviço social – MP-CE – Cespe – 2020)** Flávia, com vinte e três anos de idade, deu entrada no hospital estadual de sua cidade em trabalho de parto, acompanhada de uma amiga à qual comunicou sua decisão de entregar o filho para adoção logo após o nascimento. Do início ao final do parto, a jovem falou ao médico sobre sua decisão, mas nada foi feito pelo profissional em questão. Flávia está desempregada, encontra-se em situação de extrema pobreza e alega que, além disso, não conta com o apoio de familiares. Segundo ela, o pai da criança, seu ex-companheiro, está envolvido com tráfico de drogas e não reúne condições psicossociais para criar a criança, uma vez que é agressivo e apresenta atitudes com as quais Flávia não concorda, como, por exemplo, entregar com frequência sua arma de fogo, como se fosse um brinquedo, para um sobrinho de oito anos de idade que mora com ele. Considerando essa situação hipotética, julgue o item que se segue, à luz do Estatuto da Criança e do Adolescente.

  Ao não comunicar o caso à autoridade judiciária, o médico de Flávia cometeu infração administrativa, passível de pena de multa.

  Gabarito: o item está certo.

Art. 258-C. Descumprir a proibição estabelecida no inciso II do art. 81: (Redação dada pela Lei nº 13.106, de 2015)

Pena – multa de R$ 3.000,00 (três mil reais) a R$ 10.000,00 (dez mil reais); (Redação dada pela Lei nº 13.106, de 2015)

Medida Administrativa – interdição do estabelecimento comercial até o recolhimento da multa aplicada.

1. **Art. 258-C:** a previsão do artigo 258-C faz referência à proibição de venda de bebidas alcoólicas a crianças e adolescentes (art. 81, II). Trata-se de modificação da Lei n. 13.106/2015, que teve por objetivo enrijecer

o tratamento legal dado a venda ou fornecimento de bebida alcoólica a crianças e adolescentes. O artigo 243 foi modificado para tipificar a conduta como crime. Por sua vez, o artigo 258-C foi inserido para que seja possível a punição administrativa, mediante imposição de multa e também a eventual interdição do estabelecimento, se o valor não foi pago tempestivamente.

Disposições Finais e Transitórias

Art. 259. A União, no prazo de noventa dias contados da publicação deste Estatuto, elaborará projeto de lei dispondo sobre a criação ou adaptação de seus órgãos às diretrizes da política de atendimento fixadas no art. 88 e ao que estabelece o Título V do Livro II.

Parágrafo único. Compete aos estados e municípios promoverem a adaptação de seus órgãos e programas às diretrizes e princípios estabelecidos nesta Lei.

Art. 260. Os contribuintes poderão efetuar doações aos Fundos dos Direitos da Criança e do Adolescente nacional, distrital, estaduais ou municipais, devidamente comprovadas, sendo essas integralmente deduzidas do imposto de renda, obedecidos os seguintes limites: (Redação dada pela Lei nº 12.594, de 2012)

I – 1% (um por cento) do imposto sobre a renda devido apurado pelas pessoas jurídicas tributadas com base no lucro real; e (Redação dada pela Lei nº 12.594, de 2012)

II – 6% (seis por cento) do imposto sobre a renda apurado pelas pessoas físicas na Declaração de Ajuste Anual, observado o disposto no art. 22 da Lei nº 9.532, de 10 de dezembro de 1997. (Redação dada pela Lei nº 12.594, de 2012)

§ 1º (Revogado pela Lei nº 9.532, de 10.12.1997)

§ 1º-A. Na definição das prioridades a serem atendidas com os recursos captados pelos fundos nacional, estaduais e municipais dos direitos da criança e do adolescente, serão consideradas as disposições do Plano Nacional de Promoção, Proteção e Defesa do Direito de Crianças e Adolescentes à Convivência Familiar e Comunitária e as do Plano Nacional pela Primeira Infância. (Redação dada pela Lei nº 13.257, de 2016)

§ 2º Os conselhos nacional, estaduais e municipais dos direitos da criança e do adolescente fixarão critérios de utilização, por meio de planos de aplicação, das dotações subsidiadas e demais receitas, aplicando necessariamente percentual para incentivo ao acolhimento, sob a forma de guarda, de crianças e adolescentes e para programas de atenção integral à primeira infância em áreas de maior carência socioeconômica e em situações de calamidade. (Redação dada pela Lei nº 13.257, de 2016)

§ 3º O Departamento da Receita Federal, do Ministério da Economia, Fazenda e Planejamento, regulamentará a comprovação das doações feitas aos fundos, nos termos deste artigo. (Incluído pela Lei nº 8.242, de 12.10.1991)

§ 4º O Ministério Público determinará em cada comarca a forma de fiscalização da aplicação, pelo Fundo Municipal dos Direitos da Criança e do Adolescente, dos incentivos fiscais referidos neste artigo. (Incluído pela Lei nº 8.242, de 12.10.1991)

§ 5º Observado o disposto no § 4º do art. 3º da Lei nº 9.249, de 26 de dezembro de 1995, a dedução de que trata o inciso I do *caput*: (Redação dada pela Lei nº 12.594, de 2012)

I - será considerada isoladamente, não se submetendo a limite em conjunto com outras deduções do imposto; e (Redação dada pela Lei nº 12.594, de 2012)

II - não poderá ser computada como despesa operacional na apuração do lucro real. (Redação dada pela Lei nº 12.594, de 2012)

Art. 260-A. A partir do exercício de 2010, ano-calendário de 2009, a pessoa física poderá optar pela doação de que trata o inciso II do *caput* do art. 260 diretamente em sua Declaração de Ajuste Anual. (Incluído pela Lei nº 12.594, de 2012)

§ 1º A doação de que trata o *caput* poderá ser deduzida até os seguintes percentuais aplicados sobre o imposto apurado na declaração: (Incluído pela Lei nº 12.594, de 2012)

I - (VETADO); (Incluído pela Lei nº 12.594, de 2012)

II - (VETADO); (Incluído pela Lei nº 12.594, de 2012)

III - 3% (três por cento) a partir do exercício de 2012. (Incluído pela Lei nº 12.594, de 2012)

§ 2º A dedução de que trata o *caput*: (Incluído pela Lei nº 12.594, de 2012)

I - está sujeita ao limite de 6% (seis por cento) do imposto sobre a renda apurado na declaração de que trata o inciso II do *caput* do art. 260; (Incluído pela Lei nº 12.594, de 2012)

II - não se aplica à pessoa física que: (Incluído pela Lei nº 12.594, de 2012)

a) utilizar o desconto simplificado; (Incluído pela Lei nº 12.594, de 2012)

b) apresentar declaração em formulário; ou (Incluído pela Lei nº 12.594, de 2012)

c) entregar a declaração fora do prazo; (Incluído pela Lei nº 12.594, de 2012)

III – só se aplica às doações em espécie; e (Incluído pela Lei nº 12.594, de 2012)

IV – não exclui ou reduz outros benefícios ou deduções em vigor. (Incluído pela Lei nº 12.594, de 2012)

§ 3º O pagamento da doação deve ser efetuado até a data de vencimento da primeira quota ou quota única do imposto, observadas instruções específicas da Secretaria da Receita Federal do Brasil. (Incluído pela Lei nº 12.594, de 2012)

§ 4º O não pagamento da doação no prazo estabelecido no § 3º implica a glosa definitiva desta parcela de dedução, ficando a pessoa física obrigada ao recolhimento da diferença de imposto devido apurado na Declaração de Ajuste Anual com os acréscimos legais previstos na legislação. (Incluído pela Lei nº 12.594, de 2012)

§ 5º A pessoa física poderá deduzir do imposto apurado na Declaração de Ajuste Anual as doações feitas, no respectivo ano-calendário, aos fundos controlados pelos Conselhos dos Direitos da Criança e do Adolescente municipais, distrital, estaduais e nacional concomitantemente com a opção de que trata o *caput*, respeitado o limite previsto no inciso II do art. 260. (Incluído pela Lei nº 12.594, de 2012)

Art. 260-B. A doação de que trata o inciso I do art. 260 poderá ser deduzida: (Incluído pela Lei nº 12.594, de 2012)

I – do imposto devido no trimestre, para as pessoas jurídicas que apuram o imposto trimestralmente; e (Incluído pela Lei nº 12.594, de 2012)

II – do imposto devido mensalmente e no ajuste anual, para as pessoas jurídicas que apuram o imposto anualmente. (Incluído pela Lei nº 12.594, de 2012)

Parágrafo único. A doação deverá ser efetuada dentro do período a que se refere a apuração do imposto. (Incluído pela Lei nº 12.594, de 2012)

Art. 260-C. As doações de que trata o art. 260 desta Lei podem ser efetuadas em espécie ou em bens. (Incluído pela Lei nº 12.594, de 2012)

Parágrafo único. As doações efetuadas em espécie devem ser depositadas em conta específica, em instituição financeira pública, vinculadas aos respectivos fundos de que trata o art. 260. (Incluído pela Lei nº 12.594, de 2012)

Art. 260-D. Os órgãos responsáveis pela administração das contas dos Fundos dos Direitos da Criança e do Adolescente nacional, estaduais, distrital e municipais devem emitir recibo em favor do doador, assinado por pessoa competente e pelo presidente do Conselho correspondente, especificando: (Incluído pela Lei nº 12.594, de 2012)

I – número de ordem; (Incluído pela Lei nº 12.594, de 2012)

II – nome, Cadastro Nacional da Pessoa Jurídica (CNPJ) e endereço do emitente; (Incluído pela Lei nº 12.594, de 2012)

III – nome, CNPJ ou Cadastro de Pessoas Físicas (CPF) do doador; (Incluído pela Lei nº 12.594, de 2012)

IV – data da doação e valor efetivamente recebido; e (Incluído pela Lei nº 12.594, de 2012)

V – ano-calendário a que se refere a doação. (Incluído pela Lei nº 12.594, de 2012)

§ 1º O comprovante de que trata o *caput* deste artigo pode ser emitido anualmente, desde que discrimine os valores doados mês a mês. (Incluído pela Lei nº 12.594, de 2012)

§ 2º No caso de doação em bens, o comprovante deve conter a identificação dos bens, mediante descrição em campo próprio ou em relação anexa ao comprovante, informando também se houve avaliação, o nome, CPF ou CNPJ e endereço dos avaliadores. (Incluído pela Lei nº 12.594, de 2012)

Art. 260-E. Na hipótese da doação em bens, o doador deverá: (Incluído pela Lei nº 12.594, de 2012)

I – comprovar a propriedade dos bens, mediante documentação hábil; (Incluído pela Lei nº 12.594, de 2012)

II – baixar os bens doados na declaração de bens e direitos, quando se tratar de pessoa física, e na escrituração, no caso de pessoa jurídica; e (Incluído pela Lei nº 12.594, de 2012)

III – considerar como valor dos bens doados: (Incluído pela Lei nº 12.594, de 2012)

a) para as pessoas físicas, o valor constante da última declaração do imposto de renda, desde que não exceda o valor de mercado; (Incluído pela Lei nº 12.594, de 2012)

b) para as pessoas jurídicas, o valor contábil dos bens. (Incluído pela Lei nº 12.594, de 2012)

Parágrafo único. O preço obtido em caso de leilão não será considerado na determinação do valor dos bens doados, exceto se o leilão for determinado por autoridade judiciária. (Incluído pela Lei nº 12.594, de 2012)

Art. 260-F. Os documentos a que se referem os arts. 260-D e 260-E devem ser mantidos pelo contribuinte por um prazo de 5 (cinco) anos para fins de comprovação da dedução perante a Receita Federal do Brasil. (Incluído pela Lei nº 12.594, de 2012)

1. **Doações aos Fundos dos Direitos da Criança e do Adolescente – regramento da Lei nº 12.594/2012:** a Lei n. 12.594/2012 ampliou e pormenorizou o regramento sobre as doações aos Fundos dos Direitos da Criança

e do Adolescente. A matéria é eminentemente de cunho tributário e contábil, pois trata de percentuais de dedução.

O objetivo é dar maior clareza e estimular as doações para tais Fundos.

Art. 260-G. Os órgãos responsáveis pela administração das contas dos Fundos dos Direitos da Criança e do Adolescente nacional, estaduais, distrital e municipais devem: (Incluído pela Lei nº 12.594, de 2012)

I – manter conta bancária específica destinada exclusivamente a gerir os recursos do Fundo; (Incluído pela Lei nº 12.594, de 2012)

II – manter controle das doações recebidas; e (Incluído pela Lei nº 12.594, de 2012)

III – informar anualmente à Secretaria da Receita Federal do Brasil as doações recebidas mês a mês, identificando os seguintes dados por doador: (Incluído pela Lei nº 12.594, de 2012)

a) nome, CNPJ ou CPF; (Incluído pela Lei nº 12.594, de 2012)

b) valor doado, especificando se a doação foi em espécie ou em bens. (Incluído pela Lei nº 12.594, de 2012)

Art. 260-H. Em caso de descumprimento das obrigações previstas no art. 260-G, a Secretaria da Receita Federal do Brasil dará conhecimento do fato ao Ministério Público. (Incluído pela Lei nº 12.594, de 2012)

1. **Deveres inerentes à direção dos Fundos:** a Lei nº 12.594/2012 inseriu os artigos 260-G e 260-H para elencar os deveres dos responsáveis pelos Fundos: **(i)** manter conta bancária específica; **(ii)** manter controle das doações recebidas; e **(iii)** informar as doações recebidas mensalmente à Receita federal, com a devida identificação dos doadores.

Art. 260-I. Os Conselhos dos Direitos da Criança e do Adolescente nacional, estaduais, distrital e municipais divulgarão amplamente à comunidade: (Incluído pela Lei nº 12.594, de 2012)

I – o calendário de suas reuniões; (Incluído pela Lei nº 12.594, de 2012)

II – as ações prioritárias para aplicação das políticas de atendimento à criança e ao adolescente; (Incluído pela Lei nº 12.594, de 2012)

III – os requisitos para a apresentação de projetos a serem beneficiados com recursos dos Fundos dos Direitos da Criança e do Adolescente nacional, estaduais, distrital ou municipais; (Incluído pela Lei nº 12.594, de 2012)

IV – a relação dos projetos aprovados em cada ano-calendário e o valor dos recursos previstos para implementação das ações, por projeto; (Incluído pela Lei nº 12.594, de 2012)

V – o total dos recursos recebidos e a respectiva destinação, por projeto atendido, inclusive com cadastramento na base de dados do Sistema de Informações sobre a Infância e a Adolescência; e (Incluído pela Lei nº 12.594, de 2012)

VI – a avaliação dos resultados dos projetos beneficiados com recursos dos Fundos dos Direitos da Criança e do Adolescente nacional, estaduais, distrital e municipais. (Incluído pela Lei nº 12.594, de 2012)

1. **Obrigações dos Conselhos:** a Lei nº 12.594/2012 inseriu o referido dispositivo para elencar obrigações dos Conselhos de Direitos da Criança e do Adolescente. O objetivo da norma é uniformizar e sistematizar a conduta dos diversos órgãos existentes nas diferentes esferas de governo.

Art. 260-J. O Ministério Público determinará, em cada Comarca, a forma de fiscalização da aplicação dos incentivos fiscais referidos no art. 260 desta Lei. (Incluído pela Lei nº 12.594, de 2012)

Parágrafo único. O descumprimento do disposto nos arts. 260-G e 260-I sujeitará os infratores a responder por ação judicial proposta pelo Ministério Público, que poderá atuar de ofício, a requerimento ou representação de qualquer cidadão. (Incluído pela Lei nº 12.594, de 2012)

1. **Comentário:** o dispositivo está inserido em local inadequado. O Estatuto possui capítulo próprio para tratar do Ministério Público (artigos 200 a 205). Melhor seria que essa atribuição – a de determinar a forma de fiscalização dos incentivos fiscais – fosse inserida no rol do artigo 201.

   De qualquer forma, é obrigação relevante na tutela dos direitos da criança e do adolescente e merece atenção do órgão ministerial.

Art. 260-K. A Secretaria de Direitos Humanos da Presidência da República (SDH/PR) encaminhará à Secretaria da Receita Federal do Brasil, até 31 de outubro de cada ano, arquivo eletrônico contendo a relação atualizada dos Fundos dos Direitos da Criança e do Adolescente nacional, distrital, estaduais e municipais, com a indicação dos respectivos números de inscrição no CNPJ e das contas bancárias específicas mantidas em instituições financeiras públicas, destinadas exclusivamente a gerir os recursos dos Fundos. (Incluído pela Lei nº 12.594, de 2012)

Art. 260-L. A Secretaria da Receita Federal do Brasil expedirá as instruções necessárias à aplicação do disposto nos arts. 260 a 260-K. (Incluído pela Lei nº 12.594, de 2012)

Art. 261. A falta dos conselhos municipais dos direitos da criança e do adolescente, os registros, inscrições e alterações a que se referem os arts. 90, parágrafo único, e 91 desta Lei serão efetuados perante a autoridade judiciária da comarca a que pertencer a entidade.

Parágrafo único. A União fica autorizada a repassar aos estados e municípios, e os estados aos municípios, os recursos referentes aos programas e atividades previstos nesta Lei, tão logo estejam criados os conselhos dos direitos da criança e do adolescente nos seus respectivos níveis.

Art. 262. Enquanto não instalados os Conselhos Tutelares, as atribuições a eles conferidas serão exercidas pela autoridade judiciária.

Art. 263. O Decreto-Lei nº 2.848, de 7 de dezembro de 1940 (Código Penal), passa a vigorar com as seguintes alterações:

1) Art. 121 (...)

§ 4º No homicídio culposo, a pena é aumentada de um terço, se o crime resulta de inobservância de regra técnica de profissão, arte ou ofício, ou se o agente deixa de prestar imediato socorro à vítima, não procura diminuir as consequências do seu ato, ou foge para evitar prisão em flagrante. Sendo doloso o homicídio, a pena é aumentada de um terço, se o crime é praticado contra pessoa menor de catorze anos.

2) Art. 129 (...)

§ 7º Aumenta-se a pena de um terço, se ocorrer qualquer das hipóteses do art. 121, § 4º.

§ 8º Aplica-se à lesão culposa o disposto no § 5º do art. 121.

3) Art. 136 (...)

§ 3º Aumenta-se a pena de um terço, se o crime é praticado contra pessoa menor de catorze anos.

4) Art. 213 (...)

Parágrafo único. Se a ofendida é menor de catorze anos:

Pena – reclusão de quatro a dez anos.

5) Art. 214 (...)

Parágrafo único. Se o ofendido é menor de catorze anos:

Pena – reclusão de três a nove anos.

Art. 264. O art. 102 da Lei nº 6.015, de 31 de dezembro de 1973, fica acrescido do seguinte item:

"Art. 102 (...)

6) a perda e a suspensão do pátrio poder."

Art. 265. A Imprensa Nacional e demais gráficas da União, da administração direta ou indireta, inclusive fundações instituídas e mantidas pelo poder público federal promoverão edição popular do texto integral deste Estatuto, que será posto à disposição das escolas e das entidades de atendimento e de defesa dos direitos da criança e do adolescente.

Art. 265-A. O poder público fará periodicamente ampla divulgação dos direitos da criança e do adolescente nos meios de comunicação social. (Redação dada pela Lei nº 13.257, de 2016)

Parágrafo único. A divulgação a que se refere o *caput* será veiculada em linguagem clara, compreensível e adequada a crianças e adolescentes, especialmente às crianças com idade inferior a 6 (seis) anos. (Incluído dada pela Lei nº 13.257, de 2016)

Art. 266. Esta Lei entra em vigor noventa dias após sua publicação.

Parágrafo único. Durante o período de vacância deverão ser promovidas atividades e campanhas de divulgação e esclarecimentos acerca do disposto nesta Lei.

Art. 267. Revogam-se as Leis nº 4.513, de 1964, e 6.697, de 10 de outubro de 1979 (Código de Menores), e as demais disposições em contrário.

Brasília, 13 de julho de 1990; 169º da Independência e 102º da República.

FERNANDO COLLOR
Bernardo Cabral
Carlos Chiarelli
Antônio Magri
Margarida Procópio

ANEXO
Entendimentos mais importantes do STJ e do STF

Como forma de possibilitar ao leitor um panorama geral dos entendimentos do Superior Tribunal de Justiça e do Supremo Tribunal Federal apresentados ao longo do livro, listamos abaixo as súmulas e as teses fixadas em regime de recurso repetitivo.

SUPERIOR TRIBUNAL DE JUSTIÇA

SÚMULAS

- **Súmula 265.** É necessária a oitiva do menor infrator antes de decretar-se a regressão da medida socioeducativa.
- **Súmula 338.** A prescrição penal é aplicável nas medidas socioeducativas.
- **Súmula 342.** No procedimento para aplicação de medida socioeducativa, é nula a desistência de outras provas em face da confissão do adolescente.
- **Súmula 383.** A competência para processar e julgar as ações conexas de interesse de menor é, em princípio, do foro do domicílio do detentor de sua guarda.
- **Súmula 492.** O ato infracional análogo ao tráfico de drogas, por si só, não conduz obrigatoriamente à imposição de medida socioeducativa de internação do adolescente.
- **Súmula 500.** A configuração do crime do art. 244-B do ECA independe da prova da efetiva corrupção do menor, por se tratar de delito formal.
- **Súmula 594.** O Ministério Público tem legitimidade ativa para ajuizar ação de alimentos em proveito de criança ou adolescente independentemente do exercício do poder familiar dos pais, ou do fato de o menor se encontrar nas situações de risco descritas no art. 98 do Estatuto da Criança e do Adolescente, ou de quaisquer outros questionamentos acerca da existência ou eficiência da Defensoria Pública na comarca.
- **Súmula 605.** A superveniência da maioridade penal não interfere na apuração de ato infracional nem na aplicabilidade de medida socioeducativa em curso, inclusive na liberdade assistida, enquanto não atingida a idade de 21 anos.

REPETITIVOS

- **Tema 221.** Para a configuração do crime de corrupção de menores, atual artigo 244-B do Estatuto da Criança e do Adolescente, não se faz necessária a prova da efetiva corrupção do menor, uma vez que se trata de delito formal, cujo bem jurídico tutelado pela norma visa, sobretudo, a impedir que o maior imputável induza ou facilite a inserção ou a manutenção do menor na esfera criminal.

- **Tema 717.** O Ministério Público tem legitimidade ativa para ajuizar ação de alimentos em proveito de criança ou adolescente. A legitimidade do Ministério Público independe do exercício do poder familiar dos pais, ou de o menor se encontrar nas situações de risco descritas no art. 98 do Estatuto da Criança e do Adolescente, ou de quaisquer outros questionamentos acerca da existência ou eficiência da Defensoria Pública na comarca.
- **Tema 732.** O menor sob guarda tem direito à concessão do benefício de pensão por morte de seu mantenedor, comprovada a sua dependência econômica, nos termos do art. 33, § 3º do Estatuto da Criança e do Adolescente, ainda que o óbito do instituidor da pensão seja posterior à vigência da Medida Provisória n. 1.523/96, reeditada e convertida na Lei n. 9.528/97. Funda-se essa conclusão na qualidade de lei especial do Estatuto da Criança e do Adolescente (8.069/90), frente à legislação previdenciária.
- **Tema 918.** Para a caracterização do crime de estupro de vulnerável previsto no art. 217-A, *caput*, do Código Penal, basta que o agente tenha conjunção carnal ou pratique qualquer ato libidinoso com pessoa menor de 14 anos. O consentimento da vítima, sua eventual experiência sexual anterior ou a existência de relacionamento amoroso entre o agente e a vítima não afastam a ocorrência do crime.
- **Tema 992.** A superveniência da maioridade penal não interfere na apuração de ato infracional nem na aplicabilidade de medida socioeducativa em curso, inclusive na liberdade assistida, enquanto não atingida a idade de 21 anos.
- **Tema 1052.** Para ensejar a aplicação de causa de aumento de pena prevista no art. 40, VI, da Lei n. 11.343/2006 ou a condenação pela prática do crime previsto no art. 244-B da Lei n. 8.069/1990, a qualificação do menor, constante do boletim de ocorrência, deve trazer dados indicativos de consulta a documento hábil - como o número do documento de identidade, do CPF ou de outro registro formal, tal como a certidão de nascimento.

SUPREMO TRIBUNAL FEDERAL
SÚMULAS

- **A súmula 705** do STF é aplicada no âmbito da Justiça da Infância e da

Juventude: **Súmula 705.** A renúncia do réu ao direito de apelação, manifestada sem a assistência do defensor, não impede o conhecimento da apelação por este interposta;

- **Súmula 718.** A opinião do julgador sobre a gravidade em abstrato do crime não constitui motivação idônea para a imposição de regime mais severo do que o permitido segundo a pena aplicada.

REPERCUSSÃO GERAL

- **Tema 393.** Competência para processar e julgar suposto crime de publicação, na internet, de imagens com conteúdo pornográfico envolvendo criança ou adolescente. Tese fixada: Compete à Justiça Federal processar e julgar os crimes consistentes em disponibilizar ou adquirir material pornográfico envolvendo criança ou adolescente (arts. 241, 241-A e 241-B da Lei nº 8.069/1990) quando praticados por meio da rede mundial de computadores.
- **Tema 548.** Dever estatal de assegurar o atendimento em creche e pré-escola às crianças de zero a 5 (cinco) anos de idade. Pendente de julgamento.
- **Tema 822.** Não existe direito público subjetivo do aluno ou de sua família ao ensino domiciliar, inexistente na legislação brasileira.

Bibliografia

ALVES, Roberto Barbosa. *Direito da infância e juventude: coleção curso e concurso.* 3ª edição. São Paulo: Saraiva, 2008.

AMARAL, Francisco. *Direito Civil: introdução.* 6ª edição. Rio de Janeiro: Renovar, 2006.

BARBOSA MOREIRA, José Carlos. *O novo processo civil brasileiro.* 23ª edição. Rio de Janeiro: Forense, 2005.

____________. *Comentários ao Código de Processo Civil, vol. V.* V. 12ª edição. Rio de Janeiro: Forense, 2005.

BARROSO, Luís Roberto. *Interpretação e aplicação da Constituição.* 5ª edição. São Paulo: Saraiva, 2003.

CÂMARA, Alexandre Freitas. *Lições de direito processual civil, vol. I.* 6ª edição. Rio de Janeiro: Lumen Juris, 2001.

CARVALHO, Luiz Gustavo Grandinetti Castanho de. *Processo penal e Constituição: princípios constitucionais do processo penal.* 4ª edição. Rio de Janeiro: Lumen Juris, 2006.

CARVALHO, Luiz Paulo Vieira. *Direito civil: questões fundamentais e controvérsias na parte geral, no direito de família e no direito das sucessões.* 2ª edição. Rio de Janeiro: Lumen Juris, 2008.

DIDIER JR., Fredie. *Curso de direito processual civil, vol. I.* I. 9ª edição. Salvador: Juspodivm, 2008.

____________. ZANETI JR., Hermes. *Curso de direito processual civil, vol. IV.* Salvador: Juspodivm, 2007.

ELIAS, Roberto João. *Comentários ao Estatuto da Criança e do Adolescente.* 3ª edição. São Paulo: Saraiva, 2008.

FACHIN, Luiz Edson. *Comentários ao novo Código Civil, vol. XVIII.* Rio de Janeiro: Forense, 2003.

FERNANDES, Antonio Scarance. *Processo penal constitucional.* 4ª edição. São Paulo: Editora Revista dos Tribunais, 2005.

FERREIRA, Ruy Barbosa Marinho. *Adoção: comentários à nova lei de adoção, Lei nº 12.010 de 03 de agosto de 2009.* São Paulo: Edijur, 2009.

FERREIRA FILHO, Roberval Rocha. *Principais julgamento Superior Tribunal de Justiça*. Edição 2008. Salvador: Juspodivm, 2008.

____________. *Principais julgamento Supremo Tribunal Federal*. Edição 2008. Salvador: Juspodivm, 2008.

GRINOVER, Ada Pellegrini. GOMES FILHO, Antonio Magalhães. FERNANDES, Antonio Scarance. *As nulidades no processo penal*. 8ª edição. São Paulo: Editora Revista dos Tribunais, 2004.

ISHIDA, Válter Kenji. *Estatuto da Criança e do Adolescente: doutrina e jurisprudência*. 9ª edição. São Paulo: Atlas, 2008.

LIBERATI, Wilson Donizeti. *Comentários ao Estatuto da Criança e do Adolescente*. 10ª edição. São Paulo: Malheiros, 2008.

LIMA, Marcellus Polastri. *Curso de processo penal, vol. I*. 2ª edição. Rio de Janeiro: Lumens Juris, 2003.

____________. *Curso de processo penal, vol. II*. 2ª edição. Rio de Janeiro: Lumens Juris, 2003.

LÔBO, Paulo Luiz Netto. *Do poder familiar*. In: Direito de família e o novo Código Civil. DIAS, Maria Berenice. PEREIRA, Rodrigo da Cunha. (coord.). Belo Horizonte: Del Rey, 2005.

NUCCI, Guilherme de Souza. *Código Penal comentado*. 7ª edição. São Paulo: Editora Revista dos Tribunais, 2007.

PEREIRA, Caio Mario da Silva. *Instituições de direito civil, vol. V*. 14ª edição. Atualizadora: PEREIRA, Tânia da Silva. Rio de Janeiro: Forense, 2004.

PEREIRA, Tânia da Silva. *Direito da criança e do adolescente: uma proposta interdisciplinar*. 2ª edição. Rio de Janeiro: Renovar, 2008.

____________. *Da adoção*. In: Direito de família e o novo Código Civil. DIAS, Maria Berenice. PEREIRA, Rodrigo da Cunha. (coord.). Belo Horizonte: Del Rey, 2005.

RANGEL, Paulo. *Direito processual penal*. 8ª edição. Rio de Janeiro: Lumen Juris, 2004.

ROSSATO, Luciano Alves. LÉPORE, Paulo Eduardo. *Comentários à lei nacional da adoção: lei 12.010, de 3 de agosto de 2009*. São Paulo: RT, 2009.

SARAIVA, Renato. *Direito do Trabalho: série concursos públicos*. São Paulo: Método, 2007.

TATAGIBA, Glauber. *Ministério Público: provas e concursos*. Belo Horizonte: Del Rey, 2004.

TEPEDINO, Gustavo. BARBOZA, Heloisa Helena. MORAES, Maria Celina Bodin de. *Código Civil interpretado: conforme a Constituição da República, vol. I*. 2ª edição. Rio de Janeiro: Renovar, 2007.

ANOTAÇÕES

ANOTAÇÕES

ANOTAÇÕES

ANOTAÇÕES

ANOTAÇÕES

ANOTAÇÕES

EDITORA JusPODIVM
www.editorajuspodivm.com.br

Impressão e Acabamento
PlenaPrint
Indústria Gráfica